KB098003

김기춘과 그의 시대

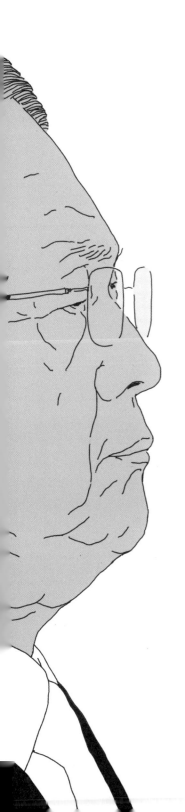

김기춘과
그의 시대

위험한
법 기술자의
반면교사
현대사

김덕련 지음

오월의봄

김기춘 하면 무엇이 떠오르나요? '(세부적인 건 잘 모르겠으나)
지탄 받아 마땅한 사람'으로 여기거나 '유신 헌법, 초원복집, 박
근혜·최순실 게이트' 식으로 기억하는 경우가 많지 않을까 싶습
니다. '하루하루 살기도 힘들고 온갖 정보가 넘쳐나는 이때, 아름
답지도 않은 김기춘의 삶을 더 알 필요가 있나?' 이렇게 생각하
는 이들도 있을 것 같습니다.

그렇게 생각할 수도 있지만, 그럼에도 그것보다는 김기춘의
삶을 더 깊이 들여다볼 필요가 있다는 것이 이 책의 출발점입니
다. 김기춘이 한국 현대사에 새겨놓은 것이 생각보다 훨씬 많고
그 후과가 만만찮기 때문입니다. 구석구석, 켜켜이 쌓인 역사의
오물을 말끔히 씻어내려면 그것이 어떤 식으로 쌓여 오늘에 이
르렀는지 제대로 파악해야 합니다. 그 일환으로 김기춘이 한국
현대사에 새겨놓은 것이 무엇인가를 하나하나 살필 필요가 있습
니다.

그런데 김기춘에 대한 깊이 있는 접근을 시도한 글은 생각
보다 훨씬 적습니다. 김기춘이 청와대 비서실장이 된 2013년에
나온 한홍구 교수의 글('김기춘뎐'), 박근혜·최순실 게이트가 한창
일 때 김당 전 오마이뉴스 편집국장이 진행한 연재('신김기춘뎐', 총

6회) 등을 제외하면 그런 사례를 찾기 어렵습니다. 한홍구 교수와 김당 전 국장의 글 모두 의미가 있지만, 김기춘의 삶을 총체적으로 다루기보다는 특정한 몇몇 국면을 중심으로 짚은 측면이 강하기도 합니다.

이 책에서는 김기춘의 삶 전반을 다루고자 했습니다. 책의 토대는 '김기춘과 그의 시대' 연재입니다(진실 탐사 그룹 셜록을 통해 다음 스토리 펀딩, 2017년 11월~2018년 3월). 신문·잡지 등 언론 보도, 현대사를 여러 각도에서 조명한 책에 더해 김기춘이 직접 쓴 이런저런 글(논문 포함) 등 그간 다뤄지지 않은 자료들도 활용해 연재를 진행했습니다.

연재를 통해 김기춘에 대한 기존 글에서 다루지 않은 시기의 삶도 살펴보고, 김기춘과 관련된 주요 사안도 자료를 바탕으로 재검토했습니다. 그 과정에서 김기춘 개인만이 아니라 김기춘이 살았던 시대와 사회를 함께 살피고자 했습니다. 물고기가 물을 떠나서 살 수 없듯이 사람도 기본적으로 자신의 시대와 사회 속에서 움직이기 때문입니다. 김기춘의 후예들이 더 득세하지 못하게 하려면 김기춘 전성시대를 가능케 한 토양을 바꿔야 하기 때문이기도 합니다.

신영복 교수가 남긴 이야기 가운데 집을 그리는 순서에 관한 것이 있습니다. 집을 지어본 적 없는 사람이 지붕부터 그린 것과 달리 목수는 주춧돌에서 시작해 기둥을 거쳐 마지막으로 지붕을 그렸다는 이야기입니다. 집을 제대로 지으려면 목수처럼 해야겠지요. 부박한 시대에 어울리지 않는 더딘 방식이지만, 장목(김기춘 고향)에서 시작해 전성시대를 거쳐 감옥에 이르는 김기춘의 삶에 관한 집을 지어보려 했습니다.

이 책은 그 결과물입니다. 분량 문제 등으로 연재할 때마다 덜어낸 내용(30퍼센트 정도)을 복원하고, 각 편 마감 후 새롭게 드러난 사실을 추가해 재구성하는 작업을 거쳤습니다. 조심스럽게 말씀을 드리면, 이 책을 김기춘의 삶 전반을 조명한 최초의 저작으로 보셔도 무리가 없을 것입니다. 물론 김기춘의 삶은 계속되고 있고, 앞으로 김기춘과 관련된 새로운 사실이 드러날 가능성이 높습니다. 그에 따라 김기춘을 또 다른 각도에서 조명하는 책들이 나올 수도 있겠지요. 이 책을 통해 그러한 책들의 문을 열고자 합니다.

독자 여러분께서 김기춘에 대해 살필 때 하나의 지도 역할을 했으면 하는 바람으로 이 책 작업을 진행했습니다. 아울러 이 책을 김기춘이 살아온 시대를 살피는 데 도움이 되는 창窓 중 하나로 여겨주셨으면 하는 바람도 품어봅니다.

삶의 무게에 짓눌리지 않고 한 걸음씩 내디딜 수 있는 건 늘 말없이 힘을 실어주는 가족과 오랜 지인들 덕분임을 한 해 한 해 더 깊이 느낍니다. 이 책을 마무리할 수 있었던 것 역시 그분들 덕분입니다. 연재를 후원해주신 분들께도 다시 한 번 감사 인사를 올립니다.

2018년 4월
김덕련

연표

연도	김기춘	한국 근현대사
1939	거제도 장목면에서 출생	중일전쟁으로 전시 체제
1945		해방
1948		분단 정부 수립
1952	국민학교 졸업, 마산중학교 입학	한국전쟁(1950~1953) 지속
1955	경남고등학교 입학	
1958	서울대 법대 입학	
1960	제12회 고등 고시 응시(사법과)	4월혁명
1961	고시 합격	5·16쿠데타
1964	군 복무 마치고 광주지검 부임	1차 인혁당 사건
1967	석사 학위 취득, 부산지검으로 이동	
1969	서울지검으로 이동	3선 개헌
1971	법무부 법무과로 이동	박정희, 국가 비상사태 선언
1972	유신 헌법 제작 관여	7·4남북공동성명, 유신 쿠데타
1973	법무부 인권옹호과장 겸 서울고검 검사	김대중 납치 사건
1974	중앙정보부장 법률 보좌관, 중앙정보부 대공수사국장	민청학련·인혁당 재건위 사건, 8·15 저격 사건
1975	학원 침투 북괴 간첩단 사건 발표	긴급 조치 9호, 4대 전시 입법
1977	전방 대대장 월북 사건 후 보안사 조사	
1979	청와대 법률 비서관으로 이동	YH사건, 부마항쟁, 10·26사건
1980	검찰 복귀(서울지검 공안부장)	광주항쟁
1981	법무부 출입국관리국장, 법무부 검찰국장	
1982	이철희·장영자 사건 계기로 법무연수원 부장으로 좌천성 발령	
1984	박사 학위 취득	
1985	대구지검장	김근태 고문 사건
1986	대구고검장	
1987	법무연수원장	6월항쟁, 노동자 대투쟁
1988	최초의 임기제 검찰총장	5공 청문회, 광주 청문회

1989	공안 정국 조성에 앞장섬	연이은 방북 사건
1990		3당 합당, '범죄와의 전쟁' 선포
1991	법무부 장관, 상청회 회장 취임	'5월 투쟁', 강기훈 유서 대필 조작 사건
1992	초원복집 사건으로 불구속 기소	14대 대선(김영삼 당선)
1993	초원복집 사건 관련 위헌 심판 제청 신청	
1994	위헌 결정 후 민자당 국책자문위원	
1995	KBO 총재 취임	
1996	국회의원 당선	노동 관계법 및 안기부법 날치기, 총파업(1996~1997)
1997		IMF 구제 금융 위기, 15대 대선(김대중 당선)
1998	한나라당 인권위원장	금강산 관광 시작
2000	국회의원 재선	남북 정상 회담
2002		16대 대선(노무현 당선)
2003	국회 법사위원장	
2004	탄핵 소추위원, 국회의원 3선	대통령 노무현 탄핵
2005	여의도연구소 소장	삼성·안기부 X파일 사건
2007	[한나라당 경선] 박근혜 캠프 법률자문위원장	17대 대선(이명박 당선)
2008	총선 공천 탈락	
2009	회고록 발간	
2010	한나라당 상임 고문, 한나라당 윤리위원장	
2012		18대 대선(박근혜 당선)
2013	청와대 비서실장	
2014		세월호 참사, '정윤회 문건' 보도
2015		성완종 리스트 파문, [유서 대필 조작] 강기훈 무죄 확정
2016		박근혜·최순실 게이트, 촛불 항쟁(2016~2017), 탄핵안 가결
2017	박영수 특검에 의해 구속	헌법재판소 결정으로 박근혜 파면, 19대 대선(문재인 당선)

차례

이종형과 이근안의 어제,
김기춘과 박근혜의 오늘

연재를 시작하며

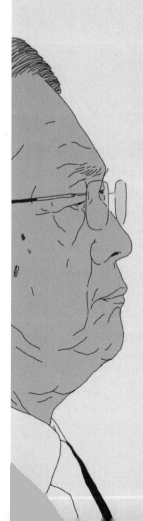

세상에 널리 공개하지 않은 이상한 회고록

"선비로서 평생 명예를 먹고 살았다."

이명박 정권 2년 차였던 2009년, 만 70세의 한 전직 장관은 회고록에서 자신의 삶을 이렇게 정리했다. 그해 10월 발간된《오늘도 내 인생의 마지막 날인 것처럼》이라는 회고록이다. 자신의 일생을 "선비", "명예"라는 말로 압축할 수 있다고 단언하는 사람, 더욱이 그것을 기록으로 남길 사람이 몇 명이나 될까? 대단한 자신감이다. 정말 그에 걸맞은 삶을 산 것일까?

몇 걸음 양보해서, 회고록이니까 그럴 수 있는 것 아니냐는 생각을 해볼 수도 있다. 회고록이라는 게 당사자에게 유리하게 쓰는 경향이 강할 수밖에 없는 것 아니냐, 그동안 발간된 이런저런 회고록 가운데 그렇지 않은 게 얼마나 되느냐, 누군가는 이런 주장을 할지도 모르겠다.

그간 나온 회고록 가운데 그 본령을 무색하게 만드는 것이 많았던 건 사실이다. 그러나 그것이 회고록에서는 역사를 멋대로 재단해도 괜찮다는 허가장이 될 수는 없다. 자기 미화와 역사 왜곡이 너무 심하면 큰 논란을 불러일으킬 수밖에 없는 건 당연

김기춘 회고록《오늘도 내 인생의 마지막 날인 것처럼》. 이 회고록에서 김기춘은 자신의 일생을 "선비", "명예"라는 말로 압축했다.

한 일. 근래 많은 시민의 분노를 자아낸《전두환 회고록》(2017년 출간) 같은 사례에서도 그 점은 잘 드러난다.

《오늘도 내 인생의 마지막 날인 것처럼》에도 논란을 불러 일으킬 만한 대목이 적지 않다. 민주주의를 짓밟은 5·16쿠데타(1961년)를 "5·16혁명"으로, 유신 쿠데타(1972년)를 "우국충정"의 산물로 미화하고, 이승만을 국부로 찬양하는 한편 박정희 전 대통령과 정치인 박근혜는 읽기 민망할 정도로 낯 뜨겁게 띄우면서(물론 박정희 정권 시기에 숱하게 자행된 고문과 인권 탄압은 언급하지 않았다) 김대중·노무현 전 대통령에 대해서는 "친북적·좌파적"이라고 한칼에 매도하는 등 곳곳이 지뢰밭이다.

그런데 발간 후 7년이 넘도록 이 회고록을 둘러싼 어떤 논란도 일지 않았다. 내용을 감안하면 의아한 일인데, 그 이유는 간단하다. 일반에 공개되지 않은 비공식 출판물이었기 때문이다. 가까운 일부 지인에게만 공개한 것으로 보이는 이 회고록의 내용이 세상에 알려진 때는 박근혜·최순실 게이트가 한창이던 2017년 1월. 자신의 일생을 "선비", "명예"라는 말로 자신 있게 압축해놓고 정작 세상에 널리 공개하지는 않은 이 이상한 회고록의 주인공은 김기춘이다.[1]

황금시대에서 죄수복까지, 박정희 부녀와 맺은 "운명적인 인연"

"운명적인 인연으로 얽혀 있었다."

비공식 출판물이기에 속마음을 드러내기 더 편했을 이 회고록에서 김기춘은 박정희·박근혜 일가와 맺은 인연을 이렇게 규정했다. 운명. 웬만한 사이에서는 쓰기 어려운 거창한 말이지만, 김기춘의 일생을 살펴보면 그렇게 지나친 표현은 아니다.

박정희 정권 18년은 김기춘에게 황금시대였다. 김기춘은 독재자 박정희와 그 심복 신직수의 총애를 받으며 승승장구했다. 검사로 임용된 지 10년밖에 안된 1974년에 중앙정보부 대공수사국장(5국장)으로 임명될 정도였다. 나는 새도 떨어뜨린다는 얘기를 듣던 막강한 중앙정보부에서도 요직으로 꼽히던 대공수사국장 자리를 35세의 젊은 나이에 꿰찬 것이다. 재계에 이명박이 있다면 법조에는 김기춘이 있다고 해도 좋을 정도의 초고속 승진이었다(김기춘보다 두 살 아래인 이명박은 36세이던 1977년 현대건설 사장에 취임하며 한동안 샐러리맨의 신화로 통했다). 1970년대에 김기춘은 유신 헌법 제작에 관여하고 조작 간첩 제조 사건에서 수사 책임자로 '활약'하는 등 독재 정권 보위에 열과 성을 다했다. "세종대왕과 함께 …… 존경한다"(회고록)는 "그분" 박정희에게는 기쁨을, 대다수 국민에게는 고통을 안기면서.

박정희와 맺은 인연의 속편 격이긴 하지만, 박근혜와 맺은 인연도 그 무게가 만만치 않다. 김기춘은 이른바 7인회의 일원으로 박근혜 대통령 만들기에 적극 나섰고, 박근혜 정권 출범 반년 후인 2013년 8월에는 청와대 비서실장을 맡았다. '왕실장', '기춘 대원군' 등으로 불린 실세 김기춘은 박근혜 정권이 몰락하면서 죄수복을 입는 처지에 놓였다. "운명적인 인연"답게 수인 번호 503 박근혜와 나란히.

회고록에서 김기춘은 "아버지 박정희 대통령의 원칙과 판단력, 어머니 육영수 여사의 자애로움을 겸비"한 "훌륭한 정치 지도자"라고 박근혜를 치켜세웠다. "오랫동안 마음 수양을 거듭하고 독서를 많이 한 결과 내공이 쌓였다"고 찬양했다. 낯 뜨거운 찬사는 공식 석상에서도 계속됐다. "우리 대통령은 차밍charming(매력적)하고 디그너티dignity(위엄) 있고 엘레강스elegance(우아)하다."(2013년 청와대 기자단 송년회)

화답이라도 하듯 박근혜도 김기춘을 상찬했다. 김기춘에 대한 비판과 퇴진 요구가 빗발치는데도 "정말 드물게 보는, 사심 없는 분"(2015년 신년 기자 회견)이라며 김기춘을 두호했다. 비서실장 임명장을 받을 때 허리를 거의 90도로 꺾었을 뿐 아니라 취임 직후 브리핑에서 "윗분의 뜻을 받들어" 일하겠다고 천명했고, 비서실장으로서 하급자들에게 "대통령 말씀은 법과 같습니다"라며 이의 제기를 해서는 안 된다고 지시했다고 하며,[2] "대통령 충성, 사랑은 자기희생으로 표현해야. 불만, 토로, 누설은 쓰레기 같은 짓"(김영한 전 민정수석의 업무 수첩, 2014년 12월 3일)이라고 했다는 김기춘이기에 반을 수 있는 칭찬이었다.

죄의식도 부끄러움도 찾아보기 어려운 이유

김기춘과 박근혜는 인연이 깊은 만큼 공통점도 여럿 있다. 극우 반공주의, 퇴행적인 역사의식 등과 함께 빼놓을 수 없는 것이 민주주의 파괴와 국정 농단의 주역들임에도 죄의식, 부끄러움 같은 건 찾아보기 어렵다는 점이다. 박근혜·최순실 게이트가 터진 직후는 물론 정권이 무너지고 감옥에 갇힌 후에도 박근혜, 김기춘은 진정성 있는 사과도 반성도 참회도 하지 않았다. 상황이 불리할 때 사과하는 모양새를 취한 적은 있지만, 그 이후의 행적에서 명확하게 드러나듯이 진정성을 느낄 수 없는 면피용일 뿐이었다.

재판 과정에서도 이를 느낄 수 있다. 박근혜의 경우 반성은 고사하고 법정에서 자기 입으로 증언하는 모습 자체를 보기 어려웠다. 오죽하면, 피고인 박근혜가 법정에서 한 말은 재판장이 직업이 뭐냐고 물었을 때 무직이라고 답한 게 전부라는 지적까지 2017년 8월 초에 나왔겠나. 그러다가 같은 해 10월 16일 법정에서 처음으로 발언을 하긴 했는데, 역시 반성과는 거리가 멀었다. 추가 구속 영장이 발부된 후 열린 이날 재판에서 박근혜는 자신의 현 상태가 "법치의 이름을 빌린 정치 보복" 결과라는 궤변을 늘어놓았다. 그러고 나서 재판을 거부하는 태도를 취했다.

자기 입으로 얘기하는 게 박근혜보다는 많다는 것을 제외하면, 김기춘도 별반 다르지 않다. 겉으로는 '망한 왕조의 도승지', '사약' 운운하며 "백번 죽어도 마땅하다"고 하면서도 자신은 죄가 없다고 우겼다. 예컨대 블랙리스트 재판에서 특검 측이 "피고인은 전혀 잘못한 바가 없고, 단지 비서실장으로 재직했기 때문에 (결과적으로) 잘못 보좌했다는 취지로 이해하면 되겠느냐"고 묻자 김기춘은 "그런 취지로 이해하면 된다"고 답했다. 그렇게 무죄라고 강변하면서 다른 한편으로는 고령과 병을 내세워 보석을 신청하고 자비를 구했다.

이러한 모습은 재판 전략과 관련 있다고 볼 수 있지만, 그게 전부일까? '도대체 내가 뭘 잘못했다는 거냐? 난 나라를 위해 최선을 다했는데, 모략에 빠져(또는 못된 자들의 거짓 선동에 넘어간 무지한 국민들 때문에) 이런 처지에 놓였을 뿐이다', 이 같은 마음을 계속 품고 있기 때문이라고 하면 지나친 것일까? 이들의 행태를 '나야말로 진정한 애국자'라는 기괴한 확신과 떼어놓고 생각할 수 있을까?

박근혜는 애국이라는 말을 자주 꺼내곤 했다. 많은 국민이 생각하는 애국과는 거리가 먼 모습을 계속 보이면서도 박근혜는 '걸핏하면'이라는 표현이 지나치지 않을 만큼 애국이라는 말을 즐겨 썼다. 사고의 폭과 어휘력이 지극히 제한적이라는 개인적인 특징 때문만은 아니었다. 김기춘도 이 표현을 즐겼다. 이와 관련, 박근혜 정권 초기 청와대 경제수석을 지낸 조원동은 김기춘이 "평소 애국이라는 표현을 자주 썼다"고 법정에서 진술했다.

박근혜, 김기춘의 이러한 모습은 "탄핵 반대"(가결 후엔 "무효")를 강변하며 거리에서도, 법원에서도 온갖 행패를 부린 극렬 박근혜 지지자들이 자신들을 애국 세력이라고 내세우는 것과 상통한다. 교수 출신인 김상률(차은택 외삼촌) 전 청와대 교육문화수석이 블랙리스트 재판에서 김기춘, 조윤선 등이 애국자라고 주장한 것과도 통한다.

이렇게 애국이라는 개념을 오염시켜 멋대로 갖다 붙이는 건 극렬 박근혜 지지자들만의 문제도, 어제오늘 일도 아니다. 한국 근현대사를 뒤틀리게 만든 극우 반공 세력 전반이 오랫동안 보인 행태와 직접적으로 이어져 있다. 두 가지 사례만 살펴보자.

밀정 이종형의 궤변과 애국자 둔갑, 그리고 박근혜·김기춘의 오늘

"나는 진짜 애국자다."

1949년 법정에서 이종형은 이렇게 주장했다. 그해 1월 10일 반민족행위특별조사위원회(반민특위)에 체포돼 재판을 받던 법정이었다. 이종형의 주장은 계속됐다. "내가 무슨 죄가 있느냐. 반성할 것도 없다. …… 공산당을 토벌하였다고 재판하는 이 법정에서는 나는 재판을 못 받겠소. …… 내 가슴에 훈장을 달아주지 않고 내 손에 쇠고랑을 채워주다니."

뻔뻔하기 짝이 없는 궤변이었다. 다른 무엇보다도 이종형의 삶이 그것을 분명히 말해준다. '공산당 토벌' 운운했지만 기본적으로 이종형이 때려잡은 건 독립 운동가들이었다. 일제 강점기에 이종형은 고급 밀정이었다. 독립 운동에 가담했다가 1922년 징역 12년을 선고받았지만, 형기를 다 채우지 않고 출소해(옥중에서 전향한 것으로 추정된다) 1930년 만주에 나타난 후 밀정으로서 독립 운동가를 살해하거나 밀고하는 데 열을 올렸다.

이종형은 1930년경 만주 길림성에서 한국인 공산당원을 '토벌'한다는 구실로 수많은 독립 운동가가 체포·투옥되게 만들었다. 그렇게 체포·투옥된 이들 중 상당수가 목숨을 잃었다. 1931년 만보산 사건이 터지자 이종형은 부하에게 조선일보사 장춘지국장 김이삼을 죽이게 했다. 1943년에는 국내 진공 작전을 추진하던 독립 운동가들을 밀고했다. 그로 인해 체포·투옥된 이들 중 일부는 감옥에서 순국했다. 국내에 돌아온 후 이종형은 조선총독부 경무국 보안과장과 경무과장, 조선군 참모장, 헌병사령부 특고과장 등의 주구 노릇에 열중했다. 이종형의 '활약'에 일제 고등 경찰이 감탄할 정도였다고 한다.

1,200만 명이 넘는 관객을 불러 모은 영화 〈암살〉 주인공의 실제 모델이기도 한 여성 독립투사 남자현을 죽음으로 몰아넣은 사람도 이종형이다. 남자현은 1933년 관동군 사령관이자 만주국 주재 일본 전권 대사인 무토 노부요시를 암살하려다 발각·체포돼 그해 결국 세상을 떠났다. 이 암살 계획을 밀고한 자가 바로 이종형이다.

해방 후 이종형은 여운형을 헐뜯는 데 앞장섰다. 대동신문을 창간해 '여운형이야말로 친일파'라고 비난했다. 마지막까지 일제에 굴복하지 않고 건국동맹을 결성해 해방을 준비한 여운형에 대한 터무니없는 중상모략이었다. 그뿐 아니라 여운형 암살을 부추기는 듯한 기사까지 내보냈다. 다른 한편으로는 신탁통치 반대 운동을 기회 삼아 '반공 애국자'로 자신을 세탁하면서 김구의 반탁 진영에 동참했고 이승만과도 밀접한 관계를 맺었다.

이종형은 그 후 '친일파 청산은 빨갱이나 하는 주장'이라는 궤변을 늘어놓으며 친일파를 결속해 반민족행위특별법(반민법) 제정을 막는 데 앞장섰다. 반민법 제정에 따라 구성된 반민특위에 결국 체포되지만, 반성은 손톱만큼도 하지 않았다. 오히려 자신이야말로 "진짜 애국자"라고 뻔뻔하게 주장했다. 이때라도 처벌을 받았어야 하지만, 현실은 그렇지 않았다. 1949년 6월 이승만의 비호를 받은 친일 경찰이 반민특위를 습격해 무력화했고, 두 달 후 이종형은 풀려났다. 그리고 이듬해(1950년) 이종형은 제2대 민의원(국회의원)이 된다.[3]

오늘날 활개 치는 극우 반공 세력의 뿌리를 찾아가면 이종형 같은 사람과 마주치게 된다. 이종형 사례에서도 잘 드러나는 극우 반공주의를 매개로 한 애국자 둔갑, 자신들이야말로 진정한 애국 세력이라는 기괴한 확신은 그만큼 뿌리가 깊고 광범위하며 해악도 크다. 여기서 한 가지 생각해보자. 박근혜, 김기춘 같은 사람들의 속마음은 오늘날 극우 반공 세력의 선배 격인 이종형의 1949년 법정 궤변과 얼마나 다를까? 다르기는 할까?

고문 기술자 이근안의 뻔뻔한 확답… 김기춘은 어떨까?

"지금 당장 그때로 돌아간다 해도 나는 똑같이 일할 것이다."

목사로 변신한 고문 기술자 이근안은 2010년 한 인터뷰에서 이렇게 말했다. 델시 상표가 붙은 사무용 가방을 들고 출장까지 다니며 고문을 자행한 이근안은 '시간을 돌려 과거로 돌아간다면 다른 선택을 하지 않았을까'라는 질문에 "아니다"라며 그렇게 말했다. 자신이 한 일은 "당시 시대 상황에서는 애국"이었다며, "애국은 남에게 미룰 수 있는 일이 아니다"라는 얘기까지 했다. 애국자 둔갑은 여기서도 어김없이 나타났다. 이근안은 자신이 한 건 고문이 아닌 심문, "일종의 예술"이었다는 궤변도 빼놓지 않았다.

이근안은 김기춘과 동시대 사람이다(이근안이 한 살 위). 조작 간첩 제조 사건을 담당했던 점은 같지만, 두 사람이 활동한 방식이나 걸어온 길은 적잖은 차이가 난다. 검사 김기춘이 최고 권력자의 총애를 받는 엘리트로서 1970년대에 특히 잘나가며 조작 간첩 제조 사건의 수사 책임자로서 윗선에서 움직였다면, 경찰 이근안은 박정희·전두환 집권기에 일선에서 직접 고문하며 악명(특히 전두환 정권 때)을 떨쳤다. 고문 기술자는 민주화 운동가는 물론 평범한 시민들도 먹잇감으로 삼아 실적을 쌓았다.

6월항쟁(1987년) 이후 두 사람의 처지도 달랐다. '얼굴 없는 고문 기술자'로 불리던 이근안은 1988년 12월 그 실체가 드러나면서 수배됐다. 11년이나 잠적한 이근안은 1999년 10월 28일 자수 형식으로 모습을 드러냈다. 그 사이에 김기춘은 장관을 거쳐 국회의원으로 변신했다. 김기춘의 고교·대학교·검찰·중앙정보부(정형근의 경우 그 후신인 안기부) 후배이자, 자수 후 이뤄진 이근안에 대한 검찰 수사에서 김근태 고문 사건(1985년) 당시 김근태 수사에 이근안을 투입하게 한 인물로 지목된 정형근도 김기춘과 같은 해(1996년)에 국회의원 배지를 달았다.[4]

이승만 집권기에 갖가지 반민주 행위를 한 자들 가운데 행동대로 나섰던 일부 정치 깡패들은 4월혁명(1960년)과 5·16쿠데타 후 처형되지만 거물들은 대부분 살아남아 박정희 집권기에도 잘나간 것을 생각나게 하는 풍경이다. 잠적한 11년 동안 이근안은 김기춘, 정형근 같은 사람들을 보면서 무슨 생각을 했을까? 전두환 식으로 표현하면 '왜 나만 갖고 그래'라는 생각이 들 수밖에 없지 않았을까?

분명한 건, 2010년 인터뷰에서 극명하게 드러난 것처럼 이근안이 이렇게까지 뻔뻔할 수 있는 건 과거에 고문 기술자들을 부추기고 그들이 마음껏 고문할 수 있게 해준 세력이 여전히 막강한 상황과 떼어놓고 생각할 수 없다는 점이다. 6월항쟁 이후에도 그런 상황이 큰 틀에서 지속되도록 만드는 데 상당한 역할을 한 사람 중 한 명이 김기춘이다.

한 가지 더 생각해보자. 이근안이 받은 질문, 즉 '시간을 돌려 과거로 돌아간다면 다른 선택을 하지 않았을까'라는 질문을 김기춘이 받는다면 어떻게 답할까? 김기춘의 속마음은 이근안의 대답과 다를까? 김기춘의 행태를 보면 답은 자명해 보인다.

김근태씨 족친 '이름 모를 전기고문 기술자'

경기도경 공안실장 이근안씨

김씨 6개월추적… 이재오씨등 3명도 확인

이근안씨 "김씨 사건에 관여 안했다"

이근안 경기도경 공안문실.

오늘 사설 3면. TV프로 9면으로 옮깁니다.

'얼굴 없는 고문 기술자'로 불리던 이근안의 실체를 처음으로
세상에 알린 한겨레 1988년 12월 21일 자 1면.

고문 문제에 책임이 있는 건 이근안처럼 직접
고문을 자행한 자들만이 아니다. 고문을
허가하고 부추긴 국가 권력, 즉 윗선 문제를
빼놓아서는 안 된다. 그러한 책임 문제에서
김기춘은 과연 자유로울 수 있을까?

<피가로의 결혼>을 매개로 되짚은 박근혜의 삶

"염병하네."

2017년 1월 25일 특검에 소환되면서 "너무 억울하다", "자유 민주주의 특검이 아니다" 등 고래고래 소리를 지르는 최순실을 건물 청소 노동자는 이렇게 꾸짖었다. 수많은 국민들의 속을 시원하게 해준 '사이다' 발언이었다.

이 '사이다' 발언이 들어맞는 대상은 최순실만이 아니다. 최순실의 파트너 박근혜, "선비"라는 말로 분칠한 김기춘은 물론 이종형, 이근안 같은 사람들에게 확대 적용해도 무리가 없다. 높은 학력과 그럴싸한 언변으로 전문가 행세를 하며 국정 농단 세력을 법정 안팎에서 비호하는 이들도 피해갈 수 없다.

이처럼 국정 농단 주범들, 더 나아가 수구 냉전 세력을 한마디로 혼내주는 것도 필요하지만 그들이 걸어온 길을 찬찬히 짚어보는 것도 필요하다. 시원하게 한마디만 하고 넘어가기에는 그 세력의 뿌리가 너무나 깊고 그 해악이 크기 때문이다. 그러한 작업의 일환으로 필자는 김기춘의 삶을 되짚으려 한다.

김기춘은 박근혜와 공통점이 여럿 있지만 다른 점도 적지 않다. 여기서 잠시 볼프강 아마데우스 모차르트의 오페라 〈피가로의 결혼〉을 살펴보자. 프랑스대혁명이 일어나기 3년 전인 1786년에 처음 상연된 이 작품의 주인공 피가로는 다재다능한 사람이었다. 그렇지만 신분이 미천해 이발사 겸 외과 의사(이 시기에는 이 두 가지를 겸하는 경우가 많았다)로 사는 데 만족해야 했고, 백작 부인의 시녀를 사랑하지만 백작의 방해를 받았다. 피가로는 분노했다.

"그처럼 많은 멋진 것들을 가지기에 합당할 만한 무언가를 당신은 했단 말입니까? 당신이 한 일이란 태어났다는 사실뿐입니다."[5]

　대혁명 이전 구체제의 모순을 적나라하게 드러낸 대목인데, 박근혜의 삶을 이해하는 데에도 도움이 된다. 박근혜가 신분제 사회에서 지배 계급의 일원으로 태어나거나 태어날 때부터 최고 권력자의 딸이었던 건 아니다. 5·16쿠데타는 그러한 박근혜(당시 9세)의 삶을 송두리째 바꿔놓았다. 그 이후 박근혜는 박정희의 딸로 "태어났다는 사실"만으로 어린 시절부터 "그처럼 많은 멋진 것들"을 손쉽게 누릴 수 있었다. 박정희가 자초한 10·26사건(1979년)으로 박근혜의 삶도 흔들리긴 하지만, 땀 흘려 일하지 않고 특혜를 누리는 삶의 근간이 바뀌지는 않았다. 생계를 해결하기 위해 제 손으로 노동하지 않고도 "그처럼 많은 멋진 것들"을 누리는 삶은 그 후에도 계속됐다(그러면서 재임 기간 중 실제로는 노동 개악인 이른바 '노동 개혁'을 밀어붙여 수많은 문제를 일으킨 것도 어이없는 일이다). 그런 면에서, 편법 상속과 온갖 '갑질' 등으로 물의를 일으키면서도 그 집에서 태어났다는 이유만으로 각종 특혜를 평생 누리는 재벌가 자제들의 삶과 많은 부분 닮았다.

출세 지향 법조인들의 잘못된 인생 모델, 김기춘

　김기춘은 그와 다르다. 적어도 출세의 발판을 마련하기까지는 박근혜와 달리 자신의 노력으로 성취했다. 물론 '김기춘은 정말 유능한 사람'이라는 일각의 평가(주로 극우 반공 인사들 사이에서 나오는)는 재검토가 필요하다. 김기춘이 그간 발휘한 능력이라는 것이 기본적으로 민주주의를 훼손하면서 권력자의 가려운 곳을 긁어주는 것이었다는 점에서 그러하다. 그런 것을 유능하다고 규정하는 건 민주주의 사회에 결코 적합하지 않다. 그렇기는 하나 극우 반공 인사들 가운데 김기춘이 그런 쪽으로 일정하게 역량을 발휘한 것까지 부정할 수는 없다. 그렇기 때문에 권력자의 눈에 들어 초고속 승진을 한 것이다. 그 결과 김기춘은 출세 지향 법조인들(그중에서도 특히 검사들)의 유력한 인생 모델이 됐다.

나중에 자세히 살펴볼 텐데, 예컨대 유신 헌법 제작에 관여한 후 한참이 지난 1980년대에도 김기춘을 "명석한 두뇌", "인화에도 능하다", "꼿꼿한 검사" 식으로 상찬한 보도가 적지 않다. 초원복집 사건(1992년) 직후 보도를 보면 사건 전에 김기춘이 검찰 안팎에서 "깨끗한 검사, 강직한 검사"로 통했을 뿐만 아니라, "저런 검사도 다 있나"라며 김기춘을 평생의 표상으로 삼았다는 후배 검사의 이야기까지 나온다. 권력에 눈먼 이중인격 소유자라는 평가가 검찰 일각에서 나온다는 보도도 있지만, 이때까지는 김기춘을 긍정적으로 그린 보도가 훨씬 많이 눈에 띈다.

노태우 정권 시절 김기춘은 검찰총장과 법무부 장관을 맡으면서 검찰 조직을 상징하는 인물로 통했다. 그만큼 많은 검찰 관계자들에게 선망의 대상이었는데, 이렇게 된 데에는 초고속 승진 신화에 더해 김기춘이 '검찰 공화국'(대다수 국민에게는 적폐이지만 검찰 관계자들에게는 천국인) 구축의 주역이라는 점도 크게 작용했다고 볼 수 있다.

초원복집 사건 후에는 대놓고 김기춘을 칭찬하기가 어려웠지만, 그렇다고 해서 검찰 쪽에서 김기춘의 잘못을 타산지석으로 삼은 것은 아니다. 그렇게 볼 근거가 전혀 없다. 타산지석으로 삼았다면, 오늘날 대다수 국민이 '검찰 공화국' 문제를 시급한 개혁 과제로 꼽는 일은 없었을 것이다. 잘못을 확실히 짚고 청산했다면, 최근까지 김기춘이 권력을 휘두르는 일은 없었을 것이다. 숱하게 민주주의를 짓밟는 데 앞장선 김기춘이 계속 권력을 휘두르는 모습은 출세 지향 법조인들에게 '저렇게 해도 되는구나'를 넘어 '저렇게 해야 더 크게 성공하는구나'라는 잘못된 확신을 갖게 하는 명확한 신호였다. 그러니 검찰에서 김기춘의 후예들이 끊임없이 나타나고 결국 '리틀 김기춘'으로 통하는 우병우까지 그 맥이 이어진 것이다.

그 고리를 끊지 않으면 우병우 이후에도 또 다른 '리틀 김기춘'들이 계속 출현할 수밖에 없다. 김기춘 같은 사람이 어떻게 그토록 오랫동안 권력을 휘두를 수 있었는지를 직시하지 않는다면 '리틀 김기춘'들의 전성시대는 이어질 가능성이 높다. 향기 대신 악취를 폴폴 풍기는 인생이지만, 장목(김기춘의 고향)에서 감옥까지 김기춘의 삶을 이 연재에서 되짚으려는 것도 그 때문이다.

물고기가 물을 떠나 살 수 없듯이 시대를 빼놓고는 한 개인을 이야기할 수 없다. 김기춘의 삶을 중심으로 연재를 진행하되, 김기춘이 살아온 시대와 그가 비호하고 대변한 세력에 관한 이야기를 함께 다루려 한다. 유신 쿠데타, 초원복집 사건 등 김기춘과 관련해 주로 거론되는 사건들만이 아니라 '김기춘과 한국 야구' 등 그동안 간과된 주제도 다룰 계획이다.

이제 장목으로 떠나보자.

서울법대 동창회는 왜
김기춘 궤변 받아줬나

출생에서 대학 시절까지:
뻔뻔한 법 기술자의 기원

법관의 꿈 품은 중학생 김기춘, 부친 뜻과 달리 경남고로

한국에서 유일하게 2명의 대통령(김영삼, 문재인)을 배출한 고장, 거제도. 그 북단에 장목면이 있다. 정유재란 당시 조선 수군의 아픔이 서려 있는 서쪽의 칠천도(1597년 수군이 참패하고 지휘관 원균이 전사한 칠천량 해전이 이 일대에서 벌어졌다)와 대통령 휴양지인 동쪽의 저도 사이에 자리한 이곳은 김영삼의 출생지다. 그리고 김영삼의 띠동갑(열두 살 차이) 후배이자 김영삼과 끈끈한 관계를 맺게 되는 김기춘의 고향이기도 하다.

김기춘은 중일전쟁이 한창이던 1939년 장목면에서 태어났다. 얼마 후, 한국 현대사의 틀을 형성한 거대한 역사적 사건이 연이어 일어났다. 해방(당시 김기춘은 6세), 분단 정부 수립(9세), 한국전쟁(11~14세)이 숨 돌릴 틈 없이 이어졌다. 한국전쟁 당시 거제도는 후방이었지만 격렬한 대립이 전개된 또 하나의 전장이었다. 포로수용소가 있었기 때문이다. 17만 명이 넘는 북한군·중국군 포로가 섬을 가득 메웠다. 이들을 심문·감시하는 국군과 미군, 그에 더해 중국군 포로 심문 시 통역 지원 등을 위해 타이완에서 선발된 요원들까지 섬에 들어왔다. 거제도는 내전이자 국제전이라는 한국전쟁의 특성을 분명하게 보여주는 곳 중 하나였다.

김기춘은 그러한 섬에서 나고 자랐다. 검찰총장이던 1990년에 이뤄진 인터뷰[1]를 중심으로 김기춘의 소년 시절을 되짚어보자. 김기춘의 집은 그 동네에서는 괜찮게 사는 축에 들었다. 대구잡이 어장도 갖고 있었고 농사도 약간 지었다. 김기춘은 거제도에서 국민학교를 졸업한 후 마산으로 유학을 떠났다. 전선에서 여전히 포화가 불을 뿜는 가운데 휴전 협상이 기약 없이 이어지던 1952년, 13세 소년 김기춘은 마산중학교에 입학했다.

마산 시절 김기춘은 인생의 진로를 정했다. 나중에 법관이 되겠다는 결심을 굳혔다. 계기를 마련해준 건 마산중학교 역사 교사였다. 고시에 여러 번 떨어지고 결국 역사 교사로 눌러앉은 이 사람은 김기춘에게 자주 이렇게 얘기했다고 한다. "넌 공부도 잘하고 논리적이니까 고시 공부를 하면 틀림없이 훌륭한 법관이 될 거다."

그런 얘기를 들으며 법관의 꿈을 키웠지만 곧 장벽에 부딪혔다. 아버지라는 벽이었다. 김기춘의 부친은 아들이 교육자가 되기를 바랐다(그 영향 때문인지 김기춘의 형은 훗날 장목중학교 교장을 지낸다). 부친의 뜻에 따라 김기춘은 어쩔 수 없이 부산사범학교 입학시험을 쳤다. 결과는 합격. 그러나 김기춘의 고민은 깊어만 갔다. '이 길이 정말 나의 길일까', 회의懷疑한 끝에 결단을 내렸다. '내가 택한 길로 가자.' 법관의 꿈을 품고 다시 경남고등학교 입학시험을 쳤다. 이번에도 결과는 합격.

그렇게 해서 김기춘은 부산으로 떠났다. 만약 역사 교사가 법관의 꿈을 키워주지 않았다면, 부친의 뜻대로 부산사범학교에 입학해 교육자의 길을 걸었다면 김기춘의 인생은 어떠했을까? 박근혜와 나란히 죄수복을 입는 것은 피할 수 있었을까?

초원복집 사건에서도 작용한 경남고 인맥

1955년 4월 1일 김기춘은 부산고와 더불어 경남의 '명문'으로 꼽히는 경남고에 입학했다(12회). 부산 지역 동기회 총무 이창대에 따르면, 고교 시절 김기춘은 교내 영어 웅변대회에서 1등을 했고 학보에 논문을 발표하기도 했다.[2] 논문 제목은 〈우리 민족의 사대사상에 대한 소고〉. '사대사상'이라는 논문 주제가 눈길을 끈다.

경향신문(1991년 6월 29일 자)에 따르면 경남고 12회 졸업생 578명 중 140여 명이 서울대에 진학했다. 김기춘의 고교 동창 중 몇 사람만 살펴보자. 여러 명이 정치권에 진출했는데, 경남고 12회는 고교 선배 김영삼(학제 개편으로 경남중학교와 경남고등학교가 분리되기 이전의 경남중학교 졸업)의 영향을 특히 많이 받은 기수로 통한다. 1985년 2·12총선 당선 이래 김영삼과 같은 당 소속으로 국회의원을 3번(12~14대) 하고 김영삼 정권 때 초대 민선 부산시장을 지낸 문정수도 그중 한 명이다.

전두환 정권 때 부산에서 노무현·문재인 변호사의 선배 격으로 재야 활동을 하다가 1988년 김영삼이 이끄는 통일민주당 소속으로 국회의원이 된 김광일도 경남고 12회 졸업생이다. 김광일은 3당 합당(1990년)에 반대해 김영삼과 일시적으로 결별하지만, 김영삼 정권 출범 후 다시 김영삼과 함께하며 청와대 비서실장 등을 맡았다. 한나라당 공천을 받지 못하고 민주국민당 후보로 나선 2000년 총선 때에는 "선거에 실패할 경우 부산시민 모두 영도다리에서 빠져 죽자"는 발언으로 논란을 불러일으켰고, 2002년 대선 직전엔 이회창 후보 지지 선언을 하고 '노(무현) 후보가 대통령이 되어서는 안 될 10가지 이유'를 공표해 세간의 관심을 모았다. "영도다리(에서) 빠져 죽자"는 초원복집 사건(1992년) 당시 김기춘이 한 말이기도 하다.

검찰 내 PK(부산·경남) 인맥의 한 축을 이룬 이들도 있다. 대표적인 인사는 물론 김기춘이지만, 김기수도 빼놓을 수 없다. 김기수는 동창생 김기춘이 검찰총장이던 1989년 서울지검 1차장으로서 평화민주당 서경원 의원의 밀입북 사건을 수사했고(이때 검찰은 '서경원이 북한으로부터 돈을 받아 그중 일부인 1만 달러를 김대중에게 건넸다'고 발표했지만 '김대중 1만 달러 수수설'은 훗날 사실이 아닌 것으로 드러난다), 김영삼 정권 때인 1995년에는 검찰총장을 맡았다. 2004년 김기춘이 국회 법사위원장으로서 노무현 대통령 탄핵 소추위원으로 나섰을 때 김기수는 국회 측 대리인단으로 활동하며 김기춘과 호흡을 맞췄다. 박근혜·최순실 게이트가 터지면서 구속된 김기춘이 구축한 변호인단에도 김기수는 이름을 올렸다.

경남고 인맥은 김기춘의 삶에서 중요한 위치를 차지한다. 초원복집 사건에서도 이 점은 잘 드러난다. 초원복집 모임 참석자들이 지역감정을 노골적으로 조장해 당선시키려 한 사람이 경남고 선배 김영삼 후보였고, 참석자 중 상당수가 경남고 출신이었으며, 김기춘 등이 이런 짓을 하고도 화려하게 부활할 수 있었던 것 역시 경남고를 매개로 한 인연과 떼어놓고 생각할 수 없다.

가정 교사도 하고, 물지게 지고 빙판길도 오르내리고

1958년 김기춘은 서울대 법대에 입학하며 서울 생활을 시작했다. 김기춘이 직접 쓴 〈서울법대 교정은 정의와 인간애의 도량〉이라는 글을 중심으로 김기춘의 대학 시절을 살펴보자. 서울대 법대 졸업생 276명이 대학 시절에 대해 쓴 글을 모아 서울대 법대 동창회에서 펴낸 《진리는 나의 빛》(경세원, 1994년 1월 1일 발간)에 실린 글이다. 김기춘 본인의 글이라는 점, 그간 김기춘을 다룬 이런저런 글들에서 활용되지 않은 자료라는 점에서 눈여겨볼 만하다.

수험 번호 2번. 김기춘은 불길한 예감에 사로잡혔다. 뚜렷한 근거는 없었다. 1, 2번은 낙방하고 3번부터 합격하는 게 발표장에서 자주 일어나는 우연이라고 여긴 것뿐이다. 자주 일어난다는 그 우연도 김기춘을 막지는 못했다. 이번에도 결과는 합격.

"뽑히고 뽑힌 수재 중의 수재, 이 나라의 미래와 운명이 여러분의 어깨에 달려 있다." 김기춘은 첫 강의 시간에 이런 얘기를 들었다며, 그러한 격려가 "시골에서 올라온 천진한 나에게 사명감과 자부심을 불어넣기에 필요하고도 충분"했다고 썼다. 냉정히 말하면, 그것이 좋은 쪽으로 작용할 경우 긍정적인 의미에서 사명감과 자부심이 될 수 있지만 나쁜 쪽으로 작용할 경우 선민

의식과 특권 의식으로 이어질 수 있었다. 대학생이 넘쳐나는 요즘과 달리 대학생 수가 매우 적었고 그중에서도 서울대 학생, 그것도 법대생은 소수 중의 소수였다는 점에서 더욱 그러하다. 김기춘의 삶은 이것이 기우가 아님을 보여주는 사례 중 하나다.

대학 시절 김기춘은 문교부 국비 장학금, 서순영의 삼락회 장학금 등을 받아 등록금을 마련하고 가정 교사로 일하며 "어렵게 학교생활을 계속하고" 자취를 했다고 밝혔다. 창신동 산꼭대기에서 자취할 때에는 공동 수도에서 물을 받아 물지게를 지고 겨울 낙산의 빙판길을 오르내렸다고 썼다. 서순영은 일제 강점기 때부터 법조인으로 활동했고 해방 후 김기춘의 고향 거제도에서 제헌 의원으로 당선됐으나, 1954년 총선에서 자유당 후보에게 패한 사람이다. 서순영을 꺾은 자유당 후보가 바로 27세의 김영삼이다.

김기춘은 대학 시절을 나라 전체가 어렵고 가난했지만 낭만이 있던 시기로 묘사했다. 물지게를 지고 낙산 빙판길을 오르내린 것을 "힘겨웠지만 …… 아름다운 추억"으로 꼽았다. 그러면서 당시 학생들이 군화 한 켤레로 사시사철을 견디고 자취방에서 맨밥에 간장을 끼얹어 끼니를 때우기도 했지만, 강의실과 도서관의 열기는 언제나 뜨거웠다고 썼다. "학생들 모두가 고생하면서 공부했지만 구김살이 없이 낭만적이었고 모두가 사물을 긍정적으로 보았"으며 "가난을 사회 구조적 모순의 결과로 보거나" 하지 않았다고 썼다.

낭만이라는 색안경 씌워 '갈등·적대 없는 사회'처럼 묘사

이 대목에는 몇 가지 생각할 거리가 있다. 얼핏 보면 문제 될 게 없는 서술이라고 느낄 수도 있겠으나, 시대 상황을 생각하면 그렇게 보기 어렵다. 김기춘의 대학 시절(1958~1962년)은 이승만 정권 말기, 4월혁명(1960년) 시기, 그리고 5·16쿠데타(1961년) 후 들어선 군사 정권 전반기에 해당한다. 그중에서도, 글의 서술 구조상 대학 생활에 대한 언급은 주로 고등 고시 응시(1960년 10월) 이전 시기, 즉 이승만 정권 말기와 많은 부분 겹치는 시기에 대한 것이라고 볼 수 있다.

김기춘의 서술 중 그 시기에 나라 전체가 어렵고 가난했다는 부분은 별 문제가 없다. 그러나 학생들 모두 구김살 없이 낭만적이었고 모두 사물을 긍정적으로 봤던 시기라는 서술은 당시 상황과 부합한다고 보기 어렵다. 단적으로, 그렇게 모두 구김살 없이 지내고 모두 사물을 긍정적으로 볼 수 있는 시기였다면 4월혁명이 왜 일어났겠나? 그런 시대였다면 왜 수많은 시민들이 목숨까지 걸면서(200명에 가까운 인원이 희생됐다) 이승만 정권과 맞서 싸웠겠나?

4월혁명은 1960년 3·15 부정 선거에 대한 항의에 국한된 사건이 아니었다. 세계 부정 선거 역사에 한 획을 그을 만한 노골적인 부정 선거가 중요한 계기가 된 건 분명하지만, 4월혁명은 그것에 대한 항의 차원을 넘어 이승만 정권, 즉 학살 위에 쌓아 올린 극우 반공 독재에 대한 총체적인 부정이었다.

이승만 정권과 결탁하는 등의 방식으로 큰돈을 부당하게 챙

4월혁명(1960년) 당시 이승만 정권을 규탄하며 거리에 나선 시민들.
신기하게도 김기춘은 대학 시절을 돌아보는 글에서 4월혁명과 5·16쿠데타에 대해
단 한마디도 언급하지 않았다. ⓒ 4·19혁명기념도서관

긴 부정 축재蓄財자들을 처벌해야 한다는 여론이 강하게 일었다는 점도 이 시기를 이해하는 데 중요한 요소다. 1960년 말 장면 정권 국무원 사무처에서 실시한 제1회 국민 여론 조사에서 '부정 축재자를 엄벌에 처해야 한다'(37.3퍼센트)는 응답이 '3·15 부정 선거범을 엄벌에 처해야 한다'(33.1퍼센트)보다도 많았던 데서도 이 점은 잘 드러난다.[3] 4월혁명을 계기로 부정 축재자 처벌 문제가 부각된 것은 2016~2017년 촛불 항쟁을 계기로 전면에 부상한 적폐 청산 문제에서 재벌 개혁이 중요한 비중을 차지하는 것과 닮은꼴이다.

이처럼 모두 구김살 없이 낭만적이었고 모두 사물을 긍정적으로 봤으며 가난을 사회 구조적 모순의 결과로 보지 않았다는 서술은 당시 시대상 전반과는 상당한 거리가 있다. 현실을 직시하는 대신 낭만이라는 그럴싸한 색안경을 씌워 마치 '격차는 있지만 갈등이나 적대는 없는 사회'였던 것처럼 묘사한 것은 김기춘의 역사관, 시국관과 무관치 않다고 필자는 생각한다.

3학년 때 고등 고시 사법과 합격

김기춘 글로 돌아오면, 김기춘은 그때 얼마나 열심히 공부했는지에 대해 얘기하며 "국경선 분쟁, 영토 분쟁" 못지않았다는 도서실 좌석 확보 경쟁을 사례로 들었다. 가끔 폭력 사태로 발전할 정도로 그 경쟁이 치열했지만, 김기춘은 다른 사람이 좌석을 감히 넘보거나 자신에게 도전할 틈을 주지 않았다고 썼다. 새벽

4시 통금이 해제되면 교문이 잠긴 학교 담장을 타고 넘어 들어가 도서실 좌석을 확보하고 아침 7시경 잠시 나와서 밥을 먹고 다시 돌아가는 등의 방식으로 "실효성 있는 점유"를 했다고 한다. 그렇게 공부에 매진하는 속에서도 동숭동에서 광화문을 거쳐 신촌으로 이어지는 길을 걸으며 연인과 데이트하고 동숭동 캠퍼스 운동장에서 캐치볼, 탁구, 평행봉, 철봉, 링 체조 등을 했던 일 등을 추억했다.

1960년 8월, 3학년 김기춘은 정릉에 있는 절에 들어갔다. 두 달 앞으로 다가온 제12회 고등 고시에 대비해 총정리를 하기 위해서였다. 새벽 3시경에 일어나 찬물에 세수하는 것으로 일과를 시작해 시험공부에 몰두했다. 이따금 달밤에 탑돌이도 하고 밤에 동자승들과 함께 냇물에서 미역을 감기도 하면서 수험서를 파고든 김기춘은 10월에 고시 사법과 시험을 쳤다.

1961년 1월 31일 국무원 사무처에서 12회 고등 고시 사법과·행정과 합격자를 발표했다. 사법과 합격자 명단에 수험 번호 153번 김기춘도 있었다. 이번에도 합격이었다. (기존에 나온 글에는 대개 김기춘이 "1960년 말에 제12회 고등 고시 사법과에 합격했다"고 돼 있는데, 합격한 해는 1961년이고 1960년은 시험을 본 해다.)[4]

법조인의 자세와 정의에 대한 뻔뻔하기 짝이 없는 훈계

고시 합격까지 얘기한 후 김기춘은 글 후반부에서 법조인이 취해야 할 자세와 사회 정의에 대해 말하는데, 그 내용이 정말 가관이다. 김기춘은 "법률을 공부한 우리들이 …… '나쁜 이웃'이 되지 않기 위해서는 '인간에 대한 뜨거운 사랑'과 '정의를 관철시키려는 용기'를 가져야 한다"며 이렇게 말한다.

"법조인들은 인간의 사회적 생명을 다룬다. 오진하여 다리를 자르는 것이 큰 고통인 것에 못지않게 잘못된 법 해석과 수사, 재판으로 억울하게 죄를 씌워 선량한 국민의 명예를 손상하는 것은 한 인간의 사회적 생명을 파괴하는 것이다. 참으로 경계하고 또 경계해야 할 일이다."

지당한 말이다. 그러나 인권을 짓밟고 고문 피해자를 양산하게 한 유신 헌법을 만드는 데 관여한 것으로도 모자랐는지 유신 독재 시절 조작 간첩 제조 사건의 수사 책임자로 '활약'하기까지 한 김기춘이 입에 담을 수 있는 소리는 아니다. 감히 입에 올려서는 안 되는 얘기다. 그런데도 그런 이야기를 뻔뻔하게 늘어놓으며 거리낌 없이 훈계하고 있다.

그것에 이어 김기춘은 "우리 사회에는 정의에 대한 이중적 태도가 범람하고 있다"며 러시아 출신 법학자 비노그라도프의 저서를 인용했다. 정의가 무엇이냐는 질문에 야만인은 "내가 이웃의 아내를 빼앗으면 옳은 일이고 그가 나의 것을 빼앗으면 잘못이다"라고 답한다는 내용이 그 책에 나온다며, 이런 잘못된 의식을 바로잡는 역할도 법대생들의 몫이라고 썼다.

말만 놓고 보면 이 또한 지당한 얘기다. 그러나 설령 김기춘이 범한 수많은 잘못 중 다른 것들은 차치한다고 하더라도, 이 책이 나올 무렵 초원복집 사건의 주범이면서도 오리발을 계속 내밀며 재기를 노리던 김기춘이 입에 담아도 되는 얘기는 아니다.

김기춘의 일생을 살펴보면 근사해 보이는 얘기를 심심찮게 남기는 모습을 만날 수 있다. 문제는, 그런 말과 일치하는 삶을 살기는커녕 그걸 거듭 지르밟으면서 입으로만 늘어놓는다는 것이다. 발로는 민주주의를 짓밟으면서 입으로는 민주주의 운운하며 국민을 현혹하는 극우 반공 세력 전반의 행태(오늘날에도 어렵지 않게 볼 수 있다)와 일맥상통하는 모습이다.

서울법대 동창회는 왜 김기춘의 궤변을 실어줬을까

이처럼 〈서울법대 교정은 정의와 인간애의 도량〉이라는 글은 여러 가지 생각할 거리를 담고 있다. 그중 두 가지만 더 짚어 보자.

첫 번째는 서울대 법대 동창회에서 김기춘에게 글을 청탁해 책에 실은 것 자체가 고개를 갸웃하게 만드는 일이라는 것이다. 필자 276명 가운데 고개를 갸웃하게 만드는 게 김기춘 한 사람만은 아니지만, 다른 사람은 그렇다 치더라도 김기춘의 경우는 정말 이해하기 어렵다. 유신 독재의 탄생 과정부터 관여했고 몰락할 때까지 적극적으로 부역하며 승승장구한 대표적인 법 기술자가 바로 김기춘임을 서울대 법대 동창회에서 몰랐을 리 없다. 그런 건 전혀 문제가 되지 않는다고 본 것일까?

시점을 생각하면 더욱 문제다. 이 책의 발간일은 1994년 1월 1일이다. 이는 1993년에 주요 작업이 진행됐음을 뜻한다. 1992년 12월 초원복집 사건이 터진 직후, 즉 김기춘을 중심으로

한 초원복집 모임 참석자들이 무슨 짓을 했는지 세상 사람들이 상세히 기억하던 시기다. 이 사건이 터지기 전에 원고를 청탁했다 하더라도 철회하는 게 순리인데, 서울대 법대 동창회는 아무 일 없었다는 듯 김기춘의 글을 떡하니 실었다. 동창회에서 제명해도 모자랄 판인데도 그렇게 했다. 더욱이 법과 정의에 대해 뻔뻔하기 짝이 없는 훈계까지 늘어놓은 글인데도 그대로 실었다. 초원복집 사건 역시 전혀 문제가 되지 않는다고 판단한 것일까?

이 시점에 김기춘의 글을 게재할 계획을 세웠다면 대학 시절을 돌아보며 삶을 참회하는 글을 청탁했어야 하지 않을까? '후배들이여, 나처럼 법 기술자로 부역하고 지역감정 조장까지 하면서 살지는 않길 바란다. 나를 타산지석으로 삼아다오.' 이런 내용의 참회문을 동문同門 김기춘에게 주문했어야 하지 않을까? 그게 현실에서 있을 수 있는 일이냐고? 왜 안 되나?《진리는 나의 빛》이라는 제목에 걸맞은 내용은 김기춘의 뻔뻔한 훈계가 아니라 참회다. 그런 청탁엔 결코 응하지 않았을 거라고? 그러면 김기춘을 필자 예정 명단에서 빼면 되는 것 아닌가? 건전한 상식에 비춰보면 그게 마땅한 일이다.

승부 조작 범죄에 가담한 프로 스포츠 관계자 중 일부는 속죄의 의미로 승부 조작의 위험성을 알리는 공개 강연을 한다. 최상층 지도자들의 산실로 통하는 서울대 법대 동문들이라면 최소한 그 정도 윤리 기준은 세웠어야 하는 것 아닐까? 유신 독재 부역, 조작 간첩 제조 사건, 초원복집 사건 같은 것은 별 문제가 안 되는 '가벼운 실수'라고 여기는 게 아니라면. 행적이 어떻든 간에 김기춘은 검찰총장, 법무부 장관을 지낸 자랑스러운 동문이라고 여기는 게 아니라면.

법을 흉기로 전락시킨 법 기술자들의 행적 교육해야

이와 관련해 한 가지 덧붙이면, 필자는 법을 흉기로 전락시켜 독재에 부역하고 인권을 짓밟는 등 숱한 잘못을 저지른 법 기술자들의 행적을 전국의 법대에서 철저히 교육해야 한다고 생각한다. 그러한 교육에서 김기춘은 좋은 반면교사 사례가 될 것이다. 법의 이름으로 도적질을 한 자들의 역사를 앞으로 법을 다루게 될 사람들에게 가르치지 않는다면, 영혼 없는 법 기술자들이 계속 횡행할 가능성이 높다. 그렇게 되면, 검찰뿐만 아니라 사법부를 포함한 법조계 전체에 적폐가 만연했다며 국민 다수가 보내는 싸늘한 시선도 사라지지 않을 것이다.

지난날의 잘못을 직시해야 하는 건 다른 분야도 마찬가지다. 예컨대 직업 군인(특히 장교)이 될 사람들에게는 군이 관계한 학살, 즉 한국전쟁 전후에 그리고 베트남과 1980년 광주에서 저지른 학살의 역사를 제대로 가르쳐야 한다. 군 선배인 박정희와 전두환·노태우 등이 총칼을 앞세워 민주주의를 유린한 역사를 명확히 알게 해야 한다. 그리고 경찰 간부를 꿈꾸는 사람들에게는 경찰이 인권을 짓밟은 주요 사건들에 대해 숙지하게 해야 한다.

조직에 대한 자긍심을 갖게 해야 하는 마당에 그런 걸 가르치는 게 말이 되느냐고 누군가는 항변할지도 모르겠지만, 전혀 그렇지 않다. 잘못을 감추기에 급급한 방식으로 주입된 자긍심은 진실과 마주치면 한순간에 무너질 수 있는 모래성에 불과함을 기억해야 한다. 그 같은 잘못을 다시 범하지 않기 위해서는 진실을 직시해야 한다. 진실과 마주하려 하지 않고 마치 없었던 일인 것처럼 부인한다면, 전쟁 범죄를 인정하고 참회하라는 정당한 요구를 거부하며 그런 주장을 '자학 사관'이라고 매도하는 일본 극우의 태도와 다를 게 무엇인가?

4월혁명과 5·16쿠데타에 대해 왜 한마디도 하지 않았을까

더 짚어볼 두 번째 사안은 4월혁명과 5·16쿠데타에 관한 것이다. 신기하게도 김기춘은 이 글에서 4월혁명과 5·16쿠데타에 대해 단 한마디도 언급하지 않았다. 김기춘의 대학 시절 한국 사회는 말 그대로 격동했다. 1년 1개월 동안 정권이 세 번 바뀐(이승만 정권→허정 과도 정권→장면 정권→군사 정권) 시기였다. 더 중요한 건 그것이 4월혁명과 5·16쿠데타를 통해 이뤄졌다는 점, 즉 당시로서는 전례가 없는 방식으로 세상이 연이어 뒤집혔다는 점이다. 그런데도 그것에 대해 단 한 줄도 쓰지 않았다. "지금보다 훨씬 가난하고 나라 전체가 어려운 때" 정도를 제외하면 서울대 법대 바깥 상황에 대해 언급한 것을 찾아보기 어렵다. 이 글만 놓고 보면 이 시기에 4월혁명, 5·16쿠데타가 일어나긴 한 건가 하는 생각이 들 정도다. 글이 실린 4장의 제목(IV. 혁명의 외침 속에서…)과도 엇박자다.

물론 격동하는 시대에 대해 충분히 얘기해야 한다는 규정 같은 건 이 책에 없다. 그렇다고 하더라도 4월혁명, 5·16쿠데타를 언급조차 하지 않은 건 부자연스러운 일이다. 대학 시절을 자유롭게 돌아보는 글이니 '대학생답게' 공부하고 연애한 얘기면 충분한 것 아니냐, 역사적 사건을 언급하는 게 오히려 이상한 것 아니냐, 누군가는 이렇게 반문할지도 모르겠다. 과연 그럴까? 지금의 대학생이 훗날 대학 시절에 대해 쓰면서 박근혜·최순실 게이트도, 촛불 항쟁과 탄핵도 전혀 존재하지 않았던 것처럼 해놓는다면 그게 자연스러운 일일까? 그렇지 않다. 그와 마찬가지다. 더욱이 김기춘의 대학 시절엔 세상이 뒤집히는 일이 두 번이나 일어났다.

그게 이상한 일임은 다른 사람들의 글을 통해서도 알 수 있다. 김기춘 글 바로 뒤에 실린 동기생 이순우(발간 당시 대한상사중재원 사무총장)의 〈법대 시절 회상〉을 보면 4월혁명과 5·16쿠데타 얘기가 첫 장에 바로 나온다. "대학 3학년 때에는 부정 선거에 항의하는 4·19혁명에 직접 가담하였고, 고등 고시를 준비하던 대학 4학년 시절 어느 날 새벽녘에 총성이 서울 시내를 진동하더니 5·16 군사 쿠데타가 발생하였다는……."

김기춘의 선후배들이 쓴 글을 봐도 시대 상황에 대한 이야기가 나오는 게 여럿이다. 남재희(서울신문 편집국장, 민주공화당·민주정의당 의원 등 역임)의 경우 글 제목 자체가 〈이강석 부정 입학과 동맹 휴학〉이다(이강석은 이기붕 아들이자 이승만 양아들이다). 훗날 한나라당 대표를 지내는 안상수는 굴욕적 한일협정 반대 운동 때 자신이 어떤 역할을 했는지, 김영삼 정권의 첫 번째 노동부 장관 이인

제는 전태일 열사 분신(1970년) 당시 법대 사회법학회 회원으로서 어떤 활동을 했는지를 각자 글에 썼다.

김기춘이 4월혁명도, 5·16쿠데타도 존재하지 않았던 것처럼 글을 전개한 이유를 정확히 파악하긴 어렵다. 그렇기는 하나, 그와 관련해 고려할 만한 몇 가지 측면은 이야기할 수 있다.

김기춘은 2009년에 발간된 회고록에서 5·16쿠데타를 "혁명"이라고 거듭 강변하며 미화했다. 일생 동안 박정희 부녀와 맺은 관계를 보더라도 김기춘이 5·16쿠데타를 얼마나 중시할지 어렵지 않게 알 수 있다. 그리고 회고록에서 이승만을 영웅으로 찬양했다. "부정 선거 등 오명을 남겼지만"이라는 단서를 달긴 했으나 김기춘은 이승만에 대해 "영웅적인 생애를 산 사람", "나라를 건국", "국부로 받들어 존경해야 한다"고 썼다. 조선일보가 '이승만과 나라 세우기'(1995년) 전시회를 통해 포문을 열고 2000년대에 들어서는 뉴라이트(를 표방하지만 올드라이트와 그 속성이 별로 다르지 않은) 세력이 목청 높여 강변한 것과 똑같은 얘기다.

그런 생각을 갖고 있는 김기춘 눈에 4월혁명이 곱게 보였을까? 그렇다고 해서, 맘에 쏙 드는 5·16쿠데타만 언급하고 4월혁명은 싹 지우는 식으로 글을 쓴다는 것도 현실적으로 생각하기 어려운 일이다. 둘 다 아예 언급하지 않는 방식은 이런 상황에서 짜낼 수 있는 궁여지책 중 하나다.

다른 측면에서 살피면, 4월혁명 시기 김기춘의 행적과 연결해 생각해볼 수도 있다. "민주주의를 위장한 백색 전제"(서울대 문리대의 4·19 선언문) 이승만 정권의 폭정을 끝장내자며 10대 학생들은 물론 도시 하층민을 비롯한 각계각층 시민들과 김기춘 주변의 대학생 상당수까지 거리에 나서고 피를 흘리던 그때 '나는 고시 수험서만 들여다봤다'고 자랑스럽게 쓸 수 있는 사람이 몇 명이나 될까? 이 때문에 4월혁명 부분을 생략하기로 마음먹을 경우, 앞에서 말한 것과 같은 이유로 5·16쿠데타도 언급하지 않는 쪽을 택하기 마련이다.

고려할 만한 또 다른 요소는 《진리는 나의 빛》이 나올 무렵 김기춘의 상황이다. 초원복집 사건으로 엄청난 물의를 일으킨 김기춘은 이 시기에 재기할 기회를 호시탐탐 노리고 있었다. 권력을 휘두를 수 있는 자리를 다시 차지하기 위해서는 대통령 김영삼이라는 동아줄을 꽉 잡고 있어야 했다. 그런데 김영삼은 보수적인 정치인이긴 했지만 유신 독재 말기 박정희와 극한 대립을 했던 사람이다. 이 점이 속마음과 달리 김기춘이 이 글에서 5·16쿠데타를 강하게 미화하기 어렵게 만드는 요소로 부분적으로 작용했을 가능성도 생각해볼 수 있다.

'제2의 학살'과 '세월호 죽이기', 그 거리는 얼마나 될까

4월혁명, 5·16쿠데타와 관련해 한 가지만 더 살펴보자. '제2의 학살' 문제다. 극우 반공 세력이 그간 4월혁명과 관련해 펴온 주장을 살펴보면 특정한 경향성을 발견할 수 있다. 온갖 무리수를 써서 이승만을 치켜세우면서도 대개 4월혁명 자체를 부정하는 데까지는 가지 못하지만(이승만 정권이 워낙 엉망이었기 때문이기도 하고 4월혁명을 부정하는 건 저들로서도 너무나 부담이 크기 때문일 것이다),

4월혁명에서 5·16쿠데타에 이르는 시기는 혼란기로 단호하게 매도하는 경향이 있다.

그 시기에 시위가 많았다는 점에서 그럴싸해 보일 수도 있지만, 위험하기 짝이 없는 논리다. 당시 상황을 돌아보면, 이승만 정권이 무너진 후 다양한 요구와 운동이 아래로부터 터져 나왔다. 부정 선거범과 부정 축재자 등을 엄단하라는 목소리, 김구 암살 등 이승만 집권기에 벌어진 여러 사건들의 진상을 밝히라는 요구와 운동, 통일 운동, 교원 노조를 중심으로 한 노동 운동 등이 바로 그것이다. 극우 반공 체제에서 비롯된 문제를 해결하고 이승만 정권이 저지른 잘못을 바로잡으려 한 것이 대부분이었다. 이승만 독재 붕괴 후 제기될 수밖에 없는 당연한 요구들이었고, 새로운 사회로 나아가기 위해 거칠 수밖에 없는 과정이었다. 박근혜·최순실 게이트와 탄핵을 거치면서 적폐 청산 요구가 분출한 오늘날과 그 점에서 마찬가지다.

그런 것인데도 극우 반공 세력은 혼란기라는 낙인을 찍고 매도한다. 극우 반공 세력의 눈에는 해방 공간의 활력도, '제2의 해방'으로 불리는 4월혁명 이후 터져 나온 정당한 목소리들도, 광주항쟁(1980년)도, 6월항쟁(1987년)도, 2016~2017년 촛불 항쟁도 기본적으로 혼란(더 나아가 난동)으로 비칠 수밖에 없다. 조선 말기 부패한 지배층이 동학농민군을 비적 무리로 폄훼한 것이나, 일제의 눈으로 보면 3·1운동(1919년)은 난동이고 안중근, 윤봉길 의거 등은 테러에 불과한 것과 닮은꼴이다. 현혹돼서는 안 되는 위험한 시각이다.

이승만 정권 붕괴 후 제기된 과제에서 빠뜨릴 수 없는 것이 민간인 학살 관련 사항이다. 한국전쟁 전후 자행된 민간인 학살로 수십만 명이 희생됐지만, 유가족은 오랫동안 입도 뻥긋할 수 없었다. 피해자인데도 죄인 취급을 당하며 숨죽이고 지내야 했다. 빨갱이로 몰릴까 무서워 시신조차 수습하지 못한 경우도 많았다.

4월혁명을 계기로 상황이 바뀌었다. 각지에서 피학살자 유족회가 탄생했다. 이들은 방치됐던 시신을 수습해 합동 분묘를 만들기도 하면서 진상 규명과 희생자 명예 회복을 요구했다. 그러나 5·16쿠데타 후 이들은 철퇴를 맞았다. 박정희를 중심으로 한 5·16쿠데타 세력은 유족회 관계자들을 용공분자로 몰아 잡아 가둔 것에 더해 이들에게 중형을 선고했다. 피학살자 합동 분묘를 파헤쳐 유골 상자를 부순 것은 물론 위령비를 정으로 쪼아 파괴하는 짓도 서슴지 않았다. 제2의 학살로 불리는 만행이다.

김기춘이 "혁명"이라고 미화한 5·16쿠데타가 실제로는 너무도 명백한 반혁명임을 보여주는 대표적인 사례 중 하나다. 여기서 한 가지 더 생각해보자. 이러한 종류의 만행은 이젠 흘러가버린 옛일일 뿐일까? 5·16쿠데타 세력이 자행한 제2의 학살과, 김기춘이 그 중핵에 있던 시절부터 박근혜 정권이 지속적으로 편 '세월호 죽이기' 공작의 거리는 얼마나 될까? 5·16쿠데타를 한껏 찬양하고 제2의 학살은 '질서 회복'(실제로는 극우 반공 세력의 지배 체제 강화)을 위해 필요했다고 여기는 이들에게 '세월호 죽이기' 공작은 너무나 당연한 일 아니었을까? (박근혜 정권의 '세월호 죽이기' 공작과 김기춘 문제는 연재 후반부에 다시 짚어볼 계획이다.)

김기춘 '닭살 애정', 그 순간에도 피해자들은 고통에 시달렸다

강렬한 출세 지향 의식 다진
초임 검사 시절

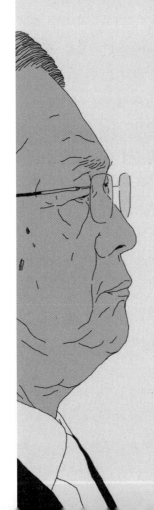

12회 고시 동기들

1961년 1월 31일 발표된 제12회 고등 고시 합격자는 모두 52명. 김기춘을 비롯한 사법과 합격자가 31명이고 나머지 21명은 행정과 합격자였다. 김기춘은 대학 재학 중 고시를 통과하는 이른바 '소년등과'(또는 '소년 급제')라는 기염을 토하며 출세의 발판을 마련했다. 이를 시작으로 김기춘은 서울대 법대 동기들 가운데 선두 주자로 나서는 한편 박정희 정권 내내 "검사 생활 중 동기들의 추월을 불허하는 선두 주자"[1]로 꼽히게 된다. 흥미로운 건 근래 김기춘과 함께 '법률 미꾸라지'를 대표하는 인사로 거론된 우병우, 진경준도 '소년등과'를 했다는 점이다. 김기춘의 후예답다고 할까.

김기춘과 함께 합격의 영광을 누린 12회 고등 고시 합격자 중 몇 사람만 살펴보자. 사법과 합격자 중에서는 박찬종, 이양우, 고영구가 눈에 띈다. 김기춘과 동갑으로 서울대 경제학과 3학년 학생이던 박찬종도 김기춘처럼 '소년등과'를 달성했다. (김기춘에 대한 몇몇 글에 '대학 3학년 때 동기 중 유일하게 고시 합격'이라고 서술돼 있는데, 서울대 법대 바깥으로 시야를 넓힐 경우 대학 동기생 중 유일한 합격자는 아니었다.) 박찬종은 유신 독재 시절 민주공화당 의원을 시작으로 국회의원을 5번 하게 된다. 이양우는 해군 사관 학교를 졸업했다. 유신 독재 말기 유신정우회(유정회) 소속으로 금배지를 달았고 전두환 정권 때에는 민주정의당 소속으로 국회의원이 됐다. 전두환 정권 말기 청와대 사정수석을 지낸 이양우는 훗날 전두환이 법정에 서게 됐을 때 '전두환의 변호사'로 나서게 된다. 고영구는 체신고를 졸업하고 집배원 생활을 하다가 대학에 뒤늦게 들어가 1학년 때 고시에 합격했다. 훗날 '민주 사회를 위한 변호사 모임'(민변) 초대 회장, 노무현 정권의 첫 국정원장을 맡게 된다.

행정과 합격자 중에서는 장덕진, 강경식, 전철환, 염보현이 눈에 들어온다. 장덕진은 사법·외무 고시까지 합격한 '시험의 달인'으로, 재무 관료로 활동했고 1970년대에 국회의원 배지를 달기도 했다. 박정희의 처조카 사위(육영수 언니의 사위)이기도 하다. 강경식은 재무 관료를 대표하는 인물 중 한 사람으로 자리 잡고 국회의원도 3번 하게 된다. 적잖은 이들에게는 1997년 IMF(국제통화기금)에 구제 금융을 신청하기 직전까지 경제 부총리를 맡았던 인물로 기억된다. 대학 재학 중 고시에 합격한 전철환은 경제기획원 관료를 거쳐 진보 성향 경제학자로 활동했고, 김대중 정권 때 한국은행 총재를 맡게 된다. 염보현은 경찰 관료의 길을 걷다가 전두환 정권 때 4년간 서울시장을 맡았고, 전두환 정권이 막을 내린 후에는 5공 비리 관련 혐의로 옥살이를 했다.

나중에 다수가 비중 있는 자리에서 활동하는 데서도 드러나듯이, 당시 고시 합격자는 매우 특별한 존재로 대접받았다. 훗날에 비해 합격자 수가 현저히 적었던 점도 작용했다. 이러한 위상은 합격자들에게 사명감과 자부심을 갖게 할 수도 있었지만, 비뚤어진 특권 의식 또는 강렬한 출세 지향 의식을 불어넣을 수도 있었다. 김기춘은 후자의 전형이다.

박정희 일가와 맺은 인연의 시작, 5·16장학금

고시 합격 후 김기춘은 해군·해병대 법무관으로 군 복무를 했다. 군 복무를 하면서 대학원(서울대 법대 대학원 석사 과정)에도 다녔는데, 이때 5·16장학회(오늘날 정수장학회)의 장학금을 받았다. 1963~1964년에 받은 이 장학금에 대해 김기춘은 회고록에 "대학원 석사 과정 입학 시에 성적 우수자로서 5·16장학금을 받아 학비 걱정 없이 석사 과정을 마쳤다"고 썼다. 중앙일보 연재 기사를 묶어 1993년에 발간된《청와대 비서실 2》에도 김기춘이 이에 대해 언급한 내용이 나온다. 여기서 김기춘은 대학원 시험에서 문과 수석을 해 5·16장학금을 받았다며, "기금의 성격과 상관없이 …… 몇 안 되는 장학금 중 가장 많은 액수였"고 "그래서 설립자인 박 대통령에게 고마운 마음을 간직하고 있"다고 밝혔다.[2]

5·16장학금 수령은 김기춘이 박정희 일가와 맺은 인연의 시작이었다. 그 후 김기춘은 일생 동안 박정희 일가와 뗄 수 없는 관계를 맺게 된다. 1991~1997년에 상청회(정수장학회 장학금 수혜자 모임) 회장을 지내고, 비서실장으로 청와대에 입성하기 한 달 전인 2013년 7월 박정희대통령기념사업회 초대 이사장을 맡은 것

도 그러한 인연의 깊이를 보여준다.

김기춘은 "기금의 성격과 상관없이"라고 선을 그었지만, 정수장학회 문제는 그런 식으로 구렁이 담 넘어가듯 지나쳐도 무방한 사안이 결코 아니다. 잘 알려진 것처럼 정수장학회는 5·16 쿠데타 후 박정희 세력이 김지태에게 많은 재산을 강제로 넘기게 해 만든 것이다. 보수성이 강한 법원도 이 사안에서 강제 헌납 부분은 인정했다. 정수장학회 문제에 대해 그간 나온 법원 판결을 압축하면 '부당한 공권력의 강압으로 재산을 가져갔지만 돌려줄 필요는 없다'는 것이다. 그럼에도 정치인 박근혜는 정수장학회 논란이 일 때마다 "순수한 장학 재단", '나와는 무관하다' 등의 이해하기 어려운 주장을 폈다. "기금의 성격과 상관없이"라고 선을 그은 김기춘도 물론 진실을 외면했다.

강압을 인정하면서도 '돌려줄 필요는 없다'고 한 판결 역시 이해하기 어렵기는 마찬가지다. 이 사실을 알게 된 아이들이 "힘으로 남의 것을 뺏는 건 나쁜 일 아닌가요? 당연히 돌려줘야 하는 것 아닌가요?"라고 물었을 때 뭐라고 답할 수 있을까? 총칼로 나라를 훔치고 광주를 피로 물들인 전두환의 일가가 호의호식하고, 일제에 빌붙어 부귀영화를 누린 친일파의 후예 중 일부가 조상의 재산을 되찾겠다며 소송을 내는 한국이기에 더욱 그러하다. 이런 사회에서 자란 아이들이 '나라를 훔치든 학살을 자행하든 어쨌건 성공하면 대대로 잘 먹고 잘살 수 있다'고 여길 때 그 애들만 탓할 수 있을까? 이러한 점에서도 역사 정의는 미래와 직결되는 문제다. 김기춘의 삶을 되짚어 기록으로 남기는 작업 또한 그와 무관치 않다.[3]

초임 검사 시절부터 다진 강렬한 출세 지향 의식

군 복무를 마친 후 검사 김기춘은 1964년 광주지검에 부임했다. 그리고 이듬해(1965년)에 결혼했다. 신부는 김기춘의 서울대 법대 동기 동창의 동생으로 이화여대를 다닌 박화자 씨. 김기춘의 첫 부임지가 광주인 것도 결혼 문제와 관련 있는데, 두 가지 설이 엇갈린다. 검찰총장 시절인 1990년에 이뤄진 인터뷰[4]에 그에 관한 얘기가 나온다. 두 가지 설 중 하나는 박 씨의 부친 박찬일 변호사가 김기춘을 사위로 삼고자 김기춘 검사가 광주에 부임되도록 로비를 했다는 것이다. 그러나 김기춘은 "광주도 그 사람과 결혼하기 위해 내가 선택한 것"이라며 로비설을 일축했다.

훗날 초원복집 사건(1992년)이 터지자 김기춘은 어떻게든 발뺌하려 발버둥 치는데, 그때 내민 면피용 카드 중 하나가 바로 광주 출신 여성과 결혼했다는 것이었다. 초원복집 사건 후 김기춘은 처가가 광주라며 "지역적 편견 없이 국민적 화합을 위해 열심히 노력해왔다"고 강변했다.[5]

김기춘은 1967년 〈습관적 범인의 처우에 관한 연구: 보안처분의 도입을 중심으로〉라는 논문으로 석사 학위를 취득했다. 그해 부산지검으로 이동한 김기춘은 1969년에는 서울지검으로 올라왔다. 말단 검사 시절에 대해 김기춘은 회고록에 이렇게 썼다. "나는 병아리 초임 검사 시절부터 장차 검찰총장이 될 검사라는 자부심을 갖고 검찰 총수가 되려면 어떤 자세와 마음가짐으로 근무해야 할 것인가를 늘 생각하면서 행동했다." 정의를 구현하고 양심에 어긋나는 일을 하지 않기 위해 분투하겠다는 결의를 다져야 마땅한 시기에 강렬한 권력 의지와 출세 지향 의식을 다진 것이다. 이러한 자세는 1988년 말 검찰총장으로 임명되기 전에 이미 "근무 중에 틈틈이 검찰총장 취임사를 초안하"는 모습으로 이어진다.

검사가 검찰총장을 목표로 삼는 건 당연한 것 아니냐, 뭐가 문제냐고 누군가는 주장할지도 모르겠다. 그러나 검찰이 걸어온 길을 생각하면 그렇게 편하게 넘어갈 수 있는 문제가 아니다. 단적으로, 해방 이후 검찰은 대다수 국민이 기대하는 검찰다운 모습을 보이고 지켜왔나? 철저한 개혁 대상으로 꼽히는 '검찰 공화국'이라는 현실을 보면 답은 자명하다. 그렇게 된 데에는 검찰을 정치적 도구로 여긴 정치권력의 잘못된 태도가 물론 크게 작용했지만, 검찰이 정치권력만 탓할 수 있는 처지는 결코 아니다. '검찰 공화국'을 구축한 6월항쟁(1987년) 이후 시기를 보면 더더욱 그렇다. 독립성을 지키기 위해 분투하는 대신 정치권력, 자본권력과 적극적으로 영합한 검사들이 잘나간 역사가 이를 입증한다. 그 밑바탕에 적잖은 검사들의 출세 지상주의가 똬리를 틀고 있었다. 많은 부분 검찰이 자초한 오욕의 역사에서 주역 중 한 명인 김기춘이 초임 검사 시절부터 출세 지향 의식을 다진 것을 가벼이 여길 수 없는 것도 그 때문이다.

노년에도 거침없는 '닭살 애정'

김기춘의 검사 생활 초기에 해당하는 1960년대 얘기를 마무리하기 전에 두 가지만 더 짚어보자. 첫 번째는 김기춘의 '닭살 애정'과 관련된 사항이다. 초원복집 사건에서 빠져나가기 위한 정치적 꼼수로 처가가 광주라는 사실을 써먹기도 했지만, 그와 별개로 김기춘은 부인에 대한 애정이 매우 깊은 사람으로 알려져 있다.

그러한 면모에 관한 인상적 일화가 연합뉴스 영상취재부장 이희열이 2007년에 펴낸 《말랑 말랑 여의도 보고서》에 나온다. 이 책에 따르면, 박근혜 전 한나라당 대표가 유럽을 방문할 때 함께 간 김기춘 의원은 부인에게 국제 전화로 "아이 러브 유 소 머치I love you so much"라고 스스럼없이 애정 표현을 했다. 그에 더해 "닭살스러워하는 후배 의원들에게 그렇게 전화를 해보라고 채근까지" 했다. 영화를 좋아해 옛날부터 안 본 영화 없이 다 보고 있다는 김기춘이 그런 영화의 영향 때문인지 애정 표현에도 스스럼없었다고 나와 있다.

김기춘 의원이 박근혜 전 한나라당 대표와 함께 유럽에 간 시기는 2006년 9월이다. 성완종 전 경남기업 회장이 2015년 4월 목숨을 끊기 전 경향신문과 한 인터뷰에서 폭로한 내용("2006년 9월 김기춘 전 실장이 VIP(박근혜)를 모시고 벨기에와 독일에 갈 때 10만 달러를 바꿔서 롯데호텔 헬스클럽에서 전달했다")에 포함된 바로 그 방문이다.

60대 후반의 남편이 40년 넘게 함께해온 아내에게 스스럼없이 애정 표현을 하는 것은, 한국 사회에서는 이를 겸연쩍게 여기는 경우가 적지 않지만, 기본적으로 보기 좋은 모습이다. 그것 자체는 누구도 뭐라고 하기 어려운 사안이다. 그렇지만 가족에 대한 사랑과 가정 바깥에서 해온 활동을 함께 펼쳐놓고 본다면 이야기는 달라진다.

미소 띠고 가족 얘기하며 김근태 고문한 짐승들

잠시 1985년 남영동으로 가보자. 그해 9월 4일 민주화운동 청년연합(민청련) 의장 김근태는 남영동의 치안본부 대공분실 5층 15호실로 끌려갔다. 대공분실 5층은 1987년 1월 박종철이 고문으로 목숨을 잃게 되는 바로 그곳이다(김근태와 방은 달랐다).

김근태는 23일간 대공분실에 갇혀 있으면서 이근안 등에게 끔찍한 고문을 당했다. 물고문, 전기 고문 등 생각할 수 있는 온갖 고문이 김근태의 몸과 마음을 끊임없이 짓이겼다. 고문을 가한 자들은 김근태를 집단 폭행한 다음 '알몸으로 바닥을 기면서 살려달라고 애원하며 빌어라'라고 강요하는 짓도 서슴지 않았다. 김근태에게 죄가 있다면 독재 정권에 굴복하지 않고 민주주의와 인권이 살아 숨 쉬는 사회를 꿈꿨다는 것뿐이었다.

처참하다는 말로는 다 표현할 수 없는 당시 상황에 대해 김근태는 훗날 이렇게 썼다. "빠개질 듯이 아픈 머리가 큰 수박처럼 부풀어 오르는 것 같기도 했고 나는 칙칙하고 끈적끈적한 외마디를 계속 질러댔다. 멱따진 돼지가 마지막 숨을 몰아쉬는 것처럼 헉헉 꺼이꺼이 하면서 어두운 비명을 토해냈다. 거기에는 슬픔이라든지 뭐 외로움이라든지 그런 것이 끼어들 여지는 전혀 없었다. 드디어는 축 늘어졌다."

김근태는 미리 계획된 고문이었고 고문을 가한 자들은 분노

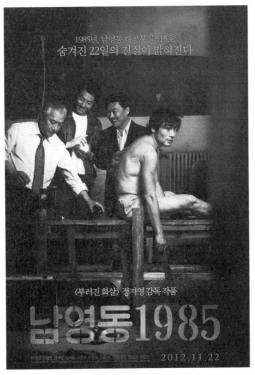

김근태 고문 사건을 바탕으로 만든 영화 <남영동 1985>의 포스터. ⓒ 아우라 픽처스

나 흥분의 빛이 없이 미소까지 띠고 고문했다고 밝혔다. "그동안 장의사 일이 없어서 한가했는데 이제 일감이 풍족하게 생겨서 살맛이 난다"는 이근안의 말도 이를 잘 보여준다. 가해자들은 김근태를 고문하면서 "시집간 딸이 잘 사는지 모르겠다", "아들놈이 체력장을 잘 치렀는지 모르겠다"는 등의 얘기도 주고받았다.[6]

　미소 띠고 고문하면서 가족에 대해 애정 어린 얘기를 주고받는 자들. 정말 소름 끼치는 모습 아닌가? 이에 더해 광주를 피로 물들인 전두환 일당도 자기 가족은 사랑했을 터이고, 이근안

이 2010년 인터뷰에서 자신이 한 건 고문이 아니라 "일종의 예술", "애국"이었다고 궤변을 늘어놓으면서 다른 한편으로 털어놓은 것이 자식 걱정이었다는 점은 여러 가지를 생각하게 만든다.

고문을 비롯한 심각한 국가 폭력에 관여한 자들이 가족에 대해 표출하는 애정을 그러한 폭력과는 무관한, 순수한 인간애라는 식으로 용인하는 건 곤란하다. 그 둘은 함께 놓고 봐야 한다. 일부 정치꾼이 그 둘을 분리한 다음 자신이 무고한 이들에게 자행한 폭력은 감추고 가족에 대한 애정은 부각하는 식으로 이미지 정치를 전개하는 데 능수능란하다는 점에서도 그러하다.

김기춘 '닭살 애정', 그 순간에도 피해자들은 고통에 시달렸다

부인에 대한 '닭살 애정'을 과시한 김기춘은 이 문제에서 자유로울까? 오해를 막기 위해 먼저 말하면, 당시 대구지검장으로 내려가 있던 김기춘은 김근태 고문 사건과 직접적인 관계가 없다. 이 사건과 관련된 인물로 지목된 사람은 김기춘이 아니다. 여러모로 김기춘과 닮은꼴인 김기춘의 후배 정형근이다. 김근태 고문 사건을 거론한 건 심각한 국가 폭력을 자행한 자들이 표출한 가족 사랑의 실체와 당시 고문의 실상을 잘 보여주는 사례이기 때문이다.

일선에서 끔찍한 고문을 밥 먹듯이 자행한 건 이근안 같은 사람들이지만, 고문 문제에 책임이 있는 건 이런 자들만이 아니다. 고문을 허가하고 부추긴 건 국가 권력이었다. 즉 윗선 문제를 함께 생각해야 한다. 제 손으로 직접 고문 기구를 만지지 않았다고 해서 고문을 비롯한 국가 폭력의 책임 문제에서 벗어날 수는 없다. 그런 점에서 고문 피해자를 숱하게 만들어낸 유신 체제의 근간인 유신 헌법을 제작하는 데 관여한 김기춘이 져야 할 책임의 무게는 결코 가볍지 않다.

포괄적인 의미에서 져야 할 이러한 책임만이 아니라 그보다 훨씬 직접적으로 지지 않으면 안 되는 책임도 물론 있다. 1975년 11월 중앙정보부가 터트린 이른바 학원 침투 북괴 간첩단 사건에서 이는 단적으로 드러난다. 일본에서 고국으로 유학 온 교포 학생들을 주요 표적으로 삼은 조작 간첩 제조 사건이었다. 이 사건으로 교포 학생 사회는 쑥대밭이 됐다. 수많은 교포 학생들이 불법 구금과 고문을 당하며 간첩으로 몰렸다. 사형 선고를 받고 오랫동안(길게는 10년 넘게) 억울한 옥살이를 해야 하기도 했다. 기대를 품고 찾아온 고국에서 간첩으로 몰리며 인생이 망가진 채 일본으로 돌아가 수십 년 동안 극심한 트라우마에 시달린 이들도 적지 않다.[7]

21세기에 들어와서 피해자들 중 일부는 재심을 신청했지만, 무죄 확정 판결을 받는 건 쉬운 일이 아니었다. 무죄 판결이 나오면, 김기춘의 후예들이 주축을 이룬 검찰이 이를 받아들이지 않고 바로 상고하기 일쑤였다. 더 안타까운 건 트라우마가 너무 심해 재심 신청조차 망설이는 경우도 있었고, 힘든 과정을 거쳐 재심에서 무죄 확정 판결을 받았다고 하더라도 망가진 수십 년은 되돌릴 도리가 없다는 점이다.

이 사건은 중앙정보부 대공수사국장으로서 수사 책임자였던 김기춘의 대표작으로 꼽힌다. 1990년 김기춘은 제25회 5·16 민족상(안보 부문)을 받는데, 수상자로 선정된 근거 중 하나가 바로 1975년의 이 사건에서 '활약'했다는 것이었다는 데서도 이 점은 잘 드러난다.[8] 그러한 김기춘이 국제 전화로 부인에게 스스럼없이 애정 표현을 하던 그 순간에도 이 사건 피해자들은 한편으로는 계속 고통에 시달리면서 다른 한편으로는 억울하게 뒤집어쓴 죄에서 벗어나기 위해 분투해야 했다.

영화 〈자백〉에서 이 사건에 대해 묻는 질문에 김기춘은 이렇게 답했다. "기억나지 않는다."[9] 김기춘다운 발뺌이었다.

"보안 처분 광범위하게 도입" 주장한 김기춘의 논문

더 짚어볼 두 번째 사항은 김기춘의 석사 논문 주제가 보안 처분 도입에 관한 것이라는 점이다. 이것 역시 그동안 김기춘을 다룬 이런저런 글들에서 충분히 검토되지 않은 사안 중 하나인데, 주의 깊게 살펴볼 필요가 있다.

논문에서 김기춘은 독일, 일본, 프랑스, 벨기에 등에서 '습관적 범인'(누범)을 어떻게 다루는지 검토했다. 김기춘은 "오늘날 범죄의 누범화 경향은 세계 공통의 사회 문제"가 됐고 이에 대처하기 위한 "행형行刑의 혁명"이 이미 시작됐다고 진단했다. 그런데도 한국은 "세계의 조류에 접하지 못하고, 구태의연한 무기로써 대對범죄 전장에서 패배 일로를 걷고 있"으며 "현재의 형사 정책으로서는 사회 방위의 실實을 거두기 어려울 것"이라고 우려했다.

"새 전쟁에는 또 새로운 무기가 필요한" 것처럼 새로운 수단으로 보안 처분 등이 필요하다고 김기춘은 강조했다. "부정기형(필자: 형기를 확정하지 않고 선고하는 자유형) 제도와 보안 처분 제도를 광범위하게 도입"해 "사회 방위와 범인 교화의 목적"을 달성하고 "명랑한 사회"를 건설해야 한다는 것이었다.

보안 처분 도입과 관련해 김기춘은 "책임 있는 자에게는 형벌을, 위험성 있는 자에게는 보안 처분을 가하여야 한다는 이원주의에 입각하여 대對범죄 전쟁을 효과적으로 수행할 것이 요망"된다고 지적했다. 그러면서 외국에서 규정하고 있는 보안 처분 가운데 "정신 장애자의 치료 요양 시설, 음주자·중독자 등을 위한 요양 금단 시설, 부랑자의 노동소 수용, 경향傾向범에 대한 보안 구금 제도 등을 시급히 채용"해야 한다고 주장했다. 노동소는 "강제 노동소"를 뜻한다.

김기춘은 보안 구금 또는 예방 구금의 경우 "중대한 범행을 계속"해 공공 또는 다른 사람에게 "위험을 주리라고 인정"될 때 "형벌과 함께 일정한 기간" 선고해야 한다고 밝혔다. 또한 "보안 처분에 있어서는 특히 인권 문제에 대한 배려가 필요"하다며 보안 처분 종류의 선택과 집행을 위한 "집행 재판소" 설치를 고려해야 한다고 주장했다.

눈길을 끄는 것 중 하나는 정치범, 사상범에 관한 부분이다. 김기춘은 "정사政事 범인 또는 확신 범인이 외형상 누범 혹은 상습범의 요건을 충족하고 있다는 것은 일반적으로 인정되고 있는 바"이지만 "정사 범인을 상습 범인과 동일 유형에 넣는 것은 '하늘에 거역하는 부정의'로 생각되고 있다"고 지적했다. 이기적 동기가 없고 사회 개조의 이상 실현을 위해서는 신명을 바칠 용의가 있는 "정사 범인을 보안 처분의 대상에서 제외하는 것은 정의이며 필요한 조치"라고 김기춘은 결론을 내렸다.

보안 처분 악용의 위험성 여실히 입증한 사회안전법·보호법

사회를 지키기 위한 "새로운 무기"라며 김기춘이 광범위한 도입을 주장한 보안 처분은 한국 현대사에서 실제로 어떻게 쓰였을까? 명분은 그럴듯해 보이지만, 보안 처분은 기본적 인권을 침해한다는 비판에서 자유로울 수 없고 악용 위험성이 큰 조치다. 그러한 문제점은 사회안전법, 사회보호법 등을 통해 고스란히 입증됐다.

사회안전법은 유신 독재 시절인 1975년 7월 제정됐다. 박정희가 긴급 조치 9호(1975년 5월)를 선포하고 국민들을 옴짝달싹 못하게 옥죄는 가운데 이뤄진 4대 전시戰時 입법 중 하나다. 골자는 반공법, 국가보안법 등을 위반한 혐의로 수감 생활을 한 사람들에게 출옥 후 재판 절차 없이 보안 처분을 받게 한다는 것이었다. 보안 처분에는 주거 제한 처분(거주지 제한), 보호 관찰 처분(거주지를 제한하지는 않으나 주거지 관할 경찰서장에게 일정한 사항을 신고하고 그 지시를 받게 한 것), 보안 감호 처분이 있었다. 보안 감호 처분은 공안 당국이 위험하다고 판단하는 사람을 보안 감호소에 가두는 것을 가리킨다.

형기를 마친 사람을 재판 절차조차 거치지 않고 다시 처벌한다는 것은 심각한 문제였다. 문제는 그것만이 아니었다. 보안 감호 처분을 통해 정권은 마음에 들지 않는 사람을 영구적으로 가둘 수 있었다. 보안 처분은 2년 단위로 하도록 돼 있었는데, 횟수 제한이 없었다. 이른바 재범 위험성을 공정하게 심사하는 절차도 없었다. 그렇기 때문에 정권에서 얼마든지 자의적으로 보안 처분을 거듭 내릴 수 있었다. 즉 검사가 2년마다 보안 감호 처분 갱신을 청구해 계속 가둬둘 수 있었다.

서준식 사례에서도 이는 잘 드러난다. 서준식은 박정희와 김대중이 맞붙은 1971년 대선 직전 보안사에서 터트린 재일 교포 유학생 간첩단 사건에 휘말려 형 서승과 함께 수감됐다. 석방된 시기는 17년 후인 1988년. 잡혀갈 때 23세 대학생이었던 서준식이 40세가 돼서야 풀려난 건 보안 감호 처분 때문이었다. 7년 형기를 마친 서준식에게 당국은 보안 감호 처분을 계속 내렸다. 그 때문에 서준식은 10년이나 더 보안 감호소에 갇혀 있어야 했다.

서준식이 당국에 찍힌 건 강제 전향을 거부했기 때문이다. 유신 독재 정권은 '떡봉이'라고 불린 깡패들을 앞세워 무지막지한 폭행과 고문을 자행하며 전향을 강요했다. 그 때문에 목숨을 잃은 사람이 여럿이었고, 서준식도 유리로 손목을 그어 혈관을 끊으며 자살을 시도하는 상황까지 내몰렸다. 그러나 서준식은 '사람의 생각은 누구도 규제할 수 없다'는 신념을 지키며 강제 전향을 끝까지 거부했고, 결국 6월항쟁 이후인 1988년 비전향 장

17년 만에 이뤄진 서준식 석방 소식을 보도한 한겨레 1988년 5월 26일 자.

기수로는 처음으로 풀려났다. 이듬해, 사회안전법은 폐지된다. 그 대신 보안 감호 처분을 뺀 보안관찰법이 만들어지는데, 이 법 역시 사상과 양심의 자유를 지나치게 제한한다는 비판을 받고 있다.

사회보호법으로 가보자. 전두환 정권 때인 1980년 12월에 제정된 이 법은 국가보위입법회의에서 만든 악법 중 하나다. 재범 위험성이 있거나 특수한 교육, 개선 및 치료가 필요하다고 인정되는 사람에 대해 보호 감호(보안 처분의 일종) 등을 통해 사회 복귀를 촉진하는 법이라고 내걸었지만, 실상은 그와 달랐다. 죄형 법정주의를 넘어선 처벌을 가하는 악법이라는 비판을 계속 받았다.

이 법으로 인해 고통을 겪은 대표적인 집단이 삼청교육대 피해자들이다. 삼청교육대에 끌려가 '순화 교육'이라는 이름 아래 인권 유린을 당한 사람들 가운데 상당수는 그 후 보호 감호 처분까지 받아야 했다. 이들도 사회안전법에 근거해 보안 감호 처분을 받은 사람들과 마찬가지로 재판 절차 없이 보호 감호 처분을 받았다. 당국이 1~5년의 보호 감호 처분을 내리면, 보호 감호소에 갇혀 있어야 했다. 보호 감호소는 그 후 '격리된 절해고도'로도 불리며 인권 사각지대로 악명을 떨치게 된다.

사회안전법과 마찬가지로 인권 유린 악법이라는 비판을 오랫동안 받은 사회보호법은 2005년 폐지된다. 과거사 재심 사건에서 무죄가 나올 때마다 제동을 걸곤 했던 검찰은 이 법 폐지에도 강하게 반대했다. 사회보호법 폐지 후 치안감호법이 이를 대체하게 된다.

보안 처분 최초로 규정한 건 김기춘이 관여한 유신 헌법

지금까지 살펴본 것처럼, 보안 처분은 오랫동안(특히 독재 정권 시기에) 인권을 심각하게 침해하는 제도로 악용됐다. 김기춘이 논문에서 언급한 "인권 문제에 대한 배려" 같은 건 찾아볼 수 없었다. "정사 범인을 보안 처분의 대상에서 제외하는 것은 정의"라는 김기춘의 지적과 달리 정치범, 사상범은 보안 처분의 주요 표적이었다. 김기춘 논문의 표현을 빌리면 '하늘에 거역하는 부정의'가 자행된 셈이다.

그런데 보안 처분에 관한 법을 만들려면 그에 관한 근거가 헌법에 있어야 했다. 보안 처분에 관한 근거를 처음으로 포함한 헌법이 다름 아닌 유신 헌법이다.[10] 말단 검사 김기춘이 택한 학위 논문 주제가 보안 처분 도입 문제이고, 몇 년 후 김기춘이 관여한 유신 헌법이 보안 처분에 대해 규정한 최초의 헌법이라는 점은 여러모로 의미심장하다.

보안 처분 관련 사항은 1992년 김기춘 장관이 이끄는 법무부가 입법 예고한 형법 개정안에도 담기게 된다. 사회보호법으로 규율하던 보안 처분 제도를 형법에 전면 도입하겠다는 내용이었다. 이에 대해 당시 동아일보는 전문가들이 보안 처분 제도의 남용 가능성을 우려하고 있다며 "'범죄와의 전쟁' 선포와 같은 잦은 특별 단속 기간 설정과 당국의 실적 올리기 식의 검거 선풍으로 전과자가 쉽게 양산되는 우리나라와 같은 상황에서는 보안 처분 제도의 운용에 특히 신중을 기해야 한다는 의견이 많다"고 지적했다.[11]

한 가지 덧붙이면, 김기춘이 석사 논문에서 시급히 도입해야 할 보안 처분의 하나로 거론한 "부랑자의 노동소 수용" 관련 조치도 유신 독재 시기에 이뤄진다. 이건 법령이 아닌 훈령의 형태로 이뤄지는데, 긴급 조치 9호가 선포되고 사회안전법을 비롯한 4대 전시 입법이 이뤄진 1975년에 나온 내무부 훈령 제410호

(부랑인의 신고, 단속, 수용, 보호와 귀향 및 사후 관리에 관한 업무 처리 지침)가 바로 그것이다. "국가가 경찰법 차원에서 부랑인 문제에 적극 개입한 최초의 공식 문서"(김명연 교수)인 이 훈령은 '부랑인'과 '부랑인에 준하는 자'의 범위를 지나치게 넓게 상정해 자의적인 단속과 수용에 정당성을 부여하는 등 많은 문제점을 안고 있었다. 이 훈령을 근거로 유신 독재 시기와 전두환 정권 때 전개된 단속과 강제 구금 중심의 '부랑인' 대책은 커다란 문제를 발생시킨다. 대표적인 사례가 500명 넘게 사망하는 등 끔찍한 실상이 1987년에 알려지며 세상에 충격을 준 형제복지원 사건이다.[12]

김기춘은 유신 헌법에
어떤 식으로 관여했나

유신 독재와
김기춘의 1차 전성시대 (1)

역대 최악의 헌법, 유신 헌법

1972년 10월 17일 대통령 박정희가 느닷없이 유신 쿠데타를 일으켰다. 그렇게 해서 출현한 유신 체제는 박정희가 사실상 영구 집권할 수 있도록 설계된 1인 독재 체제였다. 민주주의는 철저히 짓밟혔다. 10·26사건(1979년)으로 유신 체제가 무너질 때까지 민주주의의 암흑기는 7년 넘게 이어졌다.

민주공화국의 주권자는 국민이라고 믿는 사람들에게는 어두운 시절이었지만, 김기춘에게 유신 체제 7년은 좋은 시절이었다. 이 시기에 김기춘은 법무부 간부가 된 데 이어 막강한 중앙정보부의 요직을 꿰차며 출세 가도를 달렸고, 유신 말기에는 청와대 근무도 경험했다. 최고 권력자 박정희와 그 심복 신직수의 총애를 받으며 남부럽지 않게 잘나간 시절이었다. 나이도 33세(1972년)에서 40세(1979년), 즉 신체적으로도 아직은 한창때라고 볼 수 있었다. 초임 검사일 때부터 출세 지향 의식이 강렬했던 김기춘의 인생에서 1차 전성시대라고 부르기에 부족함이 없는 호시절. 김기춘에게 유신 체제 7년은 그런 시절이었다.

김기춘이 유신 독재 시기를 1차 전성시대로 만든 것은 유신

政黨活動中止·體制改革
憲法기능 非常國務會議서遂行
朴大統領特別宣言 全國에非常戒嚴선포
大學休校·通禁그대로
平和統一지향改憲

1972년 10월 17일 박정희는 느닷없이 유신 쿠데타를 일으켰다. 이 소식을 전한 동아일보 1972년 10월 18일 자 기사.

헌법이라는 '괴물'의 탄생과 떼어놓고 생각할 수 없다. 유신 헌법
은 한국의 역대 헌법 중 최악이었다. 주요한 몇 가지만 살펴보면,
통일주체국민회의('통대')를 주권적 수임 기구로 명시하며 국민이
주권자라는 주권재민 원리를 부정했다. 3권 분립도 부정했다. 국
회의원의 3분의 1은 '통대'에서 뽑게 했는데, 이건 대통령이 국회
의원의 3분의 1을 임명한다는 말과 다르지 않았다(이 방식으로 금배
지를 단 국회의원들이 모인 교섭 단체가 유신정우회, 즉 유정회다). 대통령에

게 국회 해산권을 부여하면서도 국회에는 그에 상응하는 권한을 주지 않았을 뿐만 아니라 국정 감사권을 박탈하는 등 국회를 무력한 존재로 전락시킬 여러 장치를 만들었다.

그에 더해 악명 높은 긴급 조치권을 대통령에게 광범위하게 부여해 대통령이 법 위에 군림할 수 있도록 제도적으로 보장했다. 법관 추천 회의제를 폐지해 대통령이 모든 법관의 임명 및 재임용을 좌지우지할 수 있게 하는 등의 방식으로 사법부 독립도 가로막았다. 구속 적부심 제도를 폐지하고, 고문 등에 의한 자백을 근거로 처벌할 수 없다는 조항도 삭제했다. 수사와 재판 과정에서 인권 침해를 줄일 수 있는 요소를 없애버린 것이다. 아울러 입후보 조항 등을 조정해 사실상 박정희 한 사람만이 대통령이 될 수 있도록 만들어놓았다.[1] 이러한 몇 가지만 보더라도 한국 현대사에서 최악의 헌법이라는 평가는 조금도 지나치지 않다.

1969년 부산지검에서 서울지검으로 올라온 검사 김기춘은 1971년 8월 법무부 법무과로 옮겼고, 이듬해 유신 헌법을 만드는 데 관여했다. 그런데 유신 헌법 제작 과정에서 김기춘이 어떤 역할을 했는지, 그 비중이 어느 정도였는지에 대해서는 주장이 엇갈린다.

한태연 "신직수·김기춘이 유신 헌법안 주동"

"욕은 우리가 다 먹고, 만든 사람은 다 빠져버렸다." 헌법학자 한태연은 2001년 12월 8일 한국헌법학회가 개최한 '역사와

1972년 12월 27일에 치러진 제8대 대통령 취임식. 이날 통일주체국민회의는 박정희를 '첫 번째 체육관 대통령'으로 옹립한다. ⓒ e영상역사관

헌법' 학술 대회에서 유신 헌법과 관련해 이렇게 주장했다. "우리"는 한태연 자신과 갈봉근(유신 쿠데타 당시 중앙대 교수)을 가리킨다.

한태연과 갈봉근은 유신 독재를 법률로 뒷받침한 대표적인 인물로 꼽혀왔다. 두 사람 모두 유신 체제에서 유정회 소속으로 금배지를 달았다. 그것도 두 번씩이나. (한태연은 1963년 민주공화당 소속 국회의원이 된 것을 포함해 박정희 집권기에 3번이나 금배지를 달았다.) 그렇지만 세간에서는 유신 헌법 제작에 앞장선 어용 지식인이라는 따가운 비판을 오랫동안 받아야 했다.

그것에 대해 한태연이 2001년 억울하다는 주장을 펼친 것이다. 한태연에 따르면, 유신 쿠데타 이튿날 아침 청와대에서 '들어오라'는 연락이 와서 갔더니 박정희가 메모를 꺼냈다고 한다. "이건 내가 만든 것"이라며 박정희가 "이 안을 헌법학자들한테 맡기려고 했으나 보안 관계로 맡기지 못하고 법무부에서 작성한 것인데, 내용은 헌법 제정에 대한 내 구상이다"라면서 법무부에 가서 작업을 도와주라고 했다고 한다. 이때 박정희가 설명한 권력 구조의 핵심이 '통대'에서 대통령을 선출한다는 것과 긴급 조치권이었다고 한태연은 밝혔다.

　　박정희 지시에 따라 한태연은 갈봉근과 함께 법무부에 갔다. 그런데 "신직수 (법무부) 장관과 김기춘 과장이 주동이 돼 안을 모두 만든 상태였다"는 것. "장관이 '골격은 손댈 수 없다'고 해 자구 수정 정도만 했다"며 "이게 내가 관여한 전부"라고 한태연은 주장했다. 그러면서 "헌법안을 보니 몇 개 조항은 국민의 지탄을 받을 만한 사항임을 직감했으나 어떻게 할 수가 없는 상황이었다"고 해명했다. 아울러 유신 쿠데타 전에 박정희 정권이 "김기춘 과장을 파리에 보내 1년 동안 드골 헌법에 대한 자료를 수집하도록 했다"는 주장도 했다.

　　한태연의 주장을 요약하면, 박정희가 유신 헌법의 핵심 내용을 구상하고 신직수와 김기춘이 그 뜻을 받들어 안을 만들었다는 것이다. 박정희가 원하는 형태로 유신 헌법안을 만든 주동 인물 중 한 명이 33세의 젊은 검사 김기춘이라는 주장이다.

김기춘의 반박 '난 평검사였을 뿐'

"착오가 있는 것 같다." 2001년 국회의원이던 김기춘은 한태연의 주장이 나온 직후 두 측면에서 반박했다. 자료 수집을 위해 파리에 간 일이 없고, 유신 쿠데타 당시 자신은 과장이 아니라 평검사였다는 것이다. 그러면서 그 시기에 "(신직수) 장관이 여러 검사들에게 자료 조사나 스터디를 맡겼"으며 자신이 한 일은 "프랑스에서는 비상사태 하에서 대통령 권한이 어느 정도냐 하는 것 등에 대해 조사하고 스터디해 보고하는 정도 외에 다른 것은 없었다"고 주장했다.[2]

두 사람의 주장 중 어느 쪽이 진실에 가까울까? 우선 한태연이 자신의 책임을 떠넘기기 위해 '유신 헌법안을 만든 주동 인물은 신직수와 김기춘'이라고 지어냈을 가능성을 생각해볼 수 있다. 그러나 이 가능성은 적다. 2001년 12월 8일 학술 대회 자리에서 한태연이 "(19)70년대를 무사히 넘긴 것은 유신의 덕"이라고 강변한 데서도 이를 엿볼 수 있다. 유신 체제의 정당성을 공개적으로 강변하면서 유신 헌법안 작성 책임은 남에게 떠넘긴다는 건 앞뒤가 맞지 않는 일이다. 그 가능성은 커 보이지 않는다.

(이와 별개로, 유신 헌법안 작성에 관한 한태연의 주장을 100퍼센트 인정한다고 하더라도 유신 체제와 관련해 한태연이 져야 할 역사적 책임을 "자구 수정" 문제 정도로 한정할 수는 없다. 한태연과 갈봉근은 유신 체제를 위해 그보다 훨씬 많은 일을 했다. 유신 독재 시기에 청와대에서 두 사람을 유정회 의원으로 거듭 낙점한 데에는 그만한 이유가 있었다.)

그런데 한태연의 진술에는 부정확한 부분이 있다. 김기춘의 과장 진급이 확인되는 시기는 유신 쿠데타 후 반년이 지난 때다. 2001년에 85세의 고령이던 한태연이 김기춘의 당시 직위를 잘못 기억한 것 아닌가 싶다. 또한 유신 쿠데타 전 박정희 정권 쪽에서 스페인, 대만 등에 사람을 보내 대만의 장제스식 총통제, 스페인의 프랑코식 총통제, 프랑스의 드골식 대통령제를 연구하게 한 건 널리 인정되는 사항이지만, 그 목적으로 김기춘을 파리에 보냈음을 확증할 자료는 찾아볼 수 없다.

그렇기는 하지만, 한태연의 주장을 근거 없는 이야기로 치부하는 건 곤란하다. 여러 자료를 살펴보면, 유신 헌법과 관련해 김기춘은 적어도 자신이 해명한 것보다는 훨씬 비중 있는 역할을 했음을 알 수 있다.

유신 헌법 제작 3단계… 김기춘, 2·3단계 관여

1971년 12월 6일 박정희는 국가 비상사태를 선언했다. 뒤이어 그것을 뒷받침할 국가보위법(국가 보위에 관한 특별 조치법)이 국회에 제출돼 그해 12월 27일 제정됐다. 그 과정에서 박정희는 국회를 강하게 압박했고, 박정희에게 꽉 잡혀 있던 공화당은 야당을 배제하고 법안을 전격 통과시켰다.

국가 비상사태 선언과 국가보위법 제정 강행은 유신 쿠데타의 전조前兆였다. 이를 통해 박정희는 막강한 비상대권을 확보하고 국민의 기본권을 광범위하게 제한할 수 있게 됐다. 그것만으로도 민주주의와 헌정 질서는 큰 위협에 직면했지만, 박정희는 그것만으로는 성이 차지 않았다. 민주공화국의 기본 원리 자체를 부정하는 방향으로 헌법을 바꿔 새로운 독재 체제, 즉 유신 체제를 구축하려 했다.

유신 헌법 제작 과정을 중심으로 유신 쿠데타를 되짚어보면 큰 틀에서 3단계로 나눌 수 있다. 1단계 작업의 핵심은 유신 체제의 권력 구조, 유신 쿠데타 실행 방안 등에 관한 전반적인 그림을 그리는 것이었다. 어떻게 모든 권력이 박정희 한 사람에게 집중되도록 만들 것인지, 반발할 가능성이 있는 세력과 여론을 어떻게 누를 것인지 등을 논의해 쿠데타의 마스터플랜을 세우는 작업이었다.

1972년 5월, 중앙정보부장 이후락이 비밀리에 북한을 방문(5월 2~5일)하고 나서 얼마 후 1단계 작업이 시작됐다. 민주주의 체제를 뒤집어엎는 쿠데타 작업을 드러내놓고 할 수는 없는 법. 김종필을 비롯한 주요 여권 인사 및 중앙정보부 간부 대다수에게도 숨길 정도로 작업은 은밀하게 진행됐다. 작업 장소는 궁정동 중앙정보부 밀실. 7년 후 10·26사건으로 유신 독재가 처참하게 막을 내리는 바로 그곳이다.

중앙정보부 부국장을 중심으로 한 실무 팀이 궁정동 밀실에서 작업한 결과는 박정희, 이후락, 청와대 비서실장 김정렴의 3인 회의로 넘어갔다. 여기서 검토해 다시 실무 팀에 지침을 내리는 식이었는데 청와대 정무비서관 홍성철, 류혁인 등도 때때로 검토 작업에 참여했다.

이처럼 여러 사람이 관여했지만, 유신 체제의 골격을 만드는 데 핵심 역할을 한 사람은 역시 박정희였다. 이와 관련, 박정희 집권기 내내 정치 현장을 취재한 이상우 기자는 "유신 헌법 가운데 핵심인 대통령의 긴급 조치권이나 대통령 선출 방법 등에 관해서는 마지막 단계에서 박정희 자신이 직접 조항을 기초하거나 수정한 것으로 알려져 있다"고 썼다.[3] 박정희가 자신이 작성한 메모를 꺼낸 다음 설명한 권력 구조의 핵심이 '통대'에서 대통령을 선출한다는 것과 긴급 조치권이었다는 한태연의 진술과 일맥상통한다.

1단계 작업이 은밀히 진행되던 1972년 7월 4일, 7·4남북공동성명이 발표됐다. 수많은 한국인을 환호하게 만든 역사적인 성명이었다. 그러나 박정희 세력에겐 유신 쿠데타로 가는 교두보일 뿐이었다. 분단 해소에 대한 기대감이 높아졌던 그때 박정희 세력은 유신 쿠데타를 위한 물밑 작업에 한층 박차를 가했다.

그러면서 2단계 작업으로 넘어가는데, 이때 김기춘의 이름이 등장한다. 김충식에 따르면 1972년 8월 무렵 유신 쿠데타의 마스터플랜이 마무리되면서 신직수, 중앙정보부 차장 김치열 등이 새 헌법 골격을 짜기 시작했다. 이때 "실무자는 검사 김기춘 등"이었으며 "유신 헌법과 새 법령 정비, 포고령 정비가 모두 이들 팀에 의해 준비되었다"고 김충식은 썼다.[4]

눈여겨볼 사항 중 하나는 김기춘, 신직수, 김치열 모두 법조인이라는 점이다. 유신 쿠데타 작업이 이때쯤 되면 법 기술자들이 본격적으로 움직여야 하는 단계에 이르렀음을 보여주는 대목이다. 자료에 따라서는 신직수가 마스터플랜을 만드는 1단계에도 관여했음을 시사하는 경우도 있긴 한데, 그 부분의 진위와 별개로 적어도 2단계부터는 깊이 개입했다고 볼 수 있다. 이는 김

7·4남북공동성명을 발표하는 이후락 중앙정보부장. ⓒ e영상역사관

역사적인 7·4남북공동성명은 수많은 한국인을
환호하게 만들었다. 그러는 동안 박정희
세력은 유신 쿠데타를 위한 물밑 작업에 속도를
냈다. 33세의 엘리트 검사 김기춘도 그 작업에
참여했다.

기춘 역시 2단계부터는 본격적으로 관여했다고 보는 것이 합리적이라는 뜻이기도 하다.

반년에 가까운 물밑 작업 기간을 거쳐 3단계에서는 공개적으로 유신 헌법안을 제작하는데, 이때도 김기춘의 이름이 등장한다. 유신 쿠데타 직후 한쪽에서는 기획소위원회(청와대 정무비서관들과 중앙정보부 차장보, 주요 부처 차관들이 매일 유신 체제의 과제를 논의)가 움직이고, 다른 한쪽에서는 법무부의 헌법심의회에서 헌법을 조문화, 법제화하는 작업을 진행했다. 이 중 헌법심의회는 법무부 장관 신직수를 비롯한 몇몇 장관과 한태연·갈봉근 교수로 구성됐고 검찰에서 엘리트로 꼽히던 몇몇 검사를 실무진으로 차출했는데, 그중 한 사람이 바로 김기춘이다.

"골격은 손댈 수 없다"고 신직수가 말했다는 한태연의 2001년 주장은 이 헌법심의회 작업과 관련해 나왔다. 한태연의 주장은 이경재의《유신 쿠데타》(정치부 기자로서 유신 쿠데타를 맞았던 이경재가 당시 보고 들은 내용을 정리해 1986년에 펴낸 책) 내용과 일치한다. 이경재는 헌법심의회 작업 과정에서 신직수가 "이 헌법의 기본 골격은 이미 고위층에서 만든 것이므로 골격 자체에는 일체 손을 댈 수 없습니다"라고 주문했다고 썼다.[5] "고위층"에서 핵심이 누구였을지는 어렵지 않게 짐작할 수 있다.

이러한 과정을 거쳐 유신 헌법안이 비상국무회의에 올라간 때는 1972년 10월 27일. 공식 발표만 놓고 보면, 유신 쿠데타 후 불과 10일 만에 새 헌법안을 만들었다는 얘기다. 그러나 명색이 헌법인데, 날림으로 작업을 진행한다고 하더라도 열흘 만에 헌법안을 뚝딱 만들어내는 건 불가능에 가깝다. 이는 유신 쿠데타를 일으키기 훨씬 전부터 김기춘 같은 법 기술자들이 물밑에서 헌법안에 관한 구체적인 작업을 진행했을 것임을 말해준다.

'대통령에게 직접 보고', 김기춘 회고가 말해주는 것

이와 관련해 주목할 만한 내용이 2009년에 발간된 김기춘 회고록에 나온다. 회고록에서 김기춘은 "박정희 대통령을 처음 뵙게 된 것은 1972년 9월경"이라며, 유신 헌법 관련 외국 자료를 연구해 대통령에게 직접 보고했다고 밝혔다.

얼핏 보면, 2001년 한태연이 유신 헌법안을 만든 주동 인물 중 한 명으로 자신을 지목하자 김기춘이 한 반박("프랑스에서는 비상 사태 하에서 대통령 권한이 어느 정도냐 하는 것 등에 대해 조사하고 스터디해 보고하는 정도 외에 다른 것은 없었다")과 다를 게 없어 보인다. 그러나 잘 살펴보면 그렇지 않다. 해외 사례 조사·연구·보고라는 점은 다르지 않지만, 놓쳐서는 안 될 지점은 누구에게, 어떤 식으로 보고했느냐 하는 것이다. 대통령에게 직접 보고했다고 회고록에서 밝힌 건 가벼이 여길 사항이 아니다. 이에 대해 몇 가지 짚어 보자.

우선 김기춘 자신이 강조한 것처럼 이 시기에 김기춘은 평검사였다. 평검사가 대통령에게 직접 보고하는 경우가 얼마나 될까? 그건 매우 이례적인 일이다. 통상적인 경우라면, 대통령은 고사하고 장관에게 직접 보고할 일도 별로 없는 게 평검사다. 평사원이 재벌 회장에게 직접 보고할 일이 거의 없는 것과 마찬가지인데, 상명하복 질서가 엄격한 검찰 같은 조직에서는 보고 체계를 중시하는 경향이 더 강하기 마련이다. 그런데도 대통령에게 직접 보고했다는 것은, 더욱이 대통령이 은밀히 진행하는 작업과 관련해 그렇게 했다는 것은 김기춘이 스스로 해명한 것보다 훨씬 더 깊이 유신 헌법 제작에 관여했을 것임을 시사한다. 그게 아니라면, 철통같은 보안을 강조하며 비밀리에 이 작업을 진행한 최고 권력자가 그 작업에 깊이 관여하지도 않은 평검사를 불러 직접 보고하게 했다는 것인데 그건 상당히 어색한 설명이다.

두 번째, "1972년 9월경"이라는 시점도 눈길을 끈다. 신직수 등이 새 헌법 골격을 짜기 시작한 때로 거론되는 "8월 무렵"과 유신 쿠데타가 일어나는 10월 사이이다. 박정희가 중간보고를 받으며 쿠데타 준비에 박차를 가했을 시기다. 그런 시기에 대통령에게 직접 보고할 정도라면 실무진에서 비중이 낮은 사람일 가능성은 적다. 이 시기에 김기춘 등이 실무를 맡은 팀이 유신 헌법, 새 법령 및 포고령 정비를 모두 준비했다는 김충식의 서술도 이를 뒷받침한다. 이는 유신 헌법 제작 과정에서 김기춘이 맡은 업무가 해외 사례 조사·연구·보고에 국한됐을 것이라고 보기 어렵다는 뜻이기도 하다.

세 번째, 유신 헌법 관련 보고를 평검사에게 직접 받았다는 것은 박정희가 이 문제에 얼마나 큰 관심을 갖고 있었는지를 보여준다. 궁정동 밀실에서 유신 쿠데타를 위한 본격적인 작업에 돌입한 때는 1972년 5월이지만, 박정희는 훨씬 오래전부터 유신 체제 같은 독재 체제 구축을 꿈꿨다. 일본 군국주의 장교들의

2·26쿠데타(1936년 2월 26일 일부 극우 청년 장교들이 병력을 동원해 몇몇 대신을 죽이고 '쇼와 유신'이라는 이름 아래 국가 개조를 주장한 사건)에 심취한 박정희는 유신 독재 시기에 내세운 이른바 '한국적 민주주의'와 다르지 않은 체제의 필요성을 5·16쿠데타(1961년) 이후 여러 차례 강조하며 계속 추구했다. 그럼에도 5·16쿠데타 후 11년이 지나서야 유신 쿠데타를 일으킨 건 유신 체제 구축에 반대할 만한 세력들을 하나하나 제압해 유신 쿠데타의 기반을 다질 시간이 필요했기 때문이라고 볼 수 있다.[6]

유신 체제 구축은 박정희의 오랜 염원이었다. 궁정동 밀실에서 진행된 작업을 지속적으로 점검한 것도, 유신 체제의 골격을 만드는 데 핵심 역할을 한 것도, 평검사 김기춘에게 직접 보고를 받은 것도 그 점과 떼어놓고 생각할 수 없다. 문제는 그것이 지극히 위험하고 왜곡된 신념이었다는 것이다.

덧붙이면, 유신 체제 자체가 기괴한 독재 체제로 정당성을 찾아볼 수 없었지만, 백번 양보해서 '유신 체제를 만들지 않으면 나라가 망할 지경이었다'고 볼 수 있는 상황이었다면 조금은 평가가 달라질 수도 있을 것이다. 그러나 그런 건 없었다. 유신 쿠데타의 밑바탕에 있었던 건 '권좌에서 절대로 물러나지 않겠다'는 박정희의 권력욕, 그리고 '한국적 민주주의'라는 미명 아래 민주주의를 짓밟는 독재가 필요하다는 뒤틀린 확신(그 뿌리를 찾아보면 일본 군국주의와 만나게 된다)이었다. 1971년 대선에서 한 해 예산의 10퍼센트가 넘는 검은돈을 쏟아붓고도 야당 후보 김대중에게 고전한 경험도 박정희로 하여금 유신 쿠데타를 결행하게 만든 중요한 요소 중 하나였다.

김기춘은 신직수를 보면서 어떤 생각을 했을까?

그런데 평검사인 김기춘을 박정희가 어떻게 알고 직접 보고를 받게 됐을까? 여기서 주목할 사람이 신직수다. 신직수는 박정희 집권기의 대표적인 법 기술자 중 한 명으로 거론된다. 법 기술자로서 김기춘의 선배 격인데(김기춘보다 열두 살 위), 김기춘과 달리 서울대 출신도, 고등 고시 합격자도 아니고 군 법무관을 했을 뿐이었다.

법조계의 주변부에서 벗어나기 쉽지 않았을 신직수의 인생을 바꾼 건 군 시절 박정희와 맺은 인연이었다. 5·16쿠데타 직후 법 기술자가 필요했던 박정희 세력은 예전에 박정희 밑에서 군 법무관으로 일했던 신직수를 불러들였다. 신직수는 중앙정보부에 무소불위의 힘을 부여한 중앙정보부법을 만드는 데 관여하고, 국가재건최고회의 법률 고문을 거쳐 중앙정보부 차장으로 임명됐다. 대선을 거쳐 박정희 정부가 출범한 1963년 12월에는 불과 36세의 나이에 검찰총장이 됐다. 7년 6개월 동안 검찰총장으로 일한 신직수는 1971년 6월 법무부 장관으로 자리를 옮겼다. 그리고 유신 쿠데타 작업에 관여하게 된다. (참고로, 홍석현 전 중앙일보 회장이 신직수의 사위이며 티켓몬스터 대표 신현성은 신직수의 손자다.)

전례를 찾기 어려운 신직수의 초고속 출세는 박정희와 맺은 개인적 인연, 그리고 법을 활용해 최고 권력자에게 바친 충성을 빼놓고는 설명하기 어렵다. 1970년대에 신직수는 옮기는 곳마다 김기춘을 데려갔다. 신직수 법무부 장관 취임 두 달 후 김기춘은 법무부로 발령을 받았다. 1973년 12월 신직수는 이후락의 후임 중앙정보부장이 되는데, 얼마 후 김기춘을 중앙정보부로 불러들였다. 유신 말기 신직수가 청와대에 근무하게 됐을 때에도 김기춘은 신직수 밑에서 일하게 된다.

바늘 가는 데 실 가듯이 따라다닌 김기춘은 신직수를 보면서 어떤 생각을 했을까? 초임 검사 시절부터 출세 지향 의식을 강렬하게 다진 김기춘이 미래를 설계하는 데 주요하게 참조한 준거 중 하나가 신직수 사례 아니었을까?

신직수는 김기춘의 든든한 후견인으로 꼽힌다. 김기춘이 유신 헌법 제작에 관여하고 그러면서 박정희와 직접적으로 이어지는 과정은 신직수를 빼놓고 생각할 수 없다. 그에 더해 박정희-신직수-김기춘을 이어주는 또 하나의 중요한 끈이 있었다. 바로 정수장학회의 전신인 5·16장학회다. 5·16쿠데타 세력이 김지태를 강압해 많은 재산을 넘기게 만드는 과정에서도 신직수는 법기술자로서 상당한 역할을 했고, 그렇게 해서 탄생한 5·16장학회가 장학금을 주며 키워낸 '인재' 중 한 명이 김기춘이다.

"유신 공로, 유례없이 발탁"… 선배들 제치고 파격적 승진

지금까지 살펴본 것처럼 그간 취재, 연구 등을 통해 밝혀진 사실들을 모아 퍼즐 맞추기를 해보면, 김기춘은 유신 헌법 제작 과정에서 적어도 본인이 해명한 것보다는 훨씬 비중 있는 역할을 했다고 볼 수밖에 없다. 그렇지만 아쉽게도 그 과정에서 김기춘이 한 역할을 속속들이 파악하기는 어렵다. 유신 쿠데타 세력은 세상 사람들이 알까 두려워 숨어서 은밀하게 유신 헌법 작업을 진행했고, 그 과정을 일목요연하게 보여주는 기록 또한 남기지 않았기 때문이다. 그렇기는 하나, 유신 헌법안 작성의 주동 인물 중 한 명으로 김기춘을 지목한 한태연의 2001년 주장과 김기춘의 반박 가운데 어느 쪽이 진실에 가까운지는 분명해 보인다.

유신 헌법과 관련된 김기춘의 활동은 헌법 제작 이후에도 이어졌다. 1972년 12월 대검찰청이 발행한 〈검찰〉에 실린 글('유신 헌법 해설')에서 김기춘은 "박정희 대통령 각하의 구국 영단을 강력히 지지하는 우리 국민의 정치적 결단에 의하여 확정을 보게 됐다"고 강변했다.[7] "유신 헌법 기초에 참여"한 데 이어 "TV에 나와 명해설"을 해 이름이 났다는 보도가 나올 정도로 유신 헌법 홍보도 빼놓지 않았다.[8] 유신 헌법 제작에 깊이 관여하지 않은 사람에게 해설과 홍보를 맡긴다는 건 생각하기 어려운 일이다.

유신 정권은 김기춘에게 파격적인 승진으로 보상했다. 1973년 4월, 유신 쿠데타 후 첫 번째로 이뤄진 대규모 검찰 인사에서 김기춘은 법무부 인권옹호과장 겸 서울고검 검사로 발령을 받았다(4월 6일 자). '인권 옹호'는 김기춘의 삶과 여러모로 엇박자이지만, 이 인사에서 김기춘에게 의미 있게 다가간 것은 '인권 옹호'가 아니라 '과장'이었을 것이다.

이 인사로 이동된 검사 200명의 명단이 동아일보(1973년 4월 2일 자)에 실려 있는데, 김기춘의 이름은 그중 두 번째로 나온다. 첫 번째는 김기춘보다 선배인 정해창(법무부 검찰과장 겸 서울고검 검사)이다.[9] 이 인사에서 김기춘이 차지한 비중을 엿볼 수 있는 명단 배치다.

중앙일보(1973년 4월 3일 자)는 이 인사와 관련, "유신 체제의 법령 입법과 개정의 공로와 실력이 높이 평가되어 유례없이 발탁된 정해창 검찰과장(고시 10회)과 김기춘 인권옹호과장(고시 12회)"이라고 보도했다.[10] 임관한 지 10년도 안 된 검사 김기춘이 부장 검사급인 법무부 과장으로 승진한 이유를 명확히 보여주는 기사다.

승진 이유와 더불어 놓치지 말아야 할 건 "유례없이 발탁"이라는 대목이다. 김기춘에 대해서는 서울대 법대 2년 선배이자 고시 2회 선배인 정해창과 어깨를 나란히 한 것만으로도 그 표현을 충분히 쓸 수 있다. 정해창이 "임관 후 고시 10회 동기생들을 제치고 선두만 달린 실력파"[11]로서 별칭이 "검찰청 개청 이래의 천재"[12]라고 보도될 정도의 검찰 엘리트이자, 훗날 "미스터 검찰"로 불리며 법무부 장관(1987~1988), 청와대 비서실장(1990~1993)을 맡게 되는 사람임을 고려하면 더욱 그렇다. 그런데 "유례없이 발탁"에는 정해창도 포함된다. 그건 이때 부장 검사급으로 승진한 사람들이 주로 고시 8회였기 때문이다. 즉 이 인사에서 김기춘은 동기들을 앞서가는 정도가 아니라, 두 기수 위 선배들 가운데 선두 주자 및 네 기수 위 선배들과 같은 반열에 올라섰다.

그야말로 초고속 승진이었다. 초고속 승진의 발판이 될 만한 다른 엄청난 공로(예컨대 마피아급 범죄 조직을 일망타진했다거나)라도 세웠던 것일까? 그런 건 찾아볼 수 없다. 이 시기 김기춘의 활동 가운데 도드라진 건 역시 유신 헌법 관련 활동이다. 초고속 승진은 유신 헌법과 관련해 김기춘이 한 역할이 어느 정도 비중인지 분명하게 보여준다.

유신 독재와 함께 막을 올린 김기춘의 1차 전성시대

유신 독재는 그렇게 김기춘에게 1차 전성시대를 열어줬다. 그래서일까. 김기춘은 회고록에서 유신 쿠데타가 박정희의 "우국충정"의 소산이며 "국론을 통일하여 국력을 결집하고 정부 운영의 효율성을 극대화하기 위한 목적"이었다고 강변하며 다시 한 번 유신 독재를 비호했다.

한 가지 더 살펴볼 사안이 있다. 김기춘은 유신 헌법 관련 작업에 어떠한 자세로 임했을까? 큰 틀에서 세 가지를 생각해볼 수 있다. (1) 유신 쿠데타는 말도 안 된다고 생각하지만 차출된 공무원으로서 어쩔 수 없이(즉 잘리지 않기 위해) 소극적으로 임했다. (2) 동의하지 않지만 출세를 위해 적극 나섰다. (3) 마음 깊이 공감할 뿐만 아니라 출세의 지름길이기에 흔쾌히 동참했다. (논리적으로는 공개적 저항, 사퇴 등도 있을 수 있지만 김기춘이 그렇게 행동하지 않았으므로 그것들은 제외한다.)

어느 모로 보나 (1)은 아니다. (2)라면 유신 독재가 무너진 후 반성하거나 유신 독재 시기와는 다르게 살아가려는 모습이 부분적으로라도 나타나는 게 자연스럽다. 그러나 그런 모습은 찾아볼 수 없다.

유신 헌법안 작성을 주동한 사람 중 한 명으로 2001년 한태연이 자신을 지목했을 때 김기춘이 부인한 것을 반성 또는 겸손함의 산물로 받아들이는 건 무리다. 그건 발뺌에 가깝다. 유신 독재 시기 행적에 대해 김기춘이 반성하는 모습을 조금이라도 보였다면 박근혜가 김기춘을 중용하는 일은 없었을 것이다.

따라서 (3)에 무게를 둘 수밖에 없다. 김기춘에게 유신 헌법 제작에 관여하고 유신 체제를 위해 일하는 것은 초고속 출세로 이어지는 길일 뿐만 아니라 민주주의에 반하는 자신의 위험한 신념과도 부합하는 길이지 않았을까? 그런 의미에서 유신 독재 시기는 김기춘에게 좋은 시절일 뿐만 아니라 보람찬 시절이기도 했을 것이다. 그러나 그것은 민주주의 그리고 자유와 평등, 정의를 바라는 이들에게는 거대한 재앙이었다.

'유신 최대 조작극' 때 김기춘은 뭘 했을까?

유신 독재와
김기춘의 1차 전성시대 (2)

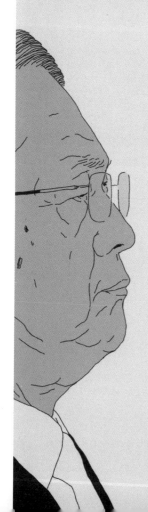

중앙정보부장 법률 보좌관으로 이동

유신 헌법 제작에 관여한 후 김기춘은 1973년 4월 법무부 과장으로 파격적인 승진을 했다. 이듬해 김기춘에게 새로운 활동 무대가 마련됐다. 새 일터는 법무부와 비교도 할 수 없을 정도로 막강한 권력 기관인 중앙정보부였다. 이곳으로 김기춘을 이끈 사람은 후견인으로 꼽히는 신직수였다.

법무부 장관 신직수는 1973년 12월 이후락의 후임 중앙정보부장으로 임명됐다. 넉 달 후인 1974년 4월, 신직수는 김기춘을 중앙정보부로 불러들였다. 이때부터 다섯 달 동안 김기춘은 중앙정보부장 법률 보좌관으로 일하게 된다.

김기춘을 불러들이기에 앞서 신직수는 중앙정보부와 관련된 권력 내부 문제를 처리해야 했다. 이후락 도피 사건이 바로 그것이다. 중앙정보부장에서 물러난 그달 이후락은 은밀히 출국했다. 또 다른 전임 중앙정보부장 김형욱이 미국으로 망명한 지 여덟 달 만에 이번엔 이후락이 몰래 빠져나간 것이다. 청와대도, 중앙정보부도 발칵 뒤집혔다. 오랫동안 청와대 비서실장이었고 중앙정보부장까지 맡았던 이후락이 정권의 치부를 공개한다면? 박정희 정권으로서는 상상하고 싶지도 않은 그림이었다.

중앙정보부는 총력을 기울였지만 이후락을 찾지 못했다. 1974년 2월 이후락이 먼저 연락을 취한 후 귀국하는데, 그 과정에서 신변 안전 문제에 관해 청와대와 협상한 것으로 얘기된다. '정권의 치부를 속속들이 아는 날 건드리지 마라. 그러면 나도 조용히 살겠다', 이런 뜻을 담은 해외 도피였던 셈이다. 박정희를 위해 반민주적 공작을 서슴지 않았던 중앙정보부장 출신 김형욱, 이후락 모두 해외로 도피한 것은 박정희 집권기 권력층 내부의 실상을 잘 보여주는 장면 중 하나다.

민청학련·인혁당 재건위 사건 때 김기춘은 뭘 했을까?

이후락 도피 사건이 마무리되면서 신직수는 당면 과제에 집중할 수 있게 됐다. 독재 정권 유지의 중추인 중앙정보부의 당면 과제는 유신 철폐를 요구하는 민주화 운동을 짓밟는 것이었다. 그것을 위해 중앙정보부를 축으로 정권 차원에서 유신 독재에 반대하는 이들을 공산주의자로 몰아가는 대규모 공안 조작 사건을 1974년 4월 터트리게 된다. 신직수가 김기춘을 중앙정보부로 불러들인 것도 이 무렵이다.

당시 상황을 살펴보면, 유신 쿠데타 1년 후인 1973년 10월부터 대학가를 중심으로 유신 반대 시위가 확산됐다. 12월 24일에는 개헌 청원 100만 인 서명 운동이 시작됐다. 유신 헌법을 바꿔달라는 이 운동이 여론의 호응을 얻으며 확산되자, 1974년

신직수 중앙정보부장이 1974년 4월 25일 민청학련 사건 중간 수사 결과 발표를 하고 있다. 신직수는 김기춘의 든든한 후견인이었다. ⓒ 국가기록원

1월 8일 유신 독재 정권은 긴급 조치 1호와 2호를 발동했다. 유신 헌법을 비판하거나 반대하면 영장 없이 구속해, 민간 법정도 아닌 비상군법회의에서, 최고 징역 15년형을 선고하겠다는 것이었다.

그것에 이어 그해 4월 3일 민청학련(전국민주청년학생총연맹) 사건을 일으키는 한편 긴급 조치 4호를 발표했다. 긴급 조치 4호는 위반자가 나오면 그 학교를 폐쇄하겠다는 으름장과 함께 최고 형량도 사형으로 높였다. 유신 독재에 반대하면 말 그대로 죽여

1975년 4월 8일 '인혁당 재건위 사건'에 대한 대법원 상고심 공판에서 민복기 대법원장이 8명 사형, 무기 징역 9명 확정 판결문을 읽고 있다. 이수병 등 8명은 이튿날(9일) 오전 전격 사형되었다.

버리겠다는 노골적인 협박이었다. 이것은 질 낮은 협박으로 그치지 않았다. 유신 독재 정권은 민청학련 사건과 연결해 인혁당 (인민혁명당) 재건위 사건(2차 인혁당 사건)까지 고문으로 조작해 이듬해(1975년) 끝내 8명의 목숨을 빼앗게 된다('사법 살인'). 인혁당 재건위 사건은 2012년 대선 후보 박근혜가 두 개의 대법원 판결이 있다는 궤변으로 큰 파문을 불러일으킨 사건이기도 하다.

'유신 독재 최대의 조작극'으로 불리는 민청학련·인혁당 재건위 사건에서 주요한 역할을 한 유신 정권 쪽 인사로 보통 4명이 꼽힌다. 대통령 박정희, 중앙정보부장 신직수, 대법원장 민복기, 수사를 담당한 중앙정보부 6국장 이용택이 그들이다. 이 4명은 1964년에 일어난 1차 인혁당 사건, 즉 서울지검 공안부 검사들조차 '증거가 불충분해 기소할 수 없다'며 버텼지만 윗선에서

인혁당 재건위 사건에 연루돼 1975년 4월 9일 사형된 8명. 왼쪽 위부터 시계 방향으로 서도원, 김용원, 이수병, 우홍선, 도예종, 하재완, 여정남, 송상진.

무리하게 기소를 강행했던 그 사건과 관련 있는 사람들이기도 하다(1964년 당시 신직수는 검찰총장, 민복기는 법무부 장관, 이용택은 사건을 담당한 중앙정보부 5국 대공수사과장이었다). 2차 인혁당 사건 희생자들과 마찬가지로 1차 인혁당 사건 관계자들도 21세기에 들어와서 재심에서 무죄 판결을 받게 된다.

눈길을 끄는 또 다른 사항은 박정희가 중앙정보부 국장에게 직접 보고를 받을 정도로 인혁당 재건위 사건을 챙겼다는 점이다. 이와 관련, 이용택은 훗날 "박정희 대통령도 인혁당 사건에 상당한 관심을 갖고 있어서 일주일에 두 번꼴로 보고를 했"다고 밝혔다.[1] 1972년 자신의 주요 관심사였던 유신 헌법 제작 과정에서 박정희가 평검사 김기춘에게 직접 보고를 받은 것을 생각나게 하는 풍경인데 대통령이 중앙정보부장도 아닌 국장에게, 그

1975년 인혁당 재건위 사건으로 구속된 사람들이
사형에 처해지자 가족들이 오열하고 있다. © 4·9통일평화재단

것도 일주일에 두 번꼴로 보고를 받은 건 분명히 이례적인 일이었다.

그런데 유신 독재 정권이 민청학련·인혁당 재건위 사건을 조작해 관계자들에게 철퇴를 가하는 과정은 김기춘과 무관하게 전개된 것일까? 그 과정에서 김기춘이 특정한 역할을 했음을 입증하는 자료는 현재 찾아볼 수 없다. 김기춘은 이 사건 수사 책임자가 아니기도 하다.

그렇지만 중앙정보부장이 직접 나서서 중간 수사 결과를 발표하고 관계자들을 공산주의자로 매도한 것에서도 알 수 있듯이, 이 사건은 중앙정보부가 당시 주력했던 최대 역점 사업이라고 해도 지나치지 않다. 중앙정보부장만이 아니라 대통령까지 직접 나서서 "공산주의자들이 …… 으레 조직하는 소위 통일 전선의 초기 단계적 지하 조직"('긴급 조치 제4호 선포를 즈음한 대통령 특별 담화')으로 몰아간 것이 말해주듯이, 유신 독재를 유지하기 위해 정권 차원에서 조작에 주력한 사건이기도 하다. 그리고 이 사건 관계자들에 대한 비상보통군법회의(1심) 공판은 김기춘이 중앙정보부장 법률 보좌관으로 있을 때 진행됐다.

중앙정보부장 법률 보좌관은 그런 사건과 관련해 아무런 역할도 하지 않아도 무방한 자리였을까? 이 사건이 전개되는 동안 중앙정보부장 법률 보좌관으로서 김기춘은 어떤 업무를 하고 있었던 것일까?

김기춘이 말하는 문세광 신문의 그날

중앙정보부로 옮긴 후 김기춘의 활동 내용이 분명하게 확인 되는 시기는 그해 8월이다. 계기는 1974년 8월 15일 광복절 기념식이 열린 국립극장에서 울린 총성이었다. 박정희 대통령에게 총탄이 날아가고 그 와중에 대통령 부인 육영수 여사 등이 절명한 사건이었다. 김기춘은 재일 교포 문세광을 신문해 자백을 받아낸 인물로 알려져 있다.

그것에 대해 김기춘이 2005년 1월 CBS '시사자키 오늘과 내일' 인터뷰에서 밝힌 내용을 살펴보자. 김기춘에 따르면, 사건 후 중앙정보부 수사팀에 인계된 문세광은 그다음 날(8월 16일) 오후 5~6시까지 계속 묵비했다고 한다. 그러자 신직수 중앙정보부장이 '문세광이 말문을 열도록 신문해보라'고 자신에게 지시했다고 김기춘은 밝혔다.

피의자들이 첫 질문에 답변을 거부하면 계속 답변을 거부하는 경향이 있다고 본 김기춘이 단도직입적으로 《자칼의 날》이라는 소설을 읽었느냐"고 묻자, 문세광이 반가운 표정으로 "선생님도 읽었느냐"고 말문을 열었다고 한다. 김기춘이 "너가 자칼이 아니냐?", "남의 나라 대통령을 저격하러 온 사람이 비겁하게 묵비만 하고 있으면 되느냐. 당당하게 경위를 답변해야 되지 않냐"고 추궁하자 문세광이 그날 밤 전모를 거의 다 얘기했다는 것.

김기춘은 이 사건의 최종 수사 결과 발표는 이때 문세광이 자신에게 털어놓은 얘기 "틀을 벗어나지 않았다", "거의 그대로였다"고 밝혔다. 그러면서 당시 수사 결과에 대해 이렇게 말했다.

"나는 우리의 수사가 확실하다고 믿고 있다."[2]

《자칼의 날》은 프랑스 대통령 샤를 드골 암살 기도를 소재로 한 소설이다. 2013년 3월 부산일보에 실린 김기춘 인터뷰에 따르면, 김기춘은 1974년 8월 4일 대천 해수욕장에서 휴가를 보낼 때 이 소설을 읽었다고 한다.[3] 그로부터 12일 후 문세광을 신문할 때 이 소설을 활용했다는 것이다.

의문투성이 8·15 저격 사건

수사 결과가 "확실하다"고 믿는 김기춘으로선 받아들이기 힘들겠지만, 8·15 저격 사건은 여전히 의문투성이다. 그 의문들 중 주요한 몇 가지를 살펴보자. 그와 함께 수사 결과 발표에 담기지 않은 사항과 정치적 파장 등을 짚어보면 이 사건을 이해하는 데 도움이 될 것이다.

먼저 살펴볼 건 배후에 대한 빠른 발표다. 사건 이틀 후인 1974년 8월 17일 밤, 수사본부(본부장은 김일두 서울지검장)는 "범인 문세광의 사실 폭로에 의하여 그 배후 관계가 밝혀졌"다며 수사 결과를 발표했다. 만경봉호의 이름을 알 수 없는 "북괴 공작 지도원"과 조총련(재일본조선인총연합회) 간부 김호룡이 배후라는 발표였다.[4]

'북한→조총련→문세광'으로 이어지는 연결선에 의해 범행이 자행됐다는 얘기였다. 그러나 김호룡을 조사한 결과를 바탕으로 내린 결론은 아니었다. 문세광이 털어놓았다는 얘기를 바탕으로, 김기춘의 문세광 신문 다음 날 이뤄진 발표였다.

일본 측 수사 결과는 이와 상당히 달랐다. 일본 측은 김호룡이 문세광의 저격을 사전 지휘했다는 뚜렷한 증거가 없다며 문세광의 단독 범행 쪽에 무게를 실었다. 범행 동기로는 문세광이 유서에서 김대중 납치 사건(1973년 8월 8일) 등을 거론하며 1인 독재 타도가 "한국 혁명"에서 가장 중요한 일이라고 언급한 것을 주목했다.[5]

일본 측은 김호룡에 대해 강제 수사를 실시하지 않았다. 이는 2005년 이 사건을 다룬 MBC 〈이제는 말할 수 있다〉에서도 확인된다. 김호룡은 MBC 측에 이 사건과 관련해 일본 측으로부터 어떤 수사도 받은 적이 없다고 말했다. 자신은 이 사건과 전혀 관련이 없으며 만경봉호와 문세광을 연결하지도 않았다는 주장도 했다.

일본 당국이 김호룡을 수사하지 않은 것과 관련, 김기춘은 2005년 CBS 인터뷰에서 "교사자" 등에 대해 일본 측이 "국가 책임과 연결되는 미묘한 문제니까 수사를 소극적으로 하다가 그 후에는 아예 안 해버렸다"고 비판했다. 수사에 참여했던 사람으로서 할 수 있는 지적이긴 하지만, 수사 과정에서 정치적 고려를 했을 가능성이 있는 것이 일본뿐일까라는 의문이 함께 들게 만드는 대목이다.

배후와 관련해 '북한 → 조총련 → 문세광'이라는 발표에 의문이 제기되는 것도 이러한 사정 때문이다. "확실하다"는 김기춘의 믿음과 달리, '북한 → 조총련 → 문세광'이라고 다수가 인정할 만한 확실한 물증이 지금까지 제시됐다고 보기는 어렵다.

총탄 문제를 살펴보자. 육영수 여사 등을 절명케 한 총탄이 누구 총에서 발사됐는가, 이 문제다. 사건 직후에는 별 논란거리가 되지 않았(고 되기도 어려웠)던 이 문제가 본격적으로 제기된 건 6월항쟁(1987년) 이후다. 사건 당시 수사본부의 일원이었던 전 서울시경 감식계장 이건우는 1989년 월간《다리》에 실린 글에서 숱한 은폐와 조작이 수사 과정에서 이뤄졌다고 주장했다. 이건우가 제기한 여러 의혹 중 특히 관심을 모은 것이 총탄 관련 부분이었다.

《다리》게재 후 한겨레(1989년 8월 29일 자)와 한 인터뷰에서 이건우는 발사된 총탄과 탄흔의 수가 일치하지 않는 점 등을 지적하고, 검찰 기소와 판결 과정에서 핵심적인 부분이 왜곡되거나 언급조차 되지 않았다고 비판했다. 그러면서 "육영수 여사는 절대로 문세광의 총탄에 죽지 않았"으며, 육 여사를 절명케 한 총탄을 누가 발사했는지를 사건 조사 당시부터 짐작하고 있었다고 주장했다. 그러나 그게 누구인지는 말하지 않았다.[6]

오늘날까지 이어지는 총탄 관련 의혹은 기본적으로 이건우의 주장과 닿아 있다. 2005년 SBS〈그것이 알고 싶다〉와 MBC〈이제는 말할 수 있다〉는 총성 분석 등을 통해 이 문제를 검증했다. 검증 결과의 핵심은 육 여사의 목숨을 빼앗은 총탄이 문세광의 총에서 발사된 것이라고 확정하기 어렵다는 것이다.

생각해보면, 이건 CSI 같은 과학 수사물 등에도 자주 나오는 총탄 검사를 통해 충분히 해소할 수 있는 의혹이다. 문제는 그게 이뤄지지 않고 있다는 것이다. 이와 관련, 이건우는 탄두를 회수해 누구 총에서 발사된 것인지 가려야 할 사건 직후에 청와대 경호실에서 이례적으로 탄두를 모두 쓸어가는 바람에 기회를 놓쳤다고 증언했다. 육 여사를 절명케 한 총탄은 그 후 공개되지 않았다.

배후에 대한 빠른 발표, 총탄 문제 외에도 많은 의혹이 제기됐다. 권총 입수 경위만 하더라도 '북한, 조총련이 배후라면 문세광이 권총을 확보하기 위해 일본 파출소에 침입할 필요가 있었을까? 간첩 조직을 활용해 전달하는 것이 더 손쉽고 확실하지 않았을까?' 같은 의문을 불러일으켰다. 수사를 일사천리로 진행한 것에 더해 대법원 확정 판결(1974년 12월 17일) 후 사흘 만에 사형을 집행한 점도 적잖은 사람들로 하여금 고개를 갸웃하게 만들었다. 사형 확정 3일 만에 처형하는 건 드문 일이기 때문이다. 이것들 말고도 의문점은 많은데, 빼놓을 수 없는 것이 어떻게 권총을 지닌 채 행사장에 들어올 수 있었을까 하는 것이다.

대통령 경호는 엄격하기 마련이다. 행사가 청와대 바깥에서 열리는 경우에는 더 신경을 쓸 수밖에 없다. 그런 차원에서 사건 당일 청와대 경호실 요원뿐만 아니라 경찰 등 수백 명이 행사장을 지키며 출입을 통제했다. 그런데도 문세광은 권총을 지닌 채 국립극장에, 그것도 독립 유공자와 유가족 좌석인 1층에 자리를 잡을 수 있었다. 더 이해하기 어려운 건, 비표가 없는 문세광을 한 경찰이 검문하려 하자 경호실 관계자가 나서 "장관을 만나러 온 사람"이라고 얘기하면서 문세광이 검문을 피하게 해줬다는 점이다. 그 덕분에 문세광은 유유히 행사장에 들어갈 수 있었다.

'피스톨 박' 박종규가 이끌던 경호실은 이 사건 이전에 과잉 경호 논란을 여러 차례 불러일으켰다. 그 과정에서 장관이나 도

지사 같은 고위 관료에게 폭력을 행사하는 등 안하무인 행태로 원성을 자초했다. 그럼에도 박정희 대통령이 피해자에게 '나한테 한 대 맞은 셈 치고 넘어가라'는 태도를 취하며 경호실을 비호했다는 증언도 있다. 그랬던 경호실이 8·15 저격 사건 당일에는 매우 다른 모습을 보였다. 2005년 CBS 인터뷰에서 김기춘도 "그때는 경호실이 하느라고 했겠지만 지금 생각해보면 엉성하기 짝이 없는 것이 아니었나 생각"한다고 말할 정도였다. 사건 당일 경호실의 이런 모습을 어떻게 이해해야 할까?

중앙정보부와 관련된 의문도 있다. MBC 〈이제는 말할 수 있다〉에 따르면, 일본에 파견된 중앙정보부 요원들은 이 사건 전에 이미 문세광에 대해 잘 알고 있었다고 한다. 문세광을 요주의 인물로 봤다는 말이다. 그런 문세광이 어떻게 권총과 탄환을 지닌 채 한국에 들어올 수 있었는가, 그리고 이해하기 어려운 과정을 거쳐 국립극장에서 사건을 일으킬 수 있었는가도 의문으로 제기된다. 문세광이 일본을 떠나 국립극장에서 저격할 때까지 중앙정보부는 무엇을 한 것일까라는 의문이기도 하다.

지금까지 살펴본 몇 가지 의문점에서도 드러나듯이, 이 사건에는 단독 범행 쪽에 무게를 싣는 결론 또는 '북한→조총련→문세광'에 의한 범행이라는 결론으로는 설득력 있게 설명하기 어려운 요소가 많다. 배후가 없다고 보기는 어렵지만, 수사 결과가 "확실하다"고 볼 수는 없는 상황이다. 여러 의혹이 계속 제기될 수밖에 없는 것도 그 때문이다. 그러한 의혹들을 충분히 해소할 수 있을 정도로 수사가 이뤄졌다면 이 사건의 전모에 대해 지금까지 알려진 것과는 다른 설명이 제시됐을 가능성을 배제할 수 없다. 그렇지만 수사는 그렇게 진행되지 않았고, 숱한 의혹이 여전히 해소되지 않고 있다.

김기춘 신문 전까지 문세광 묵비? 그렇게 보기 어려운 이유

이쯤에서 김기춘의 문세광 신문 부분을 다시 한 번 살펴볼 필요가 있다. 최종 수사 결과 발표가 문세광이 자신에게 털어놓은 얘기 "틀을 벗어나지 않았다"는 김기춘 말에서도 드러나듯이, 한국 측에서 수사 결론을 내는 과정에서 중요한 역할을 한 것으로 제시된 부분이다.

김기춘은 2005년 CBS 인터뷰에서 사건 다음 날(1974년 8월 16일) 오후 5~6시까지 계속 묵비하며 어떤 질문에도 답하지 않던 문세광의 말문을 자신이 열게 만들어 전모를 거의 다 이야기하게 했다고 밝혔다. 문세광 신문은 유신 독재 붕괴 이후에도 김기춘의 경력을 소개하는 기사 등에 주요 공적 중 하나로 자주 거론된 사항이기도 하다. "날고 긴다는 중정 요원들이 24시간 수사해도 입을 열지 않은 문세광"을 "준비된 자" 김기춘이 신문해 입을 열게 만들었고 그것은 "역사의 진실이 밝혀지는 순간이었다"고 영웅담을 쓴 경우도 있다.[7]

묵비하는 문세광의 입을 열게 만들었다는 김기춘의 이야기는 사실일까? 당시 수사본부의 발표를 살펴보면 그렇게 생각하기가 쉽지 않다. 김기춘이 신문하기 전에 김일두 수사본부장이 두 차례(1974년 8월 15일 밤과 16일 오전)에 걸쳐 발표한 중간 수사 결과가 16일 자 신문에 보도됐다. 그 내용을 보면 문세광이 여권과 비자를 어떻게 확보했는지, 돈은 얼마나 가지고 들어왔는지, 어떤 학교를 졸업하고 어느 회사에서 일했는지, 가족들은 어떤 일을 하며 부친은 무슨 병을 앓다가 세상을 떠났는지 등 문세광에 관한 구체적인 사항이 상당히 많이 나온다. 일본에서 열린 김대중 강연회 등에 10여 회 참석하고 나중에는 김대중 구출위원회 간부를 맡는 등 이른바 '반정부' 활동을 한 내역도 포함돼 있다.

문세광이 입을 꾹 다물고 있었다면 수사본부에서 이런 내용을 발표할 수 있었을까? 사건 전부터 중앙정보부에서 문세광에 대해 파악하고 있던 사항을 가져다가 그대로 발표했을 가능성을 생각해볼 수 있지만, 수사본부의 발표 내용은 그 수준을 넘어선다.

이 점은 김일두 수사본부장의 말에서도 잘 드러난다. 중간 수사 결과 발표 때 김 본부장은 "지금까지의 수사에서 범인 문(세광)은 단독 범행이라고 주장하고 있으나 조총련 계열의 범행이 아닌가 보고 범행 동기, 배후 등에 대해 집중 수사 중"이라고 밝혔다. 또한 문세광이 오사카에서 총 두 자루를 훔쳐 그중 한 자루만 가지고 와서 사용했다고 진술하고 있다는 것도 수사본부 발표에 포함돼 있었다. '문세광이 이러저러하게 진술했다'고 수사본부에서 발표한 사항은 이것들 말고도 더 있다.[8]

자신이 신문하기 전에는 문세광이 계속 묵비했다는 김기춘의 주장이 사실이라면, 김일두 수사본부장을 축으로 한 수사본부가 존재하지도 않는 문세광의 진술을 창작해 허위 발표를 했다는 얘기가 된다. 과연 그랬을까? 그 가능성은 매우 낮아 보인다. 이에 대해 한홍구 교수는 김기춘이 신문하기 전에 "문세광이 이미 상당히 구체적인 내용을 진술하고 있었음이 분명하다"고 지적했다.[9]

이것이 8·15 저격 사건 수사에서 김기춘이 아무런 역할도 하지 않았음을 의미하는 것은 아니다. 문세광의 묵비로 꽉 막혀 있던 진실의 문이 김기춘의 활약에 의해 비로소 활짝 열렸다는 영웅담은 당시 수사 상황에 비춰볼 때 믿기 어렵다는 말이다.

박정희도 인정한 김대중 납치와 8·15 저격의 연관성

김기춘의 문세광 신문 이후인 1974년 8월 17일 밤 수사본부가 발표한 수사 결과도 되짚어볼 필요가 있다. 이날 발표의 핵심은 "북괴 공작 지도원"과 조총련 간부 김호룡이 배후라는 것이었다. '북한→조총련→문세광'으로 단정할 수 있을 만한 확실한 물증이 제시됐다고 보기 어렵다는 점과 더불어 이 발표에서 눈길을 끄는 또 다른 사항은 김대중 납치 사건에 대한 언급이 전혀 없다는 것이다. 그 이전에 나온 중간 수사 결과 발표에 문세광의 김대중 구출위원회 활동 등이 포함된 것과 대조적이다.

문세광의 이력을 살펴보면, 유신 쿠데타 후 김대중의 일본 활동 및 김대중 납치 사건과 관련된 부분의 비중이 낮다고 하기 어렵다. 김대중 납치 사건에 대한 분노가 문세광의 범행 동기에서 가장 큰 부분인지는 분명치 않지만, 8·15 저격 사건이 김대중 납치 사건과 무관하다고 보는 건 무리다.

두 사건의 관련성은 다른 사람이 아닌 박정희의 입을 통해서도 확인할 수 있다. 박정희 처남 육인수는 1987년 《신동아》에 이렇게 밝혔다. "(육 여사) 장례식을 치르고 난 다음 각하께서 '(김대중) 납치 사건이 없었더라면 이런 끔찍한 일은 일어나지 않았을 텐데……' 하시면서 굉장히 비통해 했다."[10] 김대중 납치 사건과 8·15 저격 사건의 관련성을 박정희 본인이 잘 알고 있었다는 증언이다. 그러나 그러한 관련성에 대한 박정희의 인식이 김대중 납치 사건에 대한 반성이나 유신 체제의 문제점에 대한 성찰로 이어지지는 않았다.

　이처럼 두 사건이 연결돼 있었는데도 1974년 8월 17일 수사 결과 발표 전문全文에는 '김대중'이라는 말 자체가 나오지 않는다. 이와 관련해 큰 틀에서 두 가지를 생각해볼 수 있다.

　하나는 김대중 납치 사건을 자행한 것이 대통령 직속 기관인 중앙정보부였다는 점이다. 중앙정보부는 납치를 넘어 사후 은폐 및 보도 통제를 통한 진상 조작도 서슴지 않았다. 심지어 그 과정에서 '납치 사건은 김대중 자작극'이라는 말도 안 되는 얘기가 퍼지도록 조종했다. 자기들이 납치해놓고 '피해자가 꾸민 사기극'이라는 흑색선전까지 한 것은 정권 안보를 가장 우선시하는 대통령 직속 정보 기관의 민낯을 가감 없이 보여준다. 그러한 사건이 8·15 저격 사건과 관련돼 비중 있게 거론되는 것을 유신 정권이 원했을까?

　다른 하나는 두 사건의 관련성이 부각될 경우 8·15 저격 사건의 처리 방향이 유신 정권이 원치 않는 쪽으로 잡힐 가능성이 있었다는 점이다. 다시 말해 두 사건의 관련성이 부각될수록 일

육영수 여사의 영구차를 떠나보내고 있는 박정희. ⓒ e영상역사관

본에 책임을 강하게 묻기 어려운 측면이 있었다.

수세였던 유신 독재, 8·15 저격 사건 계기로 공세로 전환

그 이후 전개 과정에서 이 점은 잘 드러난다. 한국 측은 일본이 사죄하고 책임져야 한다고 주장했다. '문세광이 일본에 살았고, 일본 파출소에서 훔친 권총을 사용했으며, 조총련을 일본 정부가 제대로 단속하지 않아 생긴 일 아니냐'는 것이었다. 이와 달리 일본 측은 8·15 저격 사건을 김대중 납치 사건과 연계해 바라봤다. '한국 청년 문세광이 김대중 납치 사건 등을 일으킨 유신 독재에 분노해 저지른 범행 아니냐. 그게 왜 우리 책임이냐', 이런 논리였다.

일본 측의 이러한 태도는 반일 감정을 격화시켰다. 8·15 저격 사건 후 곳곳에서 대규모 반일 시위가 열렸다. 이것은 반공·반북 시위이기도 했다. 문세광의 배후가 북한과 조총련이라는 정부 발표 후 이러한 시위에서는 "일본은 반성하라"와 함께 "김일성 처단", "조총련 불법화" 등의 구호가 울려 퍼졌다.

그러한 가운데 한일 간 교섭이 전개됐다. 줄다리기 끝에 사건 다음 달인 1974년 9월 시이나 에쓰사부로 자민당 부총재가 다나카 가쿠에이 수상의 특사로 한국을 찾았다. 김대중 납치 사건 후 김종필 총리가 일본에 가서 다나카 가쿠에이 수상에게 박정희 대통령의 친서와 함께 사과의 뜻을 전한 것과 반대로, 이번엔 시이나 에쓰사부로 특사가 한국에 와서 박 대통령에게 일본 수상의 친서를 전달했다. 이것으로 이 문제에 대한 교섭은 일단락된다.

이 장면이 명확히 보여주는 것처럼, 김대중 납치 사건으로 외교적으로 수세에 몰려 있던 박정희 정권은 8·15 저격 사건을 계기로 공세로 전환할 수 있었다. 그리고 반공·반북 시위이기도 했던 반일 시위는 결과적으로 유신 독재를 강화하는 데 도움이 됐다. 이와 반대 측면에서, 육영수 여사의 비극적인 죽음이 독재자 박정희에게 충격과 상실감 이상의 부정적인 영향을 끼쳤을 것이라는 점 또한 널리 인정된다.

8·15 저격 사건은 한일 관계뿐만 아니라 유신 권력 내부에도 적잖은 변화를 가져왔다. 경호실장 박종규가 실각하고 차지철이 그 뒤를 이었으며, '큰영애'로 불리던 22세의 박근혜가 퍼스트레이디 대행으로서 국정 전면에 등장하게 된다. 유신 권력은 유신 독재 말기에 극심한 혼돈으로 치닫는데, 차지철과 박근혜는 그 과정에서 중요한 역할을 하게 된다.

마지막으로, 이 사건을 되짚을 때 잊어서는 안 될 사람이 있다. 사건 당시 안타깝게 희생된 사람은 육 여사만이 아니었다. 합창단원 자격으로 경축 노래를 부르기 위해 참석했던 여고생 장봉화도 총탄(경호실 요원 쪽에서 잘못 쏜 총탄으로 알려져 있다)에 희생됐다.

국가 공식 행사에 불려 왔다가 그렇게 됐지만 공식 보상은 없었다. 2005년 장 씨 유가족은 연합뉴스와 한 인터뷰에서 "성금의 일부는 받았으나 피격 사건 이후 지금까지 국가로부터 공식적으로 받은 보상은 아무것도 없다"고 밝혔다. "사건 당시 경황

도 없었고 법률적인 지식도 없어 보상 문제는 생각도 안 했다"고
는 하지만, 그렇다 하더라도 국가에서 먼저 나섰어야 하는 것 아
닐까? [11]

막강한 중앙정보부 대공수사국장으로 영전

문세광 신문은 김기춘에게 엄청난 출셋길을 열어줬다. 문세
광 신문 한 달 후인 1974년 9월(문세광에 대한 대법원의 확정 판결이 나
오기 석 달 전이기도 하다), 김기춘은 중앙정보부 대공수사국장으로
영전했다. 유신 헌법 제작 관여 후 선배들마저 제치고 법무부 과
장으로 진급한 것에 이어 1년여 만에 또다시 초고속 출세를 한
것이다.

둘 다 초고속 출세이긴 하지만, 중앙정보부 대공수사국장
영전은 법무부 과장이 된 것보다 훨씬 의미가 컸다. 무소불위로
통하던 중앙정보부에서도 요직으로 꼽히던 대공수사국장 자리
는 법무부 과장에 비할 바가 아니었다. 지독한 반공주의에 찌든
사회, 극우 반공을 내세우면 어떤 것이든 엮어서 때려잡을 수 있
는 사회였기에 중앙정보부 대공수사국장의 힘은 그만큼 강할 수
밖에 없었다. 다른 말로 하면 독재 정권 유지를 위해 해야 할 일
이 많은 자리이기도 했다.

최고 권력자의 뜻에 따른 인사였다는 점에서도 김기춘에게
는 의미가 컸던 것으로 보인다. 김기춘은 회고록에서 자신이 문
세광에게 자백을 받아내자 박정희 대통령이 "김기춘 검사가 수

사 실력이 탁월하니 대공수사국장으로 임명하라"고 했다고 밝혔다. 그러면서 자랑스럽게 썼다. "중정 역사상 최연소(만 34세 10개월) 수사국장으로 중책을 맡았다." 김기춘의 1차 전성시대는 8·15 저격 사건을 계기로 정점으로 치닫고 있었다.

생각해보면, 박정희 일가의 눈에는 김기춘이 아내 또는 어머니의 원혼을 달래준 인물로 비치지 않았을까? 최고 권력자 일가와 맺은 이러한 관계는 유신 독재 시절 김기춘에게 든든한 배경이 된 것을 넘어, 21세기에 박근혜 정권에서 김기춘이 또다시 권력의 핵심에 자리 잡는 데에도 상당한 힘이 됐을 것이다.

(덧붙이면, 이 사안에 대한 박근혜의 태도를 느낄 수 있는 일화가 1989년 이건우가 한겨레와 한 인터뷰에 나온다. 이 무렵 이건우는 8·15 저격 사건을 비롯해 33년 경찰 생활 동안 겪은 일을 정리한 증언록 출간을 앞두고 있었다. 한 젊은 소설가와 공동으로 작업을 진행했는데, 월간 《다리》에 8·15 저격 사건 수사 과정에서 조작과 은폐가 이뤄졌다는 이건우의 글이 실린 후 이 소설가에게 박근혜가 항의 전화를 했다고 한다. 소설가가 박근혜에게 '객관적으로 밝혀진 탄환 숫자 부분을 어떻게 보느냐'고 묻자, 그것에 대해서는 묵묵부답이었다고 한다.)

대공수사국장 시절 대표작,
학원 침투 북괴 간첩단 사건

유신 독재와
김기춘의 1차 전성시대 (3)

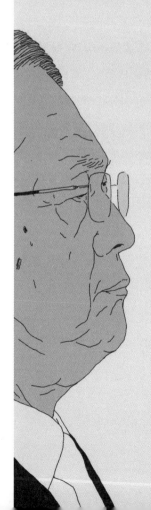

TK생 색출 시도와 친한파·반한파의 역설

문세광 신문을 계기로 김기춘은 1974년 9월 중앙정보부 대공수사국장으로 임명됐다. 막강한 권한을 행사할 수 있는 요직 중의 요직이었다. 김기춘은 35세에 불과한 자신에게 중책을 맡긴 박정희 정권의 기대를 저버리지 않고, 유신 독재 수호에 적극 나섰다.

TK생 색출 시도도 그러한 활동 중 하나였다. 유신 쿠데타 이듬해인 1973년부터 일본의 진보적 월간지 《세카이世界》에 〈한국으로부터의 통신〉이라는 칼럼이 연재되는데, 그 익명의 필자가 TK생이었다. 유신 독재를 비판하는 이 칼럼은 상당한 반향을 불러일으켰다.

유신 정권엔 눈엣가시였다. 청와대 경호실 쪽에서 "각하의 안위에 관한 문제"라는 과잉 반응이 나올 정도였다. 그러면서 중앙정보부에서 TK생 색출 작업에 나서는데, 김충식에 따르면 김기춘 국장이 이끄는 5국(대공수사국)이 그 일을 맡았다.[1]

중앙정보부는 TK생을 색출하려 혈안이 됐지만, 결국 잡아내지 못했다. '한국으로부터의 통신' 연재는 유신 독재를 지나 전두환 정권 시기에도 이어지다가 1988년에 끝나는데, 그 이후 TK 생이 《사상계》 주간 출신 지명관이었다는 사실이 밝혀진다. 중앙정보부 대공수사국에서 거창하게 나선 것이 무색하게 칼럼도, 지명관도, 지명관의 칼럼 작성을 도운 다른 한국인들(주로 기독교 계통이었다)도 공산주의와는 거리가 멀었다.

이 사안에는 김기춘 국장의 대공수사국이 관여했다는 점 이외에도 주의 깊게 살펴야 할 다른 문제가 얽혀 있다. 유신 독재의 민낯을 잘 보여주는 또 하나의 거울이자 박근혜 정권과도 이어지는 문제다.

〈한국으로부터의 통신〉 연재가 이어지고 TK생의 정체가 드러나지 않도록 도운 이들 중에는 일본인도 있었다. 1970년대 일본에는 김대중 납치 사건을 일으키고 반독재 세력을 가혹하게 탄압한 유신 독재를 비판하는 사람들이 적잖게 있었다. 이들은 그 후 역사 교과서 왜곡, 야스쿠니 신사 참배를 비롯해 일본의 전쟁 국가화를 지향하는 일련의 움직임에 반대하는 활동도 전개하게 된다. 일본에서 이름난 잡지인 《세카이》에 〈한국으로부터의 통신〉이 연재될 수 있었던 것도 이러한 사람들의 존재와 떼어놓고 생각할 수 없다.

유신 독재의 서슬이 시퍼렇던 한국에서 이러한 일본인들은 주로 뭐라고 불렸을까? 어이없게도 반한파였다. 한국의 민주주의와 인권에 힘을 싣고 자국의 침략과 식민 지배를 반성하는 일본인들이 한국에 반대하는 세력으로 낙인찍힌 것이다.

반한파가 있으면 친한파도 있기 마련. 유신 독재 시기에 친한파(또는 지한파)로 불린 세력의 주축은 1945년 일제가 패망하기 전 대륙 침략에 앞장선 사람들이었다. 패전으로 미국에 사실상 종속된 상태에서 이 세력은 1950~1970년대에 한국을 (특히 경제적인 면에서) 일본의 하위 파트너로 삼는 방안을 모색하고 있었다. 식민 지배와는 다른 방식으로 한국을 다시 자국의 발아래 두려 했다고 해도 무리가 없다.

박정희 정권은 18년에 걸친 집권기 동안 이 세력과 매우 가깝게 지냈다. 이 세력 역시 5·16쿠데타(1961년) 직후부터 박정희 세력을 적극 지원했고, 유신 독재에도 힘을 실어줬다. 검은 유착의 연속이라는 말이 지나치지 않을 만큼 양쪽은 끈끈하게 엉겨 있었다.

박정희와 기시 노부스케, 그리고 일그러진 한일 관계

이른바 친한파의 대표 격으로 꼽히는 인물이 아베 신조 일본 총리의 외할아버지인 기시 노부스케다. 패망 전에는 일본의 괴뢰 국가 만주국을 소위 '경영'하는 데 핵심 역할을 했고(만주국의 실질적 지배자 중 한 사람[2]으로 거론될 정도다), 패망 후에는 A급 전범 용의자로 수감됐다가 3년 만에 풀려난 다음 일본 정계의 실력자로서 총리를 지낸 사람이다. 어떤 나라도 공식 축하 사절을 보내지 않았던 유신 2기 체육관 대통령 취임식(1978년 12월) 때에도 자체 사절단(일본 정부의 공식 사절단은 아니었다)을 조직해 일본에서 건너올 정도로 기시 노부스케는 박정희 정권과 깊은 관계를 맺었다.[3]

이른바 친한파의 대표 격으로 꼽히는 기시 노부스케와 유치원생이던 아베 신조.

박정희와 기시 노부스케가 처음 만난 시기는 1961년 11월 이다. 미국 방문길에 일본에 들른 박정희는 만주군관학교 시절 교장을 특별히 모셔 깍듯이 예의를 차리는 한편 기시 노부스케를 비롯한 일본 정계의 실력자들을 만났다. 이들 앞에서 박정희가 "그들 (메이지유신) 지사와 같은 생각으로 해볼 생각이다"라는 등의 발언을 해 일본 측 인사들이 놀라면서도 즐거워했다고 한다. 이동원 전 외무부 장관의 책《대통령을 그리며》에 따르면 박정희는 그 자리에서 이런 얘기도 했다. "일본은 분명 우리보다 앞섰으니 형님으로 모시겠소. 그러니 형 같은 기분으로 우리를 키워주시오."[4]

박정희와 기시 노부스케는 모두 만주국에서 활동한 경험이 있다. 일제 패망 전 행적을 반성하거나 부끄러워한 흔적을 찾을 수 없다는 것도 두 사람의 공통점이다. 이와 관련, 강상중·현무암은 "기시도 박정희도 만주국 건국을 포함해서 '전전戰前'의 역사에 대해 조금도 후회하지 않는 듯 보인다"고 지적했다.[5] ('전전'은 1945년 일제 패망 이전을 가리킨다.)

만주군관학교, 일본 육사를 거쳐 만주군 중위로 일본 패망을 맞았던 박정희가 쿠데타로 권력을 움켜쥔 후 나타나 "형님으로 모시겠소"라고 했을 때, 만주국을 주물렀던 기시 노부스케의 머릿속에 어떤 생각이 들었을까? 유신 독재가 무너질 때까지 박정희 정권을 지원하면서 기시 노부스케는 무슨 생각을 했을까?

일본 저널리스트 아오키 오사무가 아베 신조 일가의 생애를 추적해 기록한 책《아베 삼대》에 이 문제와 관련해 전직 각료(후키다 아키라 전 자치상)가 이렇게 회고하는 내용이 나온다. "기시 선생은 박근혜 전 대통령의 아버지(박정희)를 매우 귀여워했습니다. 그도 기시 선생을 의지했습니다."[6] 기시 노부스케가 박정희보다 스물한 살 위이긴 하지만, 오로지 나이 차이 때문에 이런 말이 나왔다고 볼 수 있을까? 한국 쪽에서 보면 불편할 수 있는 회고이지만, 왜 이런 얘기가 나오게 됐는가를 냉정하게 살피지 않으면 일그러진 역사가 반복될 수도 있다.

일그러진 역사는 훈장 문제에서도 드러난다. 박근혜 정권 첫해인 2013년 10월 인재근(고 김근태의 부인) 의원실에서 조사·발표한 자료에 따르면, 그간 한국 정부로부터 훈장을 받은 일본인 중 12명에게 심각한 문제(일제 패망 후 A급 전범 용의자로 체포, 생체 실험으로 악명 높은 731부대 관련, 야스쿠니 신사 참배, 독도가 일본 땅이라고 우기거나 일제의 침략 미화)가 있었다. 이 가운데 7명이 박정희 집권기에 훈장을 받았는데, 기시 노부스케를 비롯해 A급 전범으로 체포됐던 3명과 731부대 관련자 1명도 여기에 포함돼 있다.

박정희 정권이 이런 사람들을 친한파로 간주하고 훈장을 안겨준 것도 납득하기 어렵지만, 박근혜 정권이 보인 반응도 납득하기 어렵기는 마찬가지다. 논란이 일자 박근혜 정권은 "양국 우호 증진에 기여한 점을 감안해서 훈장이 수여된 것", "과거 정부(에서) 적법 절차(에 따라) 결정된 것"이라며 서훈 취소를 요구하는 여론을 묵살했다.[7]

뒤틀린 한일 관계는 그저 흘러간 옛일이 아니다. 얼마 지나지 않은 사례를 하나 들면, 2015년 12월 28일 한국의 박근혜 정권과 일본의 아베 신조 정권은 '위안부' 합의라는 명목으로 야합을 했다(이때 주한 일본 대사관 앞 소녀상 문제 등에 관한 이면 합의까지 했다는 사실이 2017년 12월 드러난다). '위안부' 피해자 문제는 14년에 걸친 한일 회담(1951~1965)에서 의제로도 올라가지 못하고 배제됐던 사안이다. 그런 상태에서 1965년 박정희 정권과 사토 에이사쿠(기시 노부스케의 동생) 정권은 한일협정을 강행 체결했다. 그리고 한일협정 체결 50주년에 박근혜 정권과 아베 신조 정권은 야합을 통해 피해자들의 피맺힌 가슴에 다시 한 번 대못을 박았다.

이러한 야합은 특히 박정희 집권기에 심각했던 검은 유착과 그로 인해 일그러진 한일 관계의 연장선 위에 놓여 있다. 거슬러 올라가면, 그와 같은 한일 관계의 밑바탕에는 해방 후 한국에서는 친일파를 청산하지 못하고, 일본에서는 침략 전쟁에 대한 책임을 철저히 묻고 그 뿌리를 뽑는 작업이 제대로 이행되지 않은 역사가 놓여 있다. 그렇게 된 데에는 한국에서 친일파를 중용하고 일본에서는 침략 전쟁에 큰 책임이 있는 자들이 다시 준동할 수 있는 길을 열어준 미국의 책임도 결코 가볍지 않다.

대공수사국장 시절 대표작, 학원 침투 북괴 간첩단 사건

TK생 색출엔 실패했지만, 얼마 지나지 않아 김기춘은 큰 건을 터트리며 중앙정보부 대공수사국장으로서 존재감을 과시했다. 조작 간첩 제조 사건 중 하나인 학원 침투 북괴 간첩단 사건이 그것이다. 이 사건은 1990년 김기춘이 5·16민족상(안보 부문) 수상자로 선정될 때 주요 '공적' 중 하나로 제시될 정도로 대공수사국장 시절 김기춘의 대표작으로 꼽힌다. (또 다른 '공적'으로 제시된 것이 1977년 간첩 검거인데 이때도 대상은 재일 교포였다.)[8]

1975년 11월 22일 각 신문 1면 머리기사로 '대규모 학원 침투 북괴 간첩단을 적발했다'는 중앙정보부 발표가 대문짝만하게 실렸다. "북괴가 그들의 공작원을 유학생으로 가장"해 한신대, 부산대, 고려대, 가톨릭의대 등 학원에 침투시킨 것을 적발해 일당 21명을 검거하고 관련 용의자를 계속 수사하고 있다는 발표였다. 간첩단의 주축으로 주로 지목된 사람들은 일본에서 유학 온 교포 학생들이었고, 이들과 가깝게 지낸 재학생들도 사건에 휘말렸다.

같은 날 신문 사회면의 한쪽에는 관계자들의 '범죄 사실'이, 다른 한쪽에는 발표 후 '일문일답' 내용이 크게 실렸다. 이 '일문

'대규모 학원 침투 북괴 간첩단'이라는 중앙정보부 발표를 전한 동아일보 1975년 11월 22일 자 1면 머리기사.

일당'을 통해 기자들에게 사건에 대해 상세히 설명한 사람이 바로 김기춘이다. (동아일보와 경향신문에는 '일문일답'에서 답한 사람의 이름이 나오지 않지만, 중앙일보에는 "중앙정보부 김기춘 국장"으로 명시돼 있다.)

'일문일답'에서 김기춘은 일본에 있는 단체가 사건 관계자들의 배후에 있다며, 그것과 연결된 곳 중 하나로 김대중 납치 사건에 분노해 김대중 구출을 주장한 단체를 거론했다. 대남 공작 수법 특징에 대해서는 "이번 사건에는 여학생이 다수 포함되어 있다"며 한 여학생의 경우 "지하철이나 버스 정거장 등지에서 중견 장교에게 추파를 던져 접근, 소속 부대의 임무 등 군사 기밀을 빼내려 했다"고 주장했다. 또 다른 여학생의 경우 "공군 조종사에게 수단, 방법을 가리지 말고 약점을 잡아 국가의 중요 시설을 폭격토록 사주하라는 악랄한 지령을 받았었다"고 말했다.[9]

"추파" 운운한 부분과 관련, 한홍구 교수는 1986년 부천서 성고문 사건 때 공안 검찰의 행태를 김기춘이 앞서 보여줬다고 지적했다.[10] 부천서 성고문 사건이 발생했을 때 검찰은 '혁명을 위해 성적 수치심까지 이용하는 거짓말쟁이'라며 파렴치하게 피해 여성을 몰아세웠다.

'일문일답'으로 돌아오면, 김기춘은 이번 사건이 "최근 수년간 대학가에서 벌어졌던 데모가 북괴 간첩의 배후 조종에 의한 것임을 증명한 케이스"라고 강변했다. 그러면서 "학원 소요의 배후에는 북괴 간첩이 있다"는 것이 이 사건의 교훈이라고 강조했다. "학생들이 자기들 나름대로는 순수한 학생 운동 또는 민주 회복을 한다고 생각하고 학원 소요에 앞장섰지만 결과적으로는 북괴 간첩의 조정에 따라 이들에게 이용당하고 있었다"는 주장이다.

따라서 "현실 참여, 학원 자유, 민주 회복을 명분으로 하는 집단행동을 절대 삼가고 …… 총력 안보 태세 확립에 기여"하라는 훈계성 경고, 이것이 김기춘의 핵심 메시지였다. 유신 독재 반대를 색깔론으로 터무니없이 매도한 다음 '민주주의 운운하며 감히 유신 체제에 반대해? 반대하면 북괴의 조종을 받는 자로 간주하고 철퇴를 내리겠다'고 으름장을 놓은 셈이다.

그 표적은 대학생만이 아니었다. 유신 반대 세력 전반, 더 나아가 사회 전체를 겨냥한 발언이었다. 조작 간첩 제조 사건을 중앙정보부에서 이 시점에 터트린 것도 바로 그 때문이었다.

유신 독재 유지 위해 조작 간첩 제조

이 사건의 의미를 이해하기 위해서는 이 무렵 유신 독재가 직면한 상황을 살펴볼 필요가 있다. 유신 쿠데타(1972년) 1년 후 유신 독재 철폐 요구가 터져 나오자, 박정희 정권은 1974년 긴급 조치를 연이어 발동하고 민청학련·인혁당 재건위 사건을 터트리며 내리눌렀다. 8·15 저격 사건까지 터지며 잦아드는 듯했던 유신 철폐 운동은 1974년 가을부터 1975년 봄까지 다시 확산됐다.

어려운 처지로 몰리던 유신 독재는 인도차이나 사태(베트남·라오스·캄보디아 공산화)를 적극 활용해 상황을 반전시켰다. 인도차이나 사태 직후 '긴급 조치의 결정판'으로 불리는 긴급 조치 9호를 발동하고, 뒤이어 4대 전시戰時 입법을 단행했다. 안보 불안감을 최대한 부추기고 총력 안보를 강조하며, 유신 철폐 운동을 찍어 눌렀다. 그 밑바탕에는 유신 철폐 운동이 사회 혼란을 초래해 한국을 인도차이나 국가들처럼 만들 것이라는 해괴한 논리가 깔려 있었다. (김기춘이 '일문일답'에서 "학원 소요의 배후에는 북괴 간첩이 있다"고 강변하며 "총력 안보 태세"를 강조한 것도 이러한 논리의 연장선 위에 있다고 볼 수 있다.)

유신 독재에 대해 찍소리도 못하게 하는 분위기를 유지하기 위해 박정희 정권에 더 필요한 것이 있었다. 간첩 사건을 비롯한 각종 공안 사건이었다. 그런 사건을 지속적으로 터트리면 안보 불안감을 더 키우고 유신 철폐 운동을 훨씬 손쉽게 탄압할 수 있었다.

어떻게 정권이 필요로 할 때마다 간첩단을 검거할 수 있겠 느냐고 누군가 반문할지도 모르지만, 담당자들에게 그건 그리 어려운 일이 아니었다. 못 잡으면 만들어내면 되기 때문이다. 조 작 간첩을 제조하면 담당자의 실적이 된다는 점도 당연히 작용 할 수밖에 없었다. 진짜 간첩을 잡는 대신 조작 간첩을 양산한 것 은 한국 현대사의 비극 중 하나다.

긴급 조치 9호 발동 반년 후에 터진 학원 침투 북괴 간첩단 사건은 조작 간첩을 대거 공급하며 정권의 필요를 정확히 충족 시켰다. 이 사건의 수사 책임자 김기춘에게는 자신을 대공수사 국장에 앉힌 박정희의 기대에 부응하는 일이기도 했을 것이다.

이 사건은 1975년 11월 22일 그날의 발표만으로 끝나지 않 았다. 관련 용의자를 계속 수사하고 있다는 중앙정보부 발표대 로, 시간이 지날수록 규모가 점점 커졌다. 그 과정에서 독재자에 대한 충성 경쟁을 중앙정보부와 벌이던 보안사령부(보안사)도 끼 어들었다. 11월 22일 발표에 포함되지 않은 다른 재일 교포를 체 포해 고문을 통해 수괴급으로 조작(재일 교포를 주축으로 한 간첩단이라 는 그림에 맞추기 위한 조치)한 다음 그 주변 사람들을 엮어서 간첩단 을 만들어내는 식이었다.

일본에선 차별, 조국에선 간첩 조작… 재일 교포의 비극

일본에서 유학 온 교포 학생들이 간첩 사건에 휘말린 건 이 때만이 아니다. 유신 독재 시기에도 여러 차례 그랬고, 전두환 정권 때에도 이들은 거듭해서 조작 간첩으로 제조됐다. 그렇게 된 것은 간첩을 만들어내는 쪽에서 볼 때 이들이 손쉬운 표적이었기 때문이다.

대규모 재일 교포 사회가 형성된 배경에는 20세기에 한국인들이 겪어야 했던 아픈 역사가 있다. 일제의 식민 지배 아래에서 많은 사람이 품을 팔기 위해 일본에 건너가거나 강제로 끌려갔다. 유학생으로 간 경우도 적지 않았다. 상당수는 해방 후 돌아왔지만, 분단에 이어 전쟁까지 터진 한국으로 돌아오지 않고(혹은 돌아올 수 없어서) 일본에 눌러앉은 사람도 많았다.

재일 교포는 일본에서 대대로 극심한 차별을 당했다. 일제 강점기에는 말할 것도 없고 해방 후에도 차별은 사라지지 않았다. 그러한 현실에서 조국에 대한 관심과 그리움은 자연스럽게 커지기 마련이었다. 일본에서 유학 온 교포 학생들은 기본적으로 그런 사람들이었다.

그런데 큰 문제가 있었다. 조국이 분단돼 있다는 것이었다. 그런 상황에서 일부 재일 교포는 남한과 북한의 실상을 직접 느껴보고자 모두 방문하기도 했다. 이러한 행위 자체를 간첩단의 근거로 삼는 건 논리적 비약이자 문제가 있는 일이었지만, 간첩을 만들어내는 쪽에는 딱 좋은 먹잇감으로 비치기 마련이었다.

그에 더해, 일본에서 온 교포 학생들은 조국에 대한 관심과 애정은 컸지만 한국에서 극우 반공주의가 얼마나 극성스럽고 위험한 것인지를 잘 모르는 경우가 많았다. 일본에서 한국어, 한국 문화를 제대로 익힐 기회를 얻기도 어려웠던 이들에게 한국 사회의 실상까지 알고 오기를 기대하는 건 무리이기도 했다.

이들이 나고 자란 일본의 분위기도 한국과는 다른 점이 많았다. 반공주의 성향의 자유민주당이 1955년 이래 일당 지배를 하고 있었지만, 사회당이 제1야당이었고 공산당도 합법이었다. 일본 사회 역시 전반적으로 보수적이긴 했으나, 유신 독재처럼 온 사회의 병영화를 밀어붙이며 국민의 숨통을 꽉 죄는 분위기는 아니었다.

상황이 이러했기 때문에 간첩을 만들어내는 쪽에서 보면 이들을 간첩단으로 엮기가 수월했다. 그러면서 한국에 온 재일 교포들이 간첩으로 거듭 조작되는 비극이 벌어지는데, 그 피해자는 간첩으로 최종 발표된 이들만이 아니었다. 당국에 끌려가 고문을 당했으나 재판에 회부되지는 않은 사람, 가혹 행위와 회유를 이겨내지 못하고 다른 누군가의 이름을 대야 했던 사람, 동료에게 불리한 거짓 증언을 해야 했거나 친구들이 부당하게 간첩으로 몰리는 것을 알면서도 침묵해야 했던 사람도 있었다. 이들 모두 피해자였다.

김기춘이 담당했던 사건은 아니지만, 또 다른 피해 유형을 보여주는 사례도 있다. 재일 한국인 3세로 연세대에 다닌 김병진 사례다. 1983년 보안사에 끌려가 고문을 당하고 북한 공작원으로 날조된 김병진은 그 후 보안사에 강제로 채용돼 다른 재일 한국인을 간첩으로 조작하는 일에 투입되는 기막힌 일을 겪었다. 공작원으로 몰아간 것으로 모자라 자신들을 위해 일하게 만들기까지 한 보안사의 행태는 1951년 거창 학살을 자행한 군부대가 학살 현장의 생존자를 끌고 다니며 잡일까지 하게 한 것을 떠올리게 만든다.

김병진은 자신의 체험을 정리한 책 《보안사》를 통해 간첩을 조작한 한국 현실을 고발했다. 《보안사》에는 1970~1980년대에 간첩단 사건이 어떤 식으로 조작됐는가를 간명하게 보여주는 대목이 나온다. "이 나라의 재판은 형식적인 것이야. 우리가 간첩이라고 하면 간첩인 것이지." 김병진이 기록한 어느 준위의 말이다.

피해자들에게 11·22사건은 여전히 현재 진행형

1975년 11·22사건(중앙정보부에서 11월 22일에 사건을 터트렸기 때문에 보통 그렇게 불린다)으로 재일 교포 유학생 사회는 쑥대밭이 됐다. 이 사건에 휘말린 이들이 어떤 일을 겪어야 했는지 몇 사람의 사례를 통해 살펴보자.

교토에 살던 여학생 김오자는 부산대로 유학을 왔다. 유신독재가 강요한 살벌한 침묵을 견딜 수 없어 혼자 유인물을 써서 배포했다가 중앙정보부에 걸려들었다. 김오자 옆방에 붙잡혀 있던 또 다른 재일 교포 유학생 김동휘는 인간의 비명 소리가 아닌 소리를 들었다고 한다.

1975년 11월 22일 신문 1면에 '간첩' 김오자의 이른바 암약 내역이 사진과 함께 실렸다. 김오자는 사형 선고를 받았으나 감형됐다. 교토로 돌아간 김오자는 2011년 피해자들 사이에서 재심 신청 이야기가 오갈 때 주저했다. 공범으로 몰렸던 사람들을 다시 만나도 괜찮은 것인지 걱정됐기 때문이다. 11·22사건의 트

라우마는 여전히 김오자를 짓누르고 있었다.[11]

한신대에 다니던 김명수·나도현·전병생은 재일 교포 유학생이 아니었지만 사건에 휘말렸다. '재일 교포 학생에게 우리말도 가르쳐주고 잘 보살펴줘라'라는 학장의 부탁을 받았던 대학원생 김명수는 사건 발표 한 달 전 중앙정보부 지하실에 끌려갔다. '네가 가깝게 지낸 유학생이 간첩이고 너도 그에게 포섭된 간첩이다. 한신대에서 일어난 유신 철폐 운동은 모두 간첩인 네가 조종한 것이다', 중앙정보부는 이렇게 강요하며 고문했다.

유신 철폐 운동에 참여했던 나도현과 전병생도 중앙정보부 지하실에 끌려가 고문을 당했다. 나도현은 두들겨 맞아 고막이 터지고 실명 위기까지 갔고, 전병생은 허리를 크게 다쳤다. 중앙정보부 요원들은 나도현에게 옆방에서 나는 전병생의 비명 소리도 듣게 했다. "소가 죽을 때 내는 우는 소리" 같았던 그 소리에 나도현은 미칠 것 같았다고 훗날 증언했다.

세 사람의 이름도 1975년 11월 22일 신문 1면에 실렸다. 1심에서 무기 징역이 선고된 김명수는 그 후 감형돼 4년 3개월을 감옥에서 보냈다. 나도현도 4년 3개월, 전병생은 2년간 옥살이를 했다. 출옥 후에도 감시의 눈길이 따라붙었다.

모진 세월을 이겨내고 원로 목사가 된 2011년 세 사람은 재심을 청구했다. 2016년 서울고등법원은 이들에게 무죄를 선고했다. 아니나 다를까, 검찰은 즉각 상고했다. 2017년 3월 대법원은 무죄 확정 판결을 내렸다. 중앙정보부에 끌려간 지 42년 만이었다.

누명을 벗은 후 김명수 목사는 이 사건은 "현재 진행형"이라며 이렇게 말했다. "우리 사건을 처음부터 마지막까지 조작한 게 바로 김기춘 씨다. …… 적폐 청산 없이 결코 새 세상이 도래하지 않는다." 함께 사건에 휘말렸던 재일 교포 유학생의 안타까운 사연도 전했다. 사형 선고를 받았던 그 유학생은 "폐인으로서 가정에서 두문불출하는 삶"을 살아가고 있고 김 목사가 찾아갔을 때에도 만나주지 않았다고 한다.[12]

11월 22일 이후 보안사에 연행된 사람들도 큰 고통을 겪어야 했다. 고려대 대학원에 다니던 재일 교포 유학생 이철(1974년 민청학련 사건에 연루된 이철과는 동명이인)은 결혼을 앞두고 끌려가 고문을 당했다. 수사관들은 '혐의를 인정하지 않으면 약혼녀와 예비 장모를 데려와 눈앞에서 범하겠다'는 입에 담지 못할 협박도 서슴지 않았다.

거물 간첩으로 조작된 이철은 사형 선고를 받았다. 이철의 약혼녀도 간첩을 방조했다는 죄를 뒤집어쓰고 3년 6개월 징역형을 받았다. 감형 후 감옥에서 13년을 보낸 이철은 재심을 신청해 2015년 대법원에서 무죄 확정 판결을 받았다.[13]

강종헌은 고등학교까지 일본 학교를 다닌 후 유학을 왔다. 사춘기에 민족적 정체성 문제로 방황했지만, 정식으로 배울 기회를 잡지 못해 고교 졸업 때까지 한국어를 제대로 하지 못했다. 그런데도 유학을 결심한 계기는 전태일의 분신자살(1970년 11월 13일)이었다. 일본 신문의 작은 토막 기사로 이 소식을 접한 강종헌은 엄청난 충격을 받았다. 그리고 '나와 거의 같은 세대인 젊은 사람이 얼마나 고민을 했으면 그런 결심을 했을까. 같은 민족으로서 그분의 마음을 조금이라도 헤아리기 위해 한국에 가야겠다'고 마음을 굳혔다.

그렇게 해서 온 한국에서 처음에는 역사를 공부할 생각이었다. 그런데 대학 입학을 위해 어학을 공부하던 시기에 서울대 병원 앞에 가난한 사람들이 피를 팔기 위해 줄을 선 모습을 보고, '의학을 공부해 어려운 사람을 돕자'고 마음먹고 의대로 진로를 바꿨다.

서울대 의대에 다니던 중 보안사에 끌려간 강종헌은 물고문, 전기 고문 등 온갖 고문을 당한 끝에 거물 간첩으로 조작됐다. 이철과 마찬가지로 사형 선고를 받은 후 감형돼 감옥에서 13년을 보내고, 재심을 신청해 2015년 무죄 확정 판결을 받았다.[14]

11·22사건에 휘말린 사람들 중에는 집단 성폭행 피해를 호소한 이도 있다. 서울에 유학 왔던 20대 재일 교포 여학생 권아무개 씨다. 권 씨는 1975년 8월 중앙정보부 요원들에게 끌려가 열흘간 감금됐다. 거기서 고문을 당하며, 중앙정보부에서 원하는 형태로 진술서를 쓰도록 강요당했다. 그 후 "KCIA(중앙정보부) 짐승들"에게 집단 성폭행을 당했다고 한다. 그해 12월 권 씨는 도쿄에서 기자 회견을 통해 이러한 사실을 밝히고, 자신이 겪은 일을 수기로 남겼다.

또 다른 손쉬운 표적, 섬마을 사람들

이 사건 수사 과정에서 고문은 일상적으로 자행됐다. 김기춘이 제작에 관여한 유신 헌법에서 고문 등에 의한 자백을 근거

울릉도 간첩단 사건에 연루된 47명이 재판을 받고 있는 모습.
독재 정권이 조작한 대표적인 간첩단 사건 중 하나로,
피해자들은 훗날 재심에서 무죄 선고를 받았다.

군사 독재 시절, 재일 교포와 더불어
납북 어부를 비롯한 섬사람은 고문으로
간첩을 조작·제조하던 자들에게 손쉬운
표적이었다. 박정희 집권기뿐만 아니라
전두환 정권 때에도 간첩 조작 사건 중
상당수가 섬마을을 배경으로 해서
터진 것도 그 때문이다.

로 처벌할 수 없다는 조항을 삭제한 것도 그것에 영향을 끼쳤을 것이다. 그 조항이 있을 때에도 고문이 없었던 건 아니지만, 고문하는 자들 기준으로 보면 그 조항이 사라졌을 때 부담이 훨씬 적을 수밖에 없기 때문이다.

사형수이던 때 강종헌은 울릉도 간첩단 사건에 휘말려 사형수가 된 세 사람의 마지막 모습을 지켜봤는데, 이것도 의미심장한 대목이다. 울릉도 간첩단 사건은 1974년 3월 유신 정권이 울릉도를 거점으로 한 간첩단 47명을 검거했다고 발표한 사건이다. 이 역시 중앙정보부에서 고문으로 조작한 사건으로 피해자들은 나중에 재심에서 무죄 선고를 받았다.

군사 독재 시절, 재일 교포와 더불어 납북 어부를 비롯한 섬 사람은 고문으로 간첩을 조작·제조하던 자들에게 손쉬운 표적이었다. 박정희 집권기뿐만 아니라 전두환 정권 때에도 간첩 조작 사건 중 상당수가 섬마을을 배경으로 해서 터진 것도 그 때문이다.

울릉도뿐만 아니라, 예컨대 박정희 정권 후반기인 1976년부터 전두환 정권 때인 1983년까지 다섯 차례나 간첩 사건이 터진 서해의 작은 섬, 미법도의 비극도 그중 하나다. 미법도 사람들을 표적으로 삼은 간첩 조작에는 고문 기술자 이근안도 가담했다.

더 비극적인 건, 이러한 사건에 휘말린 섬마을 사람들은 사회에 억울함을 호소해 관심을 모으는 데에도 어려운 부분이 많았다는 것이다. 대개 교육 수준이 그리 높지 않았고 유력자 또는 저명인사와는 거리가 멀었기 때문이다.

조작 간첩 제조 사건과 사법부

독재 정권 시기에 조작 간첩 제조 사건 피해자가 양산된 데에는 사법부도 큰 책임이 있다. 그러한 사건들에서 법원은 인권의 최후 보루 역할을 전혀 하지 못했다. 정확히 말하면, 하지 않았다. 피해자들이 고문 조작 사실을 호소해도 판사들은 호소를 묵살하고 부당하게 중형을 선고하곤 했다.

조작 간첩 제조 사건에 관여한 검사들과 마찬가지로 그러한 판사들 중 상당수는 출세 가도를 달렸다. 정부 고위직에 오르거나 금배지를 단 이들도 적지 않다. 이들이 자신이 한 행위에 상응하는 법적·정치적 책임을 지거나 사과·반성·참회하는 모습은 찾기 어렵다. 오늘날에도 많은 사람의 귀에 익숙한 이름을 여럿 만날 수 있는데, 그중 두 사람만 살펴보자.

한 사람은 김황식이다. 1977년 재일 교포 김정사가 간첩으로 제조될 때 김황식은 1심 배석 판사였다. 2011년 김정사가 34년 만에 재심에서 무죄 판결을 받을 때 김황식은 국무총리였다. 노무현 집권기에 대법관이 된 김황식은 이명박 정권 때 감사원장을 거쳐 총리를 맡았다.

1977년 1심 당시 김정사는 고문을 당했다고 법정에서 호소했다. 수사관도 들어와 있던 법정에서 그 얘기를 꺼내는 건 쉬운 일이 아니었다. 그러나 세 판사는 눈빛 하나 변하지 않았고, 어떻게 고문을 당했느냐고 묻지도 않았다고 2011년 김정사는 말했다. "아직도 (판사들의) 그 표정이 생생합니다. 그때 좌배석 판사가 지금의 김황식 국무총리입니다."[15]

1977년 그해 각각 간첩으로 몰린 재일 교포 유영수, 강우규 재판에도 김황식 판사가 관여했다.[16] 2000년대에 들어와 강우규는 재심을 통해 누명을 벗었고, 유영수도 재심에서 간첩 혐의를 비롯한 대부분의 혐의에 대해 무죄가 확정됐다.

2018년 4월 2일, 전 보안사 수사관 고병천이 법정 구속됐다. 고병천을 위증 혐의로 고소한 재일 교포 윤정헌(1984년 조작 간첩으로 제조됐고 2000년대에 들어와 재심으로 무죄 확정)과 함께 김정사 등도 이날 법정을 찾았다. 윤정헌도, 고문 후유증으로 휠체어를 타고 일본에서 온 김정사 등도 고병천에게 고문을 당했다. 이들은 이날도 분노를 삭일 수 없었다. 고병천은 두루뭉술하게 "죄송합니다"라고 말했을 뿐, 온갖 고문 등 자신의 잘못을 구체적으로 인정하며 참회하지는 않았다.[17]

김황식은 고병천과 처지가 전혀 다르다. 전직 국무총리로서 사회 활동을 계속하고 있다. 고병천 법정 구속 1주일 전(3월 26일)에는 안중근의사숭모회 이사장으로서 안중근 순국 108주기 추모식에서 추모사를 했다. 안중근이 하늘에서 이 모습을 본다면 어떻게 반응할까라는 생각과 함께, 고병천이 이 소식을 접했다면 어떤 느낌이었을까라는 의문을 불러일으키는 대목이다. 고문 기술자 이근안이 6월항쟁 후 11년간 잠적하면서, 국회의원으로 변신한 김기춘, 정형근 같은 사람을 보면서 했을 법한 생각이 고병천에게도 들지 않았을까? 과거사 정리 작업이 서 있는 곳이 어디인지를 말해주는 장면 중 하나다.

다른 한 사람은 양승태다. 양승태는 이명박 집권기인 2011년부터 대통령 박근혜가 파면된 이후인 2017년 9월까지 대법원

장이었다. 김기춘의 경남고, 서울대 법대 후배이기도 하다(김황식
도 이들과 서울대 법대 동문이다).

　양승태 대법원장 시절 대법원은 강자와 정권을 비호하고 역
사를 뒤로 돌리는 판결을 거듭했다는 비판을 자초했다. 양승태
의 대법원은 "긴급 조치 발령 행위는 고도의 정치 행위이므로
…… 국가 배상 책임이 인정되지 않는다"는 기이한 논리로 긴급
조치 피해자들의 손해 배상 청구를 막았다. 또한 손해 배상 청구
소멸 시효를 내세워 여타 국가 폭력 피해자들의 배상 청구에 강
하게 제동을 걸었다. 배상금에 '부당 이득'이라는 낙인을 찍고 이
자까지 물려 다시 뺏어가겠다는 판결이 나온 것도 양승태 대법
원장 시절이었다.

　국정원의 2012년 대선 불법 개입과 관련, 양승태의 대법원
은 원세훈 전 국정원장의 대선 개입을 인정한 원심을 파기해 박
근혜 정권의 부담을 크게 덜어줬다. 노동자의 정당한 권리를 침
해하고 재벌을 부당하게 편들었다는 비판을 받은 판결도 양승태
대법원장 시절 여럿 나왔다. 아울러 양승태는 법관 블랙리스트
문제에서 결코 자유로울 수 없는 처지다.

　이러한 모습들은 대법원장 취임 전 판사 양승태가 걸어온
길과 연속선을 이루고 있다. 대법관 시절 양승태는 사학 비리의
대명사로 통하는 김문기 전 상지대 이사장의 손을 들어줬다. 이
재용 남매의 편법 승계 문제와 직결된 삼성에버랜드 전환 사채
헐값 매각 사건에서도 삼성을 편들었다.

　더 거슬러 올라가면 조작 간첩 제조 사건과 만나게 된다.
1986년 불법 감금, 물고문 등을 통해 간첩으로 제조된 강희철 사

건이 대표적이다. 뚜렷한 증거라고 할 만한 것은 찾아보기 어렵
고 불법 수사 정황이 분명해 보였지만, 1심 재판부는 무기 징역
을 선고했다. 그때 재판장이 제주지법 부장 판사 양승태였다. 결
국 강희철은 12년간 억울한 옥살이를 해야 했다.

2000년대에 들어와 강희철은 재심에서 무죄 판결을 받았다.
"양승태 당시 부장 판사가 의도적으로 진실을 외면했다"며 사과
를 요구했다. 그러나 양승태의 사과를 들을 수는 없었다.[18] 제주
지법 부장 판사 시절 양승태가 판결한 이른바 간첩 사건은 이 사
건 외에도 1건 더 있다.

유신 독재 시기에 있었던 조작 간첩 제조 사건에서도 판사
양승태의 이름이 등장한다. 바로 1975년에 터진 학원 침투 북괴
간첩단 사건에 휘말린 사람들 중 4명의 1심 판결문에 그 이름이
나온다(1심 판사 3명 중 마지막, 즉 배석 판사 위치에 자리하고 있다).

4명 중 김동휘·이원이·장영식은 중앙정보부에 끌려가 간첩
으로 몰려 그해 11월 22일 김오자 등과 마찬가지로 신문 1면에
사진과 함께 이름이 올랐다. 조득훈은 그 후 이철, 강종헌 등과
마찬가지로 보안사에 끌려가 간첩으로 제조됐다. 이 가운데 김
동휘, 조득훈은 강희철처럼 재심을 신청해 무죄 판결을 받았다.[19]

김기춘의 설득력 없는 '책임 회피성' 변명

11·22사건 피해자들이 체포, 고문, 사형 선고를 비롯한 중
형, 옥살이, 재심을 거치는 동안 김기춘은 장관, 국회의원을 거쳐

청와대 비서실장을 지냈다. 김기춘에게 이 사건은 어떤 의미로 남아 있을까?

이 사건 및 조작 간첩 제조 문제에 대한 김기춘의 반응 중 하나는 "기억나지 않는다"(영화 〈자백〉)며 발뺌하는 것이다. 보는 시험마다 척척 붙고 '소년 급제'까지 한 김기춘, 후배 검사 안대희가 "우리 아이큐가 130~140 수준이라면 그분은 170대"[20]라고 말할 정도인 김기춘의 기억력 맞나 하는 생각이 들게 하는 답변이다.

이와 달리, 이러한 문제에 대해 공격적으로 받아친 경우도 있다. 국회의원이던 2005년 김기춘은 오마이뉴스와 한 인터뷰에서 이렇게 주장했다. "내가 수사한 사건 중에 과거사 조사나 의문사 조사 대상에 오른 게 없다. 권력 남용해서 인권 유린하고 고문했으면 오늘날 김기춘은 없다. 그 점을 자부한다. 다른 사람보다 훌륭하다고 생각한다."[21]

이 발언들을 몇 가지 차원에서 검토해보자. 첫째, 김기춘이 맡았던 사건에서 인권 유린과 고문이 없었나? 그렇지 않다. 11·22사건만 해도 갖은 고문과 불법으로 얼룩졌다. 법원이 재심에서 연이어 무죄 확정 판결을 내린 것도 그 때문이다.

둘째, 고문으로 조작한 건 김기춘과는 무관한 일일까? 전에도 얘기한 것처럼, 고문 문제에 책임이 있는 건 고문을 직접 자행한 이근안 같은 사람만이 아니다. 고문을 허가하고 부추긴 윗선, 국가 권력의 책임 문제를 빼놓아서는 안 된다.

김기춘은 중앙정보부 대공수사국장으로서 11·22사건의 수사 책임자였다. 사건에 대해 기자들에게 직접 설명했고, 이 사건에서 세운 '공로'로 나중에 상까지 받았다. 그런 위치에 있던 사람이 조작 간첩 제조 사건과 무관하다고 한다면, 몇 명이나 납득할 수 있을까?

셋째, "내가 수사한 사건 중에 과거사 조사나 의문사 조사 대상에 오른 게 없다"고 한 부분이 면죄부 역할을 할 수 있을까? 실상을 살펴보면 그렇게 보기 어렵다. 두 가지 차원에서 그렇다.

하나는 11·22사건 피해자들이 재심을 신청한 시기가 '진실·화해를 위한 과거사 정리 위원회'(진실화해위)에서 이 사건이 고문으로 조작됐음을 분명히 한 2010년 이후라는 점이다. 그 이전에는 재심을 신청할 엄두를 내기가 어려웠다는 말이다. 이 점을 고려하면 2005년 인터뷰 발언 내용은 김기춘의 무고함을 뒷받침하는 근거라고 하기 어렵다.

다른 하나는 그간 진행된 과거사 정리 작업이 가해자를 철저히 처벌하는 것과는 거리가 멀었다는 점이다. 해방 후 국가 폭력 피해가 숱하게 발생했지만, 가해자 처벌이 이뤄진 경우는 별로 없다. 광주 학살 가해자 일부가 처벌된 경우, 그리고 이근안이 7년간 옥살이를 한 것 정도를 제외하면 그런 사례를 찾아보기 어렵다. 처벌은 고사하고 가해자가 진정으로 사과하는 모습도 보기 힘들다.

그렇게 된 주요 요인은 가해 세력이 여전히 막강한 힘을 갖고 있다는 것이다. 그런 상황에서 진행됐기 때문에 과거사 정리 작업이 가해자 처벌보다는 진상 규명, 피해자 명예 회복 쪽에 초점을 맞출 수밖에 없는 면이 있었다.

그마저도 만만한 작업이 결코 아니었다. 극우 반공 세력은 과거사 정리 작업을 저지하거나 방해하기 위해 말 그대로 사력을 다했다. 과거사 위원회 출범을 저지하기 위해, 그리고 출범을 막을 수 없을 때에는 어떻게든 그 권한을 줄여 진상 규명 작업을 누더기로 만들기 위해 총력전을 펼쳤다. 2004년 김기춘도 그일원이었던 한나라당이 과거사 관련 법안을 비롯한 4대 개혁 입법을 저지하기 위해 보인 행태에서도 이 점은 잘 드러난다. 김대중 정권 때 의문사진상규명위원회를 만들기 위해 유족들이 무려 422일 동안 길 위에서 철야 농성을 해야 했던 것도 그러한 세력의 방해, 반발과 떼어놓고 생각할 수 없다.

그에 더해, 도덕성에 흠집을 내려는 시도도 이어졌다. 대표적인 방식 중 하나가 돈과 관련해 뭔가 심각한 문제가 있는 것처럼 몰아가면서 여론을 호도하는 것이었다. 과거사 진상 규명 기구를 예산 낭비의 주범인 것처럼 매도하거나, 피해자 및 유족들을 돈에 눈먼 사람인 것처럼 몰아간 것이 그런 사례다.

"내가 수사한 사건 중에 과거사 조사나 의문사 조사 대상에 오른 게 없다"고 한 부분을 평가하기 위해서는 지금까지 살펴본 과거사 정리 작업의 여러 측면을 반드시 고려해야 한다. 그것을 고려했을 때, 그 발언이 김기춘에게 면죄부를 준다고 볼 수 있을까? 그렇게 보기는 어렵다.

덧붙이면, 과거사 정리 작업에 대한 저지와 방해, 도덕성 흠집 내기는 세월호 참사 진실 규명 작업에 대한 극우 반공 세력의 태도를 떠올리게 만든다. 어떻게든 막고 어떻게든 흠집을 내려는 방식도, 논리도, 그걸 밀어붙인 세력도 닮은꼴이다. 그 부분에 해당하는 앞의 두 문단에서 '과거사 정리' 자리에 '세월호 참사 진실 규명'을, '과거사 위원회(또는 진상 규명 기구)' 자리에 '세월호 특조위'를, '피해자 및 유족들' 자리에 '세월호 유가족'을 넣고 한 번 읽어보시라. 이게 그저 우연일 뿐일까?

물고문과 관련해 김기춘이 말하지 않은 것

2017년 12월 14일 블랙리스트 사건 항소심 공판에서 물고문 얘기가 등장했다. 2014년 2월 7일 '실수비'(청와대 비서실장 주재 수석비서관) 회의에서 논의된 '한국사 시험 이념 편향성 해소 방안' 때문이었다.

특검은 당시 비서실장이었던 김기춘에게 "지문에 '물고문' (이라는 표현)을 썼다는 이유로 이념 편향성이라는 예시를 들고 있다. 1987년 박종철 고문치사 사건을 의미하는 것 같은데 맞느냐" 고 물었다. 김기춘은 "아는 바 없다"고 답했다. 박근혜·최순실 게이트가 불거진 후 계속 보인 모습 그대로였다.

눈길을 끄는 건 그다음 발언이다. '수사 기관에서 물고문한 사례는 진보와 보수를 막론하고 비판해야 하는 인권 침해 사례' 라고 특검이 지적하자 김기춘은 이렇게 답했다. "공감한다."[22]

지극히 당연한 답변이다. 그런데 여기에 김기춘의 진심이 담겼을까? 진심이라면, 그리고 그것이 법률가로서 기본적인 신념이라면 적어도 자신이 담당했던 조작 간첩 제조 사건으로 씻을 수 없는 피해를 본 사람들에게는 진작 책임을 인정하고 사과 했어야 하는 것 아닐까? 백번 양보해서 박근혜·최순실 게이트

전에는 권세를 누리기 위해 그렇게 하지 않았다고 치더라도, 박근혜와 함께 나란히 죄수복을 입은 후에라도 그렇게 했어야 하는 것 아닐까? "공감한다"고 답한 마음이 진심이라면.

2018년 4월 현재 김기춘은 수감돼 있다. 43년 전 11·22사건에 휘말린 사람들이 그랬던 것처럼. 그러나 김기춘은 43년 전 피해자들과 달리 온갖 고문과 폭력, 겁박에 시달릴 걱정을 할 필요는 없는 처지다. 그런 김기춘의 머릿속에는 아마도 영욕의 지난 세월이 매일 스쳐 지나가고 있을 것이다. 그 한 귀퉁이에라도 11·22사건 피해자들에 대한 미안함과 사죄할 생각이 있긴 할까?

박근혜·최태민 문제,
김기춘은 어느 정도 알았을까?

궁정동 총성으로 막 내린
김기춘의 1차 전성시대

박정희 특명 받아 보안사를 몰아치다

"국군 장병 2명 북괴에 피랍."

1977년 10월 26일 주요 신문 1면에 이 같은 내용이 보도됐다. 이날 유엔군 사령부(유엔사)는 6일 전(10월 20일) 북한군이 비무장 지대 군사 분계선을 넘어 남측 지역에 침투, 한국군 2명을 납치했다고 발표했다. 납치된 2명은 전방 부대 대대장인 유운학 중령과 그 부하인 무전 통신병(일병)으로 확인됐으며, 군사정전위원회 회의를 통해 북한에 항의했다고 유엔사는 밝혔다.

26일 판문점에서 열린 이 회의에서 유엔사는 납치된 한국군을 돌려보내라고 요구했다. 북한은 납치를 인정하지 않았다. 한국군 2명이 제 발로 왔다고 주장했다. 유엔사는 '조사 결과 자진 월북 주장은 허위·날조임이 밝혀졌다'고 북한을 몰아세웠다. 그러면서 두 장병을 '돌아오지 않는 다리'에 데려와 어느 쪽으로 갈 것인지를 선택하게 하자고 제안했다. 북한은 "자유의사로 귀순"한 두 장병 문제는 군사정전위원회 소관이 아니라며 거부했다.[1]

한국 정부는 이 사건을 심각하게 받아들일 수밖에 없었다.

납치 행위가 정전협정 위반이자 명백한 도발이기 때문만은 아니었다. 그 대상이 전방 부대 대대장이라는 점도 고민거리였다. 전선에 구멍이 뚫렸다는 증거이자, 그 대대장이 파악하고 있는 정보가 북한에 넘어갈 것에 대비해 방어 체계를 전반적으로 손봐야 할 수도 있기 때문이었다.

그런데 얼마 후 이 사안에 관한 보도가 신문에서 슬그머니 사라졌다.[2] 이유는 간단했다. 북한의 주장이 사실이었기 때문이다. 보안사의 횡포에 시달리던[3] 유 중령이 부하를 데리고 자진 월북했고, 자신들의 잘못을 감추고자 보안사에서 '유 중령 등이 납치됐다'고 허위 보고를 한 사실이 뒤늦게 드러난 것이다. 거짓 보고에 속아 북한을 강력히 비난했던 유엔사로서는 망신살이 뻗친 셈이었다.

박정희 대통령은 크게 분노했다. 군의 경비행기 한 대가 월북하는 사건(1977년 10월)이 겹치면서 분노는 더욱 커졌다.[4] 박정희는 중앙정보부에 보안사의 활동을 점검하고 횡포를 바로잡으라는 특명을 내렸다.

중앙정보부에서 이 일을 맡은 사람이 바로 대공수사국장 김기춘이었다. 후견인으로 꼽히던 신직수가 1976년 12월 중앙정보부장에서 물러났지만, 김기춘은 후임 중앙정보부장 김재규 밑에서 국장으로 건재했다. 김기춘이 이끄는 중앙정보부 팀은 보안사를 매섭게 조사했다. 중앙정보부는 보안 부대에 대한 원성이 군 내부에 자자할 뿐 아니라, 보안사가 민간 정보 수집 명목으로 많은 문제를 일으키고 있다고 대통령에게 보고했다.

김기춘에게 이에 대한 얘기를 직접 들었다는 황호택에 따르면, 보고를 받은 박정희는 김기춘에게 보안사 권한 축소 방안을 만들게 했다고 한다.[5] 그 안은 곧 실행됐다. 핵심은 보안사에서 정보처를 없애 보안사 요원들이 민간 정보 수집 명목으로 국회, 법원, 정부 부처 및 기관 등에 드나들지 못하게 한 것이었다.

보안사 쪽에선 볼멘소리가 나왔다. 경쟁 상대인 중앙정보부가 굴욕을 강요한 일로 받아들였다. 특히 김기춘에 대해서는 '가슴에 사무쳤다'는 말이 나올 정도로 감정이 좋지 않았다. 이는 나중에 전두환·신군부가 권력을 움켜쥐었을 때 김기춘이 위기를 겪는 직접적인 원인이 된다.

보안사에 대한 이른바 '개혁' 효과는 오래가지 못했다. 보안사는 1979년 3월 전두환이 사령관으로 부임한 후 민간 정보 수집 활동을 재개했다. 세간에서 '박정희의 양자'라는 얘기가 나올 정도로 독재자의 총애를 받던 정치 군인이자 사조직 하나회를 이끌던 전두환다운 모습이었다. 유신 독재가 무너진 후 전두환·신군부가 12·12쿠데타를 일으켜 권력을 탈취하는 과정에서 보안사의 민간 정보 수집 활동은 중요한 기반 중 하나로 작용하게 된다.

본질은 정보 기관 간 영역 다툼… 국민을 위한 조치가 아니었다

김기춘과 중앙정보부가 보안사에 취한 조치를 어떻게 평가해야 할까? 다른 말로 하면 김기춘이 국민을 위해 명실공히 올바른 일을 하다가 보안사의 원한을 샀다고 볼 수 있는가, 이 문제다. 결론부터 말하면, 그렇게 보기 어렵다.

보안사의 횡포가 심했고, 민간 정보 수집을 명목으로 여러 가지 문제를 일으킨 건 사실이다. 이것을 바로잡는 것은 필요한 일이었다. 잘못을 반성하지는 않고 '중앙정보부에 당했다'며 많은 보안사 관계자들이 피해 의식에 사로잡힌 건 볼썽사나운 모습이었다.

비뚤어진 피해 의식이 어느 정도였는지는 보안사 출신 상당수가 나중에 이 일을 10·27 법난(전두환·신군부가 종교계 정화를 명목으로 1980년 10월 불교계를 탄압한 사건)에 비유하곤 했다[6]는 데서 잘 드러난다. 횡포를 부리고 허위 보고까지 한 게 밝혀져 권한이 축소된 것을 자신들이 주축이 돼 권력을 찬탈한 후 일으킨 사건에 갖다 붙인 건 말이 안 되는 일이다.

보안사 쪽의 비뚤어진 피해 의식이 문제인 것과 별개로, 중앙정보부의 조치에 보안사가 자신들에게 도전하지 못하도록 손발을 잘라내겠다는 뜻이 담겨 있었던 것도 사실이다. "1970년대 후반, 중앙정보부가 보안사령부의 기를 꺾으려고 보안사에 대해 감사를 강화하고 애를 먹인 적이 있었"으며 "그때 중앙정보부 대공수사국장이 바로 김기춘"(박철언)[7]이었다는 지적이 나오는 것도 그 때문이다.

중앙정보부와 보안사는 독재자에 대한 충성 경쟁을 벌였지만(박정희가 이를 조장하기도 했다), 대등한 관계는 아니었다. 중앙정보부가 훨씬 우위에 있었다. 정보 기관들의 업무를 통제·감독할 권한을 갖고 있던 중앙정보부는 보안사의 예산과 수사 범위를 조정할 수 있었다. 정치 공작 측면에서도 보안사는 중앙정보부를 따라잡기 어려웠다. 군 정보 기관이기 때문에 민간인을 수사하기 위해서는 중앙정보부의 도장을 받아야 했던 보안사와 달리, 중앙정보부는 정권 안보를 위해 국내 정치를 주무르는 데 특화된 조직이기 때문이었다.

5·16쿠데타(1961년) 직후 탄생한 순간부터 유신 독재가 무너질 때까지 중앙정보부는 늘 그랬다. 중앙정보부장 김재규가 대통령을 쏜 10·26사건으로 한동안 보안사에 눌려 지내야 했으나, 전두환·신군부 집권 후 오래지 않아 중앙정보부의 후신인 국가안전기획부(안기부)가 정권의 중핵으로 다시 자리 잡은 것도 정치 공작 역량 때문이었다. 그 이후에도, 특히 댓글 공작을 비롯한 2012년 대선 개입 등 이명박·박근혜 집권기의 여러 사안을 통해, 국가정보원(국정원)으로 이름만 바뀌었을 뿐 체질은 바뀌지 않았음을 국민들은 '아프게' 확인해야 했다.

1970년대로 돌아가면, 김기춘이 만들었다는 보안사 권한 축소 방안을 둘러싼 갈등의 본질은 '동물의 왕국'을 떠올리게 만드는 정보 기관 간 영역 다툼이었다. 국민을 위한 조치가 아니었다. 시쳇말로 '보안사, 너희는 우리 밑이다. 감히 우리와 맞먹을 생각은 하지 말고 군부대나 신경 써라', 이런 뜻이 담긴 중앙정보부의 경고였던 셈이다.

그렇게 볼 수밖에 없는 것이, 보안사 권한을 축소했다고 해서 중앙정보부를 축으로 하는 정보 기관 전체의 국민 사찰, 통제, 감시가 줄어들거나 정치 공작이 사라진 게 결코 아니었기 때문이다. 중앙정보부, 더 나아가 유신 정권은 그런 모습을 손톱만큼도 보이지 않았다. 실세 전두환이 사령관으로 부임한 후 보안사의 민간 정보 수집 활동이 재개된 점도 이 갈등의 본질이 영역 다 툼이자 정보 기관 간 힘겨루기임을 보여준다.

정보 기관에 대한 민주적 통제는 오늘날에도 중요한 과제

민간 정보 수집을 빙자한 군 정보 기관의 불법 사찰, 정치 개 입 문제는 6월항쟁(1987년) 이후에도 계속 터져 나왔다. 대표적인 사례가 1990년 보안사 이병 윤석양의 양심선언을 통해 드러난 광범위한 사찰 실태다. 윤석양은 보안사가 정계, 노동계, 종교계, 학계 등 각계 인사 1,300여 명을 무더기로 사찰해왔음을 폭로했 다. 김대중·김영삼·노무현 같은 야당 정치인은 물론이고 김수환 추기경도 정보 기관의 검은 손길에서 자유롭지 못했다.

양심선언 1년 전인 1989년 보안사에서 만든 '청명 계획'도 무시무시했다. 계엄령이 떨어지면 검거 및 처벌할 인사 923명을 선정해 사찰한 사안으로 보안사는 대상자들의 인적 사항, 예상 도주로 및 은신처, 체포조, 가둬둘 장소까지 미리 파악하고 정해 뒀다.

윤석양의 양심선언 후 보안사는 국군기무사령부(기무사)로 이름을 바꿨다. 그러나 사이버사령부의 2012년 대선 불법 개입 등에서도 드러났듯이, 바뀐 건 이름일 뿐 군의 정치 개입 체질은 바뀌지 않았다. 폐지됐던 기무사령관의 대통령 대면 보고를 부 활한 이명박 정권 시절, 기무사 소속 현역 대위가 쌍용차 관련 집 회 장면을 몰래 촬영한 사실이 드러난 것도 그러한 사례 중 하나

다. 그 대위의 수첩에는 군과는 무관한 민간인 감시 기록이 적잖게 담겨 있었다.[8]

중앙정보부·보안사 및 그 후신들의 이러한 역사는 정보 기관에 대한 민주적 통제 체계 확립이 오늘날 얼마나 중요한 과제인지를 말해준다. 분명한 것은, 정보 기관들의 체질을 뿌리부터 뜯어고치는 것을 주저하면 그 과제를 제대로 이행할 수 없을 뿐 아니라 오래지 않아 다시 뒤통수를 맞을 것이라는 점이다.

청와대로 옮긴 지 8개월 만에 10·26… 1차 전성시대 종말

1979년 2월, 김기춘은 4년 5개월에 걸친 중앙정보부 생활을 마무리하고 청와대 법률비서관으로 자리를 옮겼다. 이번 이동에서도 신직수가 역할을 했다. 그해 1월 청와대 법률 담당 특별보좌관으로 임명된 신직수가 김기춘을 다시 자기 밑으로 불러들인 것이다.

십상시, 문고리 권력 논란과 박근혜·최순실 게이트를 통해 박근혜 정권이 분명히 보여준 것처럼 민주주의와 거리가 먼 정권일수록 국가의 공식 통치 체계를 무시하고 공익을 주저 없이 짓밟는 경향이 있다. 그런 정권에서는 최고 권력자와 사적으로 어떤 관계를 맺었는가, 최고 권력자에게 쉽게 접근할 수 있는가, 권력에 집착하며 사익을 추구하는 최고 권력자에게 맹목적으로 충성하는가 같은 요소가 중요하게 작용하기 마련이다.

박정희의 비호 아래 경호실장 차지철이 전횡한 유신 독재

1979년 10월 26일 중앙정보부장 김재규는 대통령 박정희를 저격했다. 사진은 10·26사건 후 김재규(사진 오른쪽, 뒤돌아보는 사람). ⓒ e영상역사관

10·26사건은 독재자 박정희가 자초한
사건이었다. 총으로 권력을 움켜쥔 박정희는
그렇게 궁정동의 핏빛 총성과 함께 몰락했다.
이것으로 김기춘의 1차 전성시대도 막을
내렸다.

말기도 그런 점에서 별반 다르지 않았다. 그러한 상황에서 청와대 법률비서관으로 이동해 박정희를 가까운 거리에서 보좌하게 된 것은 김기춘에게 또 한 번의 초고속 출세를 위한 발판 역할을 할 수도 있었다. 유신 헌법 제자 과정에서 박정희에게 직접 보고하고, 8·15 저격 사건(1974년) 후 문세광 신문을 통해 이미 깊은 인상을 심어준 김기춘이기에 더욱 그러했다. 회고록에 김기춘은 "박정희 대통령으로부터 많은 총애와 가르침, 격려를 받았다"고 썼다.[9]

문세광 신문은 박정희만이 아니라, 박근혜를 비롯한 박정희 일가 전체에 강한 인상을 남길 수 있는 사안이었다. 한홍구 교수는 김기춘이 청와대에 근무하면서 "박근혜와 접촉할 기회도 자주 있었을 것"이라고 지적했다.[10]

그러나 극심한 혼돈으로 치닫던 유신 독재는 1979년 10·26 사건으로 무너졌다. 김기춘이 청와대로 옮긴 지 8개월 만이었다. 5·16쿠데타를 통해 총으로 시작한 박정희 권력은 18년 만에 심복의 총으로 처참하게 막을 내렸다. 총성이 울린 궁정동 밀실은 7년 전 은밀하게 유신 쿠데타 작업이 진행됐던 바로 그곳이다. 김기춘에게 초고속 출셋길을 열어준 1974년 국립극장 총성과 달리, 궁정동 총성은 김기춘의 1차 전성시대에 종말을 고했다.

"간접적이지만 중요한" 10·26 동기, 박근혜·최태민 문제

유신 독재 후반 권력 내부를 혼돈에 빠지게 만든 사안 중

왼쪽부터 박정희, 박근혜, 최태민. 박근혜·최태민 문제는 유신 독재 후반 권력 내부를 혼돈에 빠지게 만들었다.

하나가 박근혜·최태민 문제다. 김재규가 항소 이유 보충서에 "10·26 혁명의 동기 가운데 간접적이지만 중요한 것"으로 명시한 데서도 드러나듯이, 이 문제는 유신 독재 붕괴를 초래한 원인 중 하나였다. 수많은 한국인들이 거리에서 촛불을 들 수밖에 없게 만든 박근혜·최순실 게이트의 기원이기도 하다.

박근혜의 인생은 두 남성과 맺은 관계를 제외하면 설명하기 어렵다. 한 사람은 아버지 이상의 존재이자 맹목에 가까운 숭배 대상인 박정희다. 1989년 4월 《월간조선》에 실린 인터뷰에서도 이를 확인할 수 있다. 10·26 이후 한동안 침묵을 지키던 박근혜는 노태우 정권 출범 후 아버지를 비호하는 대외 활동을 본격적으로 전개하는데, 이 인터뷰도 그중 하나다.

인터뷰에서 박근혜는 "구약의 모세"에 비유하며 아버지를 치켜세웠다. 박정희 집권기에 숱하게 자행된 고문, 간첩 조작 등으로 인해 삶이 망가지고 목숨까지 잃은 많은 사람들에게 사과하거나 피해자들을 (형식적으로라도) 위로하는 말은 단 한마디도 하지 않았다. 오히려 박정희에 대한 (비판) 기사들을 읽는 동안 자신이 "고문 받는 느낌"이었다며 억울함을 호소했다.

박근혜는 "아버님은 인명을 가볍게 보는 분이 아니었다"며 김대중 납치 사건(1973년), 김형욱 납치·살해 사건(1979년) 등을 "아버님과 도무지 어울리지 않"는 사례로 제시했다. 김대중 납치 사건에 대해 박근혜는 "분명히 밝혀둘 게 있다"며 "아버님은 북괴가 김 씨를 납치해놓고 우리 소행으로 덮어씌우려는 것 같다고 말씀"하셨다고 얘기했다. 김형욱 납치·살해 사건에 대해서는 박정희가 이렇게 설명했다고 밝혔다. "김형욱이는 미국에서 북한 돈을 받아서 반정부 활동을 한 것 같다. 이번 실종 사건은 김에게 돈을 대주던 북한 조직이 그 사실의 탄로를 막기 위해서 그를 살해한 것으로 보인다."

대통령 직속 기관인 중앙정보부가 자행한 김대중 납치도, 김형욱 납치·살해도 북한 소행인 것 같다고 박정희가 딸에게 말했다는 점도, 진실과는 거리가 먼 그런 얘기를 딸이 '아버님을 바로 알리겠다'며 기자에게 전한 점도 눈길을 끈다. 박근혜에게 박정희가 어떤 존재인지를 분명히 보여주는 장면 중 하나다. 정치적 야심을 실현하는 데 필요한 가장 중요한 자산이 부모의 후광이었다는 점에서 박정희 숭배는 박근혜의 핵심적인 이해관계가 걸린 문제이기도 했다.

박근혜가 그러한 박정희의 뜻을 정면으로 거역한 대표적인 사안이 최태민 문제다. 박근혜의 인생에서 빼놓을 수 없는 또 한 명의 남성이 최태민일 수밖에 없는 이유다.

유신 체제에서 박근혜와 최태민이 밀착한 시기는 김기춘이 중앙정보부 대공수사국장, 청와대 법률비서관이었던 시기와 겹친다. 1974년 8·15 저격 사건을 계기로 박근혜는 퍼스트레이디 역할을 대행하게 됐고, 김기춘은 중앙정보부 대공수사국장으로 영전했다. 이 사건은 별 볼 일 없던 최태민의 인생도 바꿨다. 육영수 여사가 세상을 떠난 후 청와대에 편지를 보내 박근혜를 사로잡는 데 성공하면서, '큰영애'를 앞세워 재물을 긁어모을 수 있게 된 것이다.

최태민은 박근혜를 등에 업고 각종 이권 개입, 금품 징수, 횡령, 사기 등 비리를 저질렀다. 중앙정보부에서 작성해 박정희에게 올렸다는 보고서에는 최태민이 정부, 공기업, 정치권, 군, 재벌 등에 부당한 영향력을 행사하며 엄청난 돈을 긁어모으고 여성 추문도 끊이지 않았다는 내용이 나온다.[11]

조순제(최태민의 의붓아들로 한동안 그 밑에서 일했으나 환멸을 느끼고 박근혜·최태민 문제에 대한 녹취록을 남겼다)의 증언이 담긴 《또 하나의 가족 최태민, 임선이, 그리고 박근혜》에는 이렇게 기록돼 있다. "최태민은 서울뿐 아니라 전국 어디든 누군가 돈이 되는 사업을 한다는 소식만 들리면 달려가 박근혜와 구국봉사단의 이름을 팔아서 돈을 뜯었다. …… 각종 인허가와 관련해서 돈을 뜯어내고 허가를 받고 나면 공사를 하는 동안에도 허가를 취소시키겠다는 협박을 하며 마침내 사업자가 사업을 포기할 지경에 이를 때까지 악착같이 빨아먹고 나서야 멈추었다."[12] 이런 식으로 불어난 재산은 최순실 등에게 넘어가 오늘에 이르게 된다.

너무 심하게 뜯어먹으니 반발이 안 생길 수 없었다. 청와대 민정비서실에 진정서가 들어오기 시작했고, 문제의 심각성을 지적하는 얘기가 여기저기서 돌았다. 그러나 박근혜 관련 사안인지라 청와대 쪽에서도 손대기가 쉽지 않았다. 그렇다고 계속 방치할 수도 없었다.

민정수석 박승규가 총대를 멨다. 최태민의 비리를 조사해 대통령에게 보고서를 올렸다. 박정희는 그전에도 몇 차례 구두 보고를 받아 이 문제를 모르지 않았지만, 상세한 서면 보고를 접하자 얼굴이 벌겋게 상기됐다고 한다. 그러나 딸에게 직접 얘기하는 대신 박승규에게 보고서를 돌려주며, 자신에게 보고하지 않은 것으로 하고 박근혜에게 말해보라고 했다. 그 지시를 따랐다가 박승규는 박근혜와 서먹서먹한 사이가 됐다.[13]

이번에는 중앙정보부장 김재규가 나섰다. 박근혜 눈치를 보며 이 문제를 모른 척한 차지철과 달리, 김재규는 백광현 안전국장에게 조사를 지시했다. 조사 결과 최태민 관련 의혹들이 사실임을 확인한 김재규는 박정희에게 보고서를 올렸다.

앞서 민정수석에게 보고서를 돌려주며 책임을 미루는 듯한 모습을 보였던 박정희는 이때도 이해하기 어려운 태도를 취했다. 1977년 박정희는 김재규와 백광현을 한쪽에, 박근혜와 최태민을 다른 한쪽에 앉혀놓고 일종의 대질 신문을 했다. 중앙정보부장으로서는 견디기 힘든 수모를 당한 셈이었지만, 김재규는 이 문제에 대한 관심을 거두지 않았다.

박정희는 검찰에 특명을 내려 이 문제를 조사하게 했다. 조사 결과는 중앙정보부의 그것과 별로 다르지 않았다. 그러나 그 후에도 박근혜는 박정희의 뜻을 거스르고 최태민과 계속 밀착했다. 그러면서 김재규를 공격했다. 10·26 이틀 전에는 박정희에게 "우선 정보부장을 갈아야 한다"고 얘기했다. 국정 농단 주역인 차지철에 대해서는 언급하지 않고, 최태민 문제를 파헤친 김재규를 자르라고 건의한 것이다.

"박근혜 각본, 최태민 연출" 10·26 후 박정희 비자금 빼돌리기

10·26 후 최태민이 전두환·신군부에 구금돼 조사를 받자, 박근혜는 전두환에게 "최 씨에 대한 비난과 혐의는 모두 근거 없는 모함이니 속히 풀어달라"고 요청했다.[14] 10·26으로 인한 충격이 여전히 상당했을 시기인데도, 더욱이 전두환과는 껄끄러운 관계일 수밖에 없었는데도 최태민 석방 문제를 직접 챙겼다.

박근혜·최태민 문제는 그 후에도 계속됐다. 1987년과 1990년 육영재단에서 '최태민의 전횡을 반대한다'는 반발이 터져 나왔다. 육영재단 이외에 박근혜가 관여한 영남대, 정수장학회에서도 최태민과 직간접적으로 관련된 사람들의 활동이 세간의 입길에 오르내렸다. 그러면서 1990년에는 박근혜의 두 동생이 '최태민으로부터 박근혜를 구해달라'는 탄원서를 노태우 대통령에게 보내는 일도 일어났다.

그럼에도 최태민의 그림자는 박근혜 곁에 계속 머물렀다. 1989년 《월간조선》에 실린 인터뷰에서도 박근혜는 아버지를 덮어놓고 두둔하는 와중에도 "최(태민) 목사님이 오히려 누명을 쓰고 있다"는 얘기를 빼놓지 않았다. 수십 년간 한국 사회를 좀먹은 이 문제는 끝내 박근혜·최순실 게이트로 터져 나오게 된다.

한 가지 덧붙이면, 10·26 직후 박정희의 비자금 일부를 빼돌리는 데에도 최태민 쪽에서 깊이 관여했다. 청와대에 있던 비자금 금고 두 개 중 하나는 전두환 측과 청와대 관계자가 함께 열어서, 6억은 박근혜에게 주고 나머지는 전두환 쪽에서 가져갔다. 비자금 장부는 박근혜의 동의 아래 태웠다고 한다.[15] 이 6억은 2012년 대선 때 새누리당 공동선대위원장 김성주가 "소년·소녀 가장이 받은 하나의 아파트"라며 박근혜를 비호했다가 빈축을 샀던 바로 그 돈이다.

또 다른 금고의 경우 열쇠가 박근혜에게 전달됐고 박근혜가 그 내용물을 챙긴 것으로 보도됐지만, 오랫동안 그에 관한 구체적인 사항은 알려지지 않았었다. 이것과 관련해 조순제가 중요한 증언을 남겼다.

조순제는 10·26 이후 자신이 한 가장 중요한 일이 박정희가 남긴 돈을 최태민 일가 쪽으로 옮기는 데 관여한 것이었다고 밝혔다. 금덩어리, 달러와 채권 뭉치, 그리고 외국 은행의 비밀 계좌에서 나온 돈 등을 지인들 및 중앙정보부 일부 직원들을 동원해 은밀히 옮겼다고 한다. "박근혜 각본, 최태민 연출"의 이 일이 마무리된 후 "처음이자 마지막으로 마음에서 우러나온 고맙다는 인사를 박근혜로부터 들었다"고 조순제는 증언했다.[16] 박근혜와 최태민 일가가 이미 '경제 공동체'였음을 시사하는 장면이다.

김기춘과 최태민 일가의 관계에 대한 주목할 만한 증언들

김기춘은 박근혜·최태민 문제에 대해 어느 정도 알고 있었을까? 김기춘 회고록에는 최태민도, 최순실도 등장하지 않는다. 박근혜에게 치명적인 사안이기에 최태민과 관련된 건 아예 언급하지 않은 것으로 보인다. 박정희 집권기에 민주주의를 짓밟고 인권을 탄압한 사실이 이 회고록에 나오지 않는 것과 마찬가지다.

박근혜·최순실 게이트가 터진 후 김기춘과 최태민 일가의 관계에 대한 세간의 관심이 증폭됐다. 그런 가운데 2016년 11월, 김기춘이 약 30년 전부터 최태민 일가와 알고 지냈다는 육영재단 관계자들의 증언이 나왔다. 한 관계자는 1987년 육영재단(당시 이사장은 박근혜) 분규 때 김기춘이 최태민 측을 만나기 위해 재단을 여러 차례 방문했다고 말했다. 김기춘이 "육영재단에 찾아와 구사대를 만나 사태 수습 방안을 논의했고, 그 시절부터 최태민 일가를 돌봐줬다는 건 당시 육영재단 직원이라면 다 아는 이야기"라는 것이었다. 또 다른 관계자도 "김기춘이 당시 문제를 해결해주겠다고 왔다"고 말했다.

1987년 육영재단 분규는 최태민·최순실 부녀의 전횡에서 비롯됐다. 그때 법무연수원장이었던 김기춘은 육영재단을 방문한 사실이 절대로 없다며 강하게 부인하고, "최태민이라는 사람은 소문만 들었을 뿐 직접 접촉한 일이 없다"고 주장했다.[17]

또한 김기춘은 최순실의 국정 농단을 까맣게 몰랐다고 주장했다. '김기춘 소개로 최순실을 만났다'는 김종 전 문체부 차관의 진술이 나오자, 김기춘은 "(최순실을) 모르는데 어떻게 소개를 하느냐"고 반박했다. "최태민을 접촉한 적이 오늘날까지는 없고 최태민 가족도 접촉한 일이 한 번도 없다", "최순실이라는 사람하고 연락하거나 접촉한 일이 없다"(2016년 11월 22일 연합뉴스 TV 인터뷰)는 주장이었다.

박근혜·최순실 게이트 국정 조사 청문회(2016년 12월 7일)에서도 김기춘은 "최(순실) 씨를 몰랐다"고 주장했다. 자신이 비서실장이던 2014년 세상을 떠들썩하게 한 정윤회 문건에 최순실이 최태민의 딸이라고 나오는데도, "(박근혜가) 최태민 씨 딸과도 관계가 있다는 사실을 몰랐다"는 주장도 했다. 계속 잡아떼던 김기춘은 결정적인 증거가 제시되자 "최순실이란 이름은 이제 보니 못 들었다고 말할 수는 없겠다"고 마지못해 시인했다. 그러면서도 "이름은 알았지만 정말 최순실은 모른다"고 주장했다. 이날 김기춘은 유신 독재 시기에 "(중앙정보부) 6국인가에서 최태민 씨를 조사했다는 소문을 들었다"는 얘기도 했다.

얼마 후, 김기춘의 거듭된 잡아떼기에 일침을 가하는 박헌영 K스포츠재단 과장의 증언이 나왔다. 박헌영은 최순실이 김기춘을 "늙은 너구리"라고 불렀으며, 주변 사람들에게 '김기춘을 조심해야 한다'고 하면서도 자기가 필요할 때에는 김기춘을 이용하곤 했다고 말했다. 또한 "김 전 실장은 최 씨의 존재에 대해 나름 눈치를 챘고, 최 씨가 시키는 일인 줄 알면서도 모르는 척하고 들어줬다고 보는 게 맞다"며 김기춘이 최순실을 '건드려선 안 되는 인물'로 여겼을 것이라고 증언했다.[18]

박정희 일가와 "운명적 인연", 그런데 최태민 일가에 대해선 깜깜?

이 문제에서 김기춘이 지키려 한 마지노선은 최순실의 경우 "몰랐다", 최태민에 대해서는 "소문만 들었을 뿐"인 것으로 보인다. 그러나 거듭된 잡아떼기, 박근혜 정권에서 김기춘이 차지한 비중 등을 고려하면 김기춘의 주장을 그대로 믿기는 어렵다.

유신 독재 붕괴와 박근혜 집권 사이를 살펴봐도 마찬가지다. 예컨대 육영재단 분규가 또다시 터지고 박근혜의 동생들이 '최태민으로부터 박근혜를 구해달라'는 탄원서를 청와대에 보낸 1990년에 김기춘은 검찰총장으로 정권의 중핵에 있었다. 최태민 일가 관련 문제에 깜깜할 수 없는 위치였다는 말이다.

김기춘이 박정희 일가와 맺은 인연의 깊이를 생각해봐도 납득하기 어려운 주장이다. "운명적인 인연으로 얽혀 있었다"고 회고록에 쓸 만큼 김기춘은 박정희 부녀와 수십 년에 걸쳐 깊은 관계를 맺었다. 그런 김기춘이 유신 독재 시기는 물론 10·26 후에도 박근혜 곁에 계속 붙어 있었던 최태민 일가에 관한 것만은 알지 못하거나 그저 소문을 듣는 정도였을까? 육영재단 관계자들 및 박헌영 등의 증언은 가벼이 여길 사항이 결코 아니다.

"6국인가에서 최태민 씨를 조사했다는 소문을 들었다"고 한 부분도 여러 가지 의문을 불러일으킨다. 유신 독재 시기에 김기춘이 박근혜·최태민 문제에 대해 파악하고 있었던 것이 그 정도에 불과할까? 그 가능성은 낮아 보인다.

물론 최태민을 조사한 건 김기춘의 대공수사국이 아니었다. 최태민을 조사한 안전국장 백광현이 김기춘과 마찬가지로 검사 출신이긴 하지만, 다른 부서에서 진행되는 업무에 대해서는 알지 못하게 하는 '차단의 원칙'이 정보 기관에 있는 것도 사실이다.

그러나 여러 정보 기관의 역사를 살펴보면, 차단의 원칙이 언제나 예외 없이 적용된 것은 아님을 알 수 있다. 무엇보다 박근혜·최태민 문제는 유신 독재가 무너질 때까지 4년 넘게 계속되며 권력층을 고민에 빠지게 만든 사안이다. 정권 수호의 근간임을 자부했을 중앙정보부 간부가 그런 문제에 전혀 관심을 두지 않았다면 그게 더 이상한 일 아닐까?

중앙정보부 국장은 수많은 고급 정보를 접할 수 있는 자리다. 대공수사국장이었으니 그 분야 이외의 정보에는 깜깜 어두웠을 것이라고 보는 건 무리다. 김기춘의 직속상관인 중앙정보부장 김재규가 계속 주시한 사안이고, 박정희의 특명으로 이 문제를 조사했던 검찰은 김기춘의 출신 기관이라는 점도 생각할 필요가 있다.

청와대 법률비서관 시기를 살펴봐도 마찬가지다. 청와대 비서실은 최고 권력자와 퍼스트레이디의 동향에 촉각을 곤두세울 수밖에 없다(독재 정권에서는 더 그렇다). 당시 청와대 비서실 관계자들의 증언이 담긴 자료에 눈길을 끄는 대목이 나온다.

하나는 "김정렴·김계원 비서실장을 비롯, 거의 모든 수석비서관·특보들이 벙어리 냉가슴 앓듯 고민했으나 큰영애와 관련된 일이라 상소 한 번 제대로 하질 못했다"는 것이다. 청와대 내에서 총대를 멨던 박승규 민정수석만의 문제가 아니었다는 말이다. 김정렴 실장 때만이 아니라, 김기춘이 근무한 김계원 실장 시기에도 상황은 다르지 않았다는 뜻이기도 하다.

다른 하나는 "최(태민) 씨 문제가 비서관 회의 테이블에까지 올려질 정도였다"는 어느 수석비서관의 회고다.[19] 그렇게 회의에 올라간 시기가 김기춘이 법률비서관일 때인지는 분명치 않다. 그러나 실장이 김정렴일 때나 김계원일 때나 청와대 비서실은 이 문제로 고민할 수밖에 없었다는 점을 생각하면, 김기춘 비서관 역시 이 문제에서 자유로울 수 없었다고 보는 것이 적절하다.

이러한 점들을 감안하면, 김기춘은 "6국인가에서 최태민 씨를 조사했다는 소문을 들었다"고 말한 것보다 훨씬 많은 사항을 유신 독재 시기에 이미 파악하고 있었을 가능성이 크다. 그러한 파악 대상에는 최태민만이 아니라, 당시 주목도에서 최태민에 비할 바는 아니었겠지만 최순실도 포함돼 있었을 가능성을 배제할 수 없다.

최순실도 그 시기부터 박근혜와 함께했다는 점에서 그러하다. 예컨대 박근혜·최순실 게이트가 한창일 때 뉴스타파에서 발굴한 영상을 통해 많은 국민들은 1979년 6월 제1회 전국 새마음제전에서 박근혜 새마음봉사단 총재와 최순실 새마음 대학생총연합회장이 다정하게 웃는 모습을 보며 두 사람의 오랜 인연을 확인할 수 있었다.

한 가지 더 생각할 문제가 있다. 유신 독재 시기에 청와대, 중앙정보부 등에서 박근혜·최태민 문제를 지켜본 사람들 중 상당수는 이런 생각을 갖게 되지 않았을까? '박정희도 못 떼어낸 최태민을 누가 떼어낼 수 있겠나. 김재규처럼 나서서 바른 말 했다가 수모를 당하고 박근혜 눈 밖에 나느니 차지철처럼 모른 척하고, 필요할 때마다 적당히 거래하는 게 상책이다.' 김기춘과 최순실의 관계에 대한 박헌영의 증언("김 전 실장은 최 씨의 존재에 대해 나름 눈치를 챘고, 최 씨가 시키는 일인 줄 알면서도 모르는 척하고 들어줬다고 보는 게 맞다")과 연결해 생각해볼 만한 문제다.

이처럼 김기춘과 최태민 일가의 관계 문제를 되짚어보면 김기춘의 주장을 받아들이기 어려운 요소가 많다. 박근혜·최순실 게이트의 전모를 파악하기 위해 한국인들이 알아내야 할 것은 아직 많이 남아 있다.

"5공 피해자" 김기춘?
과장된 신화에 가깝다

전두환 정권 시기
김기춘의 행적

"5공 피해자", "꼿꼿한 검사"로 대중에게 제시되다

"수재형 검사로 5공 피해자".

1988년 12월 5일 자 경향신문은 신임 검찰총장 김기춘을 소개하는 기사의 제목을 이렇게 붙였다. 기사에는 "탁월한 능력과 정책 감각을 겸비", "해박한 법 이론", "손에서 책을 놓지 않는 학구파", "깨끗한 용모가 차가운 인상을 주지만 속마음은 부드럽다는 평" 등 듣기 좋은 얘기와 함께 이런 문장이 담겼다. "5공 8년 동안 '피해자'로 때만 기다려왔다."

조작 간첩을 제조한 학원 침투 북괴 간첩단 사건(1975년 11·22사건)의 수사 책임자였다는 내용은 찾아볼 수 없다. 이때는 이 사건이 고문으로 조작됐음을 국가 차원에서 공인하기 전이니 이 사건을 언급하지 않은 건 그렇다 쳐도, 유신 독재의 법적 기반인 유신 헌법을 제작하는 데 관여(1972년)한 것조차 빠뜨린 건 납득하기 어려운 일이다.

경향신문만 유신 헌법 제작 관여 사실과 11·22사건을 언급하지 않은 건 아니었다. 같은 날 동아일보도 그 점에서 다르지 않았다. 동아일보는 "보안사 미움 산 꼿꼿한 검사", "5공 시절에는 빛을 보지 못했다"고 김기춘을 소개했다. 김기춘이 "유신 헌법 제정에 깊이 관여"(한겨레, 1988년 12월 6일 자)했다고 지적한 신문이 없는 건 아니었지만, 다수는 그렇지 않았다.

이처럼 전두환이 청와대를 떠난 후 김기춘은 "5공 피해자", "꼿꼿한 검사"로 대중에게 제시됐다. 김기춘 검찰총장 퇴임 직전인 1990년 11월 29일에도 김기춘을 "5공의 피해자"로 규정한 기사가 한 신문에 실렸다.[1] 박근혜·최순실 게이트가 터진 후에 나온 기사 가운데 전두환·신군부 집권기를 김기춘의 "암흑기"로 표현한 경우가 있는데, 이 역시 "5공 피해자"라는 규정과 이어지는 면이 있다.

김기춘은 정말 "5공 8년 동안 '피해자'"였을까? "암흑기"로 표현해야 할 만큼 전두환·신군부 집권기는 김기춘에게 혹독한 시절이었을까? 이 문제를 중심으로 유신 독재 붕괴에서 노태우 정권 출범에 이르는 시기 김기춘의 삶을 살펴보자.

중앙정보부 떠난 덕분에 10·26 후 보안사 칼날 피하다

1979년 10·26사건 당시 김기춘은 청와대 법률비서관이었다. 김기춘은 그해 2월 중앙정보부 대공수사국장에서 청와대 비서관으로 자리를 옮겼는데, 그 덕분에 10·26 후 곤욕스러운 일을 피하게 된다.

중앙정보부장 김재규가 박정희를 쏜 다음 날(10월 27일) 중앙정보부는 보안사에 접수됐다. 중앙정보부 고위 간부들은 보안사

서빙고 분실과 헌병대로 끌려갔다. 보안사 요원들은 김재규와 공모했는지 조사한다는 명목으로 이들을 호되게 다뤘다. 그동안 중앙정보부에 당한 것에 앙갚음하는 의미도 물론 포함돼 있었다. 중앙정보부 간부들은 경찰 조사도 받아야 했다. 오랫동안 위세를 부리며 보안사, 경찰을 우습게 여겼던 중앙정보부 간부들에게는 '굴욕'이었다.

끌려간 지 일주일 만인 11월 3일, 이들은 중앙정보부로 돌아올 수 있었다. 그러나 대통령을 죽인 기관으로 낙인찍힌 중앙정보부의 '굴욕'은 계속됐다. 계엄 상황에서는 검찰, 경찰은 물론 중앙정보부도 보안사령관의 통제를 받도록 1979년 그해에 박정희가 정해놓았기 때문이다. 중앙정보부는 합동수사본부장을 겸한 보안사령관 전두환의 발아래에 놓이게 된다.

10·26 때까지 대공수사국장을 계속 맡고 있었다면 김기춘도 보안사에 끌려갔을 것이다. 1977년 전방 대대장 월북 사건 후 보안사를 몰아친 것을 감안하면, 김기춘은 중앙정보부의 다른 간부들보다 더 심하게 당했을 가능성이 높다. 이와 관련, 전방 대대장 월북 사건에 관해 김기춘에게 직접 얘기를 들었다는 황호택은 "보안사 요원들이 중정을 접수했을 때 가장 먼저 찾은 사람이 김(기춘) 국장이었다는 소문이 나돌았다"고 썼다.[2]

운 좋게 그 이전에 청와대 비서관으로 옮긴 덕분에 김기춘은 무사할 수 있었다. 그렇지만 자신을 총애하던 박정희가 세상을 떠나고, 자신이 과거에 몰아쳤던 보안사 쪽 인사들이 권력의 중심으로 부상하면서 김기춘은 여러모로 몸조심해야 하는 상황이었다.

박철언 증언 "김기춘, 허화평에게 구구절절 충성 맹세 편지"

전두환을 수괴로 한 신군부는 12·12쿠데타(1979년)로 군을 장악한 데 이어 1980년 5월 광주를 피로 물들이고 권력을 찬탈했다. 그러는 동안 김기춘은 청와대를 떠나 검찰에 복귀했다. 1980년 8월 김기춘은 서울지검 공안부장으로 임명됐다. 1981년 4월 24일에는 법무부 출입국관리국장으로 발령을 받는다.

4·24 인사는 "검찰 최대 규모 인사", "세대교체가 이뤄졌다"고 보도될 정도로 규모가 컸다. 인사를 앞두고 경력 10년 이상의 검사 200여 명은 법무부 장관에게 일괄 사표를 제출해야 했고, 그중 지검장급 5명을 비롯한 26명은 사표를 돌려받지 못하고 해임됐다.[3]

박철언에 따르면 이때 김기춘도 면직될 뻔했다. 김기춘의 서울대 법대, 검찰 후배이자 노태우 인척인 박철언(김기춘보다 세 살 아래)은 이 시기에 청와대 비서관이었다. 그 후 노태우 정권 때 '6공 황태자'로 불리며 승승장구하지만, 김영삼과 극심한 갈등을 빚은 끝에 김영삼 정권 때 수감 생활을 하게 된다. (참고로, 1993년 박철언을 수사한 검사는 홍준표였고 박철언의 변호인단에는 유승민의 부친 유수호 변호사가 포함돼 있었다.)

박철언은 2005년에 출간한 《바른 역사를 위한 증언》이라는 두 권짜리 회고록에서 김기춘에 대해 흥미로운 증언을 했다. 박철언에 따르면, 1981년 4·24 인사 때 청와대 보좌관 허화평이 김기춘을 검사장 승진에서 탈락시키는 것을 넘어 아예 면직시켜 옷을 벗기려 했다. 보안사 출신인 허화평이 1970년대에 보안사

전두환을 수괴로 한 신군부는 1980년 5월 광주를 피로 물들이고 권력을 찬탈했다. 공수 부대의 조준 사격에 시민들은 신발을 챙길 새도 없이 도망가야 했다. ⓒ 5·18기념재단

보안사를 몰아쳤던 김기춘은 전두환·신군부의

권력 찬탈로 한동안 몸조심해야 했다. 그러나

유신 독재 붕괴 후 민주주의로 나아가는 대신

극우 반공주의 사회가 계속되길 바랐다는

점에서는 전두환·신군부와 김기춘의

이해관계가 일치했다고 볼 수 있다.

를 몰아친 김기춘에 대해 아주 안 좋은 인상을 갖고 있었기 때문이라는 것.

허화평의 눈 밖에 났다는 건 보통 일이 아니었다. 허화평은 육사 동기(17기)이자 같은 보안사 출신인 허삼수와 함께 '투Two 허'로 불린(조선일보 기자 출신 허문도를 포함해 '쓰리Three 허'로 불리기도 했다) 실세 중의 실세였다. '투 허'는 신군부 내에서 계급도 그리 높지 않았고 육사 기수로도 후배 그룹에 속했지만(전두환·노태우는 11기), 12·12쿠데타 후 막강한 영향력을 행사했다. 장관들이 대통령 전두환한테 보고한 다음 '투 허'를 찾아갔다고 노태우 회고록에 나올 정도다. 그중에서도 허화평은 전두환·신군부 권력의 설계사로 불릴 만큼 비중이 컸다.[4]

그러한 허화평의 표적이 된 김기춘이 구명을 요청했다고 박철언은 증언했다. 선배의 청을 물리칠 수 없었던 박철언은 김기춘에게 '허 보좌관에게 전달해줄 테니 편지를 써달라'고 했다며, 그 이후 상황에 대해 이렇게 썼다.

"얼마 후, 김(기춘) 부장은 구구절절 장문의 편지를 써서 나에게 주었다. 일종의 충성 맹세인 이 편지를 나는 허 보좌관에게 전달하고 허 보좌관을 설득하여 김 부장의 구명에 나섰다. 덕분에 김기춘 부장은 천신만고 끝에 검사장으로 승진하여 비교적 한직인 법무부의 출입국관리국장으로 발령이 났다."[5]

김기춘은 이를 부인한다. 청와대 비서실장이던 2014년《신동아》와 한 인터뷰에서 김기춘은 "그런 편지를 쓴 일이 없습니다"라고 주장했다. 이어서 1980년부터 1985년 초까지 맡았던 직책들을 열거하고 "그 과정에서 소위 5공 실세라고 하는 그분들

로부터 도움 받은 일이 없습니다"라고 덧붙였다.[6]

김기춘 주장보다 박철언 증언이 설득력 있는 이유

김기춘의 주장이 사실이라면 박철언이 편지 얘기를 조작했다는 말이 된다. 그러나 여러 상황을 고려할 때 그 가능성은 매우 낮아 보인다.

첫 번째, 조작할 이유를 박철언에게서 찾기 어렵다. 《바른 역사를 위한 증언》에는 김기춘에 대해 평소 좋은 인상을 갖고 있었다는 이야기가 나온다. '노태우 정권 때 김기춘이 김영삼 쪽과 밀착한 것에 앙심을 품고 조작했을 수도 있지 않느냐'고 보기도 어렵다. 회고록에서 초원복집 사건(1992년)을 다룬 부분에서도 이를 느낄 수 있다. 박철언은 초원복집 모임 참석자들이 김영삼을 위해 지역감정을 조장한 사실, 그리고 사건이 터진 후 도리어 김영삼을 편든 언론의 문제점을 지적할 뿐 김기춘 개인을 공격하지는 않았다. '5공 때 내가 구해준 김기춘이 어떻게 김영삼 편에서서 그럴 수 있느냐'는 얘기를 할 법도 한데 그런 언급도 하지 않았다.

회고록에서 박철언은 김영삼에 대해서는 "막말과 깽판"이라는 표현까지 쓰며 강하게 비판했다. 1980년 자신이 청와대로 발탁해 "12년 동안 참모장 역할"을 맡겼다고 밝힌 강재섭(훗날 한나라당 대표)이 1992년 대선 때 김영삼 쪽으로 돌아선 것에 대해 박철언은 "믿는 사람으로부터 뒤에서 칼질당하는 비참한 심정"이라며 진한 배신감을 토로했다.[7] 이들 외에도 부정적으로 서술한 사람이 더 있지만, 김기춘에 대한 서술은 그와 다르다.

두 번째, 전두환·신군부는 권력을 움켜쥔 후 그전에 악연을 맺은 이들에게 실제로 보복했다. 대표적인 사례가 강창성(육사 8기)이다. 경위는 이렇다.

1973년 보안사령관 강창성은 박정희의 명으로 수경사령관 윤필용을 조사하던 중 군 내부에 하나회라는 사조직이 있다는 것을 알게 된다. 강창성은 하나회를 강도 높게 조사했다. 위기에 처한 하나회를 구해준 건 박정희였다. 그전부터 전두환을 비롯한 하나회 구성원들을 특별히 챙겼던 박정희는 하나회를 척결하기는커녕 보안사령관을 강창성에서 다른 사람으로 바꿨다.

전두환·신군부가 권력을 찬탈한 후, 강창성은 보안사 서빙고 분실에 끌려가 호되게 당한 데 이어 교도소에 수감됐다. 그게 끝이 아니었다. 전두환·신군부는 강창성을 삼청교육대에 보내 이른바 '순화 교육'을 네 차례나 받게 했다. 치졸하면서 지독한 보복이었다. 이러한 당시 분위기와 박철언의 증언은 부합한다.

세 번째, 12·12쿠데타에서 4·24 검찰 인사에 이르는 과정을 봐도 박철언 증언에 무게가 실린다. 전두환·신군부는 12·12쿠데타를 통해 단번에 모든 권력을 장악한 것이 아니었다. 시간을 두고 기회를 노리다가, 1980년 5월 17일 자정을 기해 비상 계엄을 전국으로 확대하고 국회를 무력화했다(5·17쿠데타). 이어서 광주 학살을 자행하고, 국가보위비상대책위원회(국보위)를 만들어 권력 찬탈 작업을 본격화했다.

그해 8월엔 대통령 최규하를 끌어내리고, 전두환이 유신 헌법 방식으로 체육관 대통령이 됐다. 계속 그렇게 할 수는 없었기 때문에 전두환·신군부는 유신 헌법을 변형해 5공화국 헌법을 만들었다. 국민이 직접 대통령을 뽑지 못하게 한 점은 유신 헌법과 같지만, 박정희 혼자 출마한 유신 독재 때와 달리 전두환의 들러리 격으로 다른 사람들도 출마하게 하는 식이었다.

그와 함께 전두환·신군부는 삼청교육대 운영, 민주 노조 파괴, 언론 통폐합 등을 통한 언론 장악, 국가보안법 개악, 기성 정치인 중 상당수의 정치 활동 금지 등을 통해 권력 기반을 더 다졌다. 그런 다음 새 헌법에 따라 전두환이 대통령으로 다시 선출돼, 1981년 3월 이른바 제5공화국이 정식으로 출범하게 된다.

그다음 달에 이뤄진 4·24 인사는 12·12쿠데타 후 1년여 만에 5공화국을 띄운 전두환·신군부가 '이번엔 검찰 전체를 입맛대로 바꿀 차례다'라는 자세로 단행한 물갈이 인사라고 볼 수 있다. 경력 10년 이상의 검사 200여 명에게 일괄 사표를 제출하게 한 것도 그러한 차원이었다. 그런 때에 정권 실세들로서는 그동안 미뤘던 '검찰 내 눈엣가시 제거'를 추진하는 것이 당연한 수순 아니었을까? 그런데 보안사와 악연을 맺어 제거 명단에서 빠지기 어려웠을 김기춘은 오히려 검사장으로 승진했다. 모종의 조치가 있지 않았다면 생각하기 어려운 결과다. 박철언 증언이 설득력 있는 이유 중 하나다.

박철언 "이철희·장영자 사건 때에도 김기춘이 간청"

김기춘은 한직으로 여겨지는 법무부 출입국관리국장에 오래 머물지 않았다. 출입국관리국장이 된 지 8개월 만인 1981년 12월 법무부 검찰국장으로 임명됐다. 검찰국장은 '검찰의 꽃' 중 하나로 불리는 요직이다.

검찰국장 임명과 관련해 박정희 정권 시기 김기춘의 경력이 논란이 됐다고 한다. 그것에 대해 김기춘은 자신의 회고록에 이렇게 썼다. "전두환 대통령께서 '그것은 다 지나간 일이니 개의치 말고 앞으로 더욱 열심히 하라고 하시오' 하시며 쾌히 재가해주셨다는 말을 들었다."

검찰국장으로서 김기춘은 법무부 장관, 검찰총장이 대통령에게 보고하는 자리에 배석하기도 했다. 그러나 얼마 후 김기춘은 다시 위기를 맞게 된다. 계기는 1982년에 일어난 이철희·장영자 사건이었다. 김기춘은 이 사건 처리와 무관할 수 없었다. 사건이 터진 후 대통령 주재로 연이어 열린 대책 회의 중 하나인 5월 27일 회의에도 참석했다. 정권 실세도, 사건 처리 방향을 좌지우지할 수 있는 위치도 아니었지만 검찰국장이라는 요직에 있었기 때문이다.

그러다가 전두환의 노여움을 사게 되는데, 그것에 대해서도 박철언이 상세히 증언했다. 박철언에 따르면, 그해 6월 9일 김기춘이 박철언에게 만나자는 연락을 해왔다. 이어서 박철언은 '검찰이 사건 수사 중 이철희에게 초점을 맞춘 것이 대통령의 지시 때문이라는 식으로 김기춘이 국회에서 얘기했다'고 누군가 대통령에게 잘못 보고한 듯하니 대통령의 노여움을 풀어달라고 김기춘이 자신에게 "간청했다"고 증언했다.

박철언은 이 사안을 이미 알고 있었다. 김기춘에게 연락이 오기 9일 전(5월 31일) 전두환과 독대할 때 직접 들었기 때문이다. 박철언에 따르면, 전두환은 김기춘이 국회에서 "'이철희가 주동적 역할을 한 것으로 초점을 맞추라고 한 것은 윗분의 지시'라고 발뺌했다"는 얘기를 이종찬 민주정의당(민정당) 원내총무에게 들었다며, "법무부 장관에게 지시해 김기춘 국장을 조사하라"고 말했다.

박철언이 보기에 "이 사건을 두고 …… 대통령 핑계를 댔다고 하니, 당시 분위기로서는 (김기춘이) 도저히 빠져나올 수 없을 것 같았다." 그럼에도 "또다시 총대를 멨다." 박철언은 김기춘에 대해 좋게 얘기하며 전두환의 노여움을 달랬고, 그 결과 김기춘이 법무연수원 부장으로 좌천성 발령이 나는 것으로 정리되고 옷을 벗는 것만은 면했다고 회고록에 썼다.[8]

'단군 이래 최대 금융 사기 사건'과 전두환 청와대

이철희·장영자 사건은 '단군 이래 최대 금융 사기 사건'으로 불렸다. 이철희·장영자가 기업에 현금을 빌려주고 대신 몇 곱절로 받아낸 어음 총액이 검찰 발표에 따르면 7,111억 원에 달했다. 일신제강, 공영토건이 이들과 얽혔다가 무너지는 등 사건의 파장은 매우 컸다.

아울러 검찰은 이철희·장영자가 15개월 동안 개인 소비(교제비, 생활비 등) 명목으로 49억 원을 썼다고 발표했다. 10년 경력 교사의 월급이 25만 원 안팎이던 시절에 개인 소비 명목으로 매일 1,089만 원 정도를 썼다는 얘기다.[9]

사건 관계자들의 면면도 범상치 않았다. 이철희는 일제 말 일본 육군 나가노 정보학교 출신으로 해방 후에는 육사(2기, 박정희·김재규와 동기)를 거쳐 오랫동안 정보 계통에서 활동했다. 김대중 납치 사건(1973년) 당시 중앙정보부 해외 담당 차장보였고, 그 후 중앙정보부 차장이 된다. 유신 독재 말기에는 유정회 소속으로 금배지를 달았다.

장영자는 전두환의 처삼촌 이규광의 처제다. 현금을 빌려주고 몇 곱절로 어음을 받아내는 과정에서 장영자가 이철희의 중앙정보부 경력은 물론 대통령과 친인척 관계라는 점도 써먹은 것으로 얘기된다.

이규광의 경우 전두환이 처가살이를 오래 한 탓에 장인과 처삼촌에게 약하다는 얘기가 나오기도 했지만, 경력을 살펴보면 문제를 그 수준으로 한정하기 어려웠다. 이규광은 이승만 정권 말기인 1959년에 육군 헌병감을 지낸 예비역 장성이었다. 유신 독재 후반에는 박정희와 차지철을 위한 사설 정보대를 운영하며 김재규를 곤혹스럽게 만든 인물로 거론된다.

권력 기관이 취한 태도도 의혹을 불러일으켰다. 이철희·장영자 사건은 1982년 4월 공영토건이 '어음 사기를 당했다'는 진정서를 검찰에 제출하면서 불거졌지만, 여러 권력 기관에서는 이들의 행태에 대해 훨씬 이전부터 파악하고 있었다. 이미 1980

년 7월에 장영자가 의문의 활동을 하고 있다는 첩보가 보안사에 들어갔다. 그 후 안기부에도, 청와대 민정 비서실에도 이철희·장영자의 수상한 활동에 대한 얘기가 들어갔다. 그럼에도 사건이 터지기 전까지 보안사도, 안기부도, 청와대도 이들의 사기 행각을 막지 않았다.

사건이 터지자 많은 사람은 '배후에 청와대가 있는 것 아니냐'고 의심했다. 전두환은 불똥이 청와대로 튀지 않게 하기 위해 사력을 다했다. 이규광 구속을 막아 '장영자 → 이규광 → 이순자·전두환'이라는 의혹의 고리를 끊으려 했다. 그러나 이규광 구속은 피할 수 없었다. 박철언에 따르면, 그 후에도 전두환은 '핵심은 이철희이고 장영자는 하수인에 불과하다'는 수사 지침을 거듭 내렸다. 그런 상황에서 김기춘이 국회에서 "'이철희가 주동적 역할을 한 것으로 초점을 맞추라고 한 것은 윗분의 지시'라고 발뺌했다"는 보고를 들었기 때문에 전두환이 발끈했던 것이다.

이 사건은 정권 내부의 권력 지형도를 크게 변화시키는 계기로 작용했다. 전두환은 이전부터 실세로 군림해온 '투 허'(허화평·허삼수)가 이 사건 처리 방향을 놓고 자신과 다른 태도를 취하자, 1982년 12월 두 사람을 청와대에서 잘랐다. 이철희·장영자 사건을 계기로 권력이 더욱더 전두환 중심으로 재편된 것이다.

허리띠 졸라매고 한 푼 두 푼 모아온 국민들은 이철희·장영자 사건에 분노와 허탈감을 느낄 수밖에 없었다. 전두환 정권과 '민주''정의'당이 내세운 구호가 허울에 불과함을 단적으로 보여준 사건으로 국민들이 받아들인 건 당연한 일이었다.

박사 논문 쓰고 고검장 거쳐 법무연수원장으로

이철희·장영자 사건으로 김기춘은 법무연수원 연구부장으로 밀려나 1985년 초까지 그곳에서 근무했다. 그 기간 동안 시간이 났는지 박사 논문 작업을 진행해 1984년 서울대에서 〈형법 개정에 관한 연구〉라는 논문으로 법학 박사 학위를 받았다. "보안 처분 제도를 광범위하게 도입"할 것을 주장한 〈습관적 범인의 처우에 관한 연구: 보안 처분의 도입을 중심으로〉라는 논문으로 석사 학위를 취득한 지 17년 만이었다.

김기춘의 박사 논문은 단행본(《형법 개정 시론》)으로 출간된다. 이 책은 1988년 신임 검찰총장 김기춘의 경력을 다룬 기사에서 "형법 개정 논의 때마다 기본서가 될 정도의 역저라는 평가를 받고 있다"[10]고 소개되기도 한다. "손에서 책을 놓지 않는 학구파"라는 이미지에 힘을 싣는 평가였다.

1985년 3월 김기춘은 대구지검장으로 임명됐다. 지검장이 되는 과정도 순탄치만은 않았던 것으로 전해진다. 김충식에 따르면, 어느 법무부 장관이 김기춘을 딱하게 여겨 지검장으로 보내려 하자 청와대 민정수석이 전화로 "장관, 신상에 이롭지 못할 것이오"라고 경고했다고 한다.[11] 누가, 언제 그런 전화를 했는지는 분명치 않지만 김기춘에 대한 정권 일각의 견제가 사라지지 않았음을 말해주는 일화다.

김기춘은 1986년 5월 대구고검장으로 승진했다. "이론과 실무에 밝은 검찰의 큰 재목"[12]으로 보도되며 고검장이 된 김기춘은 1987년 6월 법무연수원장으로 이동했다. 지난번에 얘기한 것처럼, 1987년 육영재단(당시 이사장은 박근혜) 분규 때 법무연수원장 김기춘이 최태민 측을 만나기 위해 재단을 여러 차례 방문했다는 의혹이 훗날 제기된다.

김기춘이 법무연수원장으로 있는 동안 전두환이 대통령에서 물러나고 노태우가 그 자리를 물려받았다. 그리고 노태우 정권 첫해인 1988년 12월 김기춘은 검찰총장으로 화려하게 부활하며 다시 권력의 중핵에 진입하게 된다.

우여곡절은 있었지만 김기춘은 보안사 출신들이 권력의 중심부에 있었던 전두환·신군부 집권기를 큰 탈 없이 보냈다. 그렇게 된 데에는 전두환·신군부 집권 전반기에 맞이한 위기를 (김기춘 본인은 인정하지 않지만 박철언이 증언한 것처럼) 주변의 도움 등에 힘입어 어떻게든 넘겼다는 점이 크게 작용했다고 볼 수 있다.

그와 함께 김기춘의 처세술도 일정하게 영향을 끼쳤을 것이다. 김기춘의 삶을 살펴보면, '리틀 김기춘'으로 불리는 우병우보다 처세술에서 한 수 위라는 느낌이 든다. 우병우처럼 취재진을 노려보는 '레이저 눈빛'으로 화제를 모으는 식의 일은 김기춘에게서 찾아보기 어렵다.

1992년에 나온 한 기사는 노태우 정권 때 검찰총장을 한 김기춘과 정구영의 공통점 중 하나로 "상관에 대해 깍듯한 예의범절과 절대적인 복종 자세가 철저하다"는 것을 꼽았다. 2013년 대통령 박근혜에게 청와대 비서실장 임명장을 받을 때 74세의 김기춘이 허리를 거의 90도로 꺾어 이른바 '폴더 인사'를 한 것을 생각나게 하는 대목이다.

이 기사는 김기춘의 처세술 관련 일화도 소개했다. 기사에 따르면, 검찰총장일 때 딸의 혼사가 무르익었으나 김기춘은 검찰총장 옷을 벗고 야인 생활 석 달 만에 딸의 결혼식을 올려줬다. 그것에 대해 김기춘이 이렇게 얘기한 것으로 보도됐다. "만약 내가 총장 때 결혼식을 올렸다면 신문지상에 십중팔구 '하객들이 인산인해를 이루고 일대 교통이 마비됐다'는 쇼집 기사가 나왔을 것이며 그랬다면 오늘날 법무부 장관 자리에 발탁되지 못했을 것(이다.)"[13] 김기춘이 어떤 사람인지, 그 처세술이 어느 정도인지를 느끼게 하는 일화다.

"5공 피해자" 김기춘? 과장된 신화에 가깝다

여기서 다시 한 번 질문을 던져보자. 김기춘은 정말 "5공 8년 동안 '피해자'"였을까? 전두환·신군부 집권기는 김기춘에게 "암흑기"였을까? 10·26사건 이후 김기춘의 구체적인 행적을 바탕으로 검증해보면, 그러한 규정은 과장된 신화에 가깝다.

첫 번째, "5공 피해자"로 볼 수밖에 없는 이들은 분명히 존재한다. 예컨대 유신 독재를 이어받아 민주주의를 짓밟은 전두환·신군부와 맞서 싸우다 고초를 겪은 사람들이 그러하다. 고문 끝에 조작 간첩으로 제조된 사람들도 마찬가지다(김기춘이 수사 책임자였던 1975년 11·22사건 같은 조작 간첩 제조 사건은 전두환·신군부 집권기에도 숱하게 일어났다). 노동자로서, 인간으로서 당연히 누려야 할 권리를 요구하다가 일터에서 쫓겨난 것에 더해 블랙리스트에 올라 다른 밥줄을 찾기도 어려웠던 사람들 역시 그러하다. 이 세 경우 이외에도 "5공 피해자"로 볼 수밖에 없는 다양한 사례가 있다.

유신 독재를 구축하고 유지하는 데 기여한 사람 중에도 전두환·신군부 집권기에 피해를 봤다고 인정할 만한 경우가 없는 건 아니다. 강창성이 그런 경우다. 보안사령관 시절 강창성은 박정희의 지시에 따라 유신 쿠데타(1972년) 직후 야당 의원들을 고문하는 일을 관장하는 등 유신 독재 구축 과정에서 일역을 맡았다. 그 후 하나회를 조사했다가 1980년대에 삼청교육대에 끌려가는 등의 보복을 당했다. (참고로, KBS 이사로서 업무 추진비를 애견 카페 등에서 사적으로 사용한 사실이 드러나 박근혜 정권 붕괴 후 해임된 강규형은 강창성의 아들이다.)

그러나 전두환·신군부 집권기에 고위 공무원으로 계속 살아간 김기춘은 강창성과 경우가 전혀 다르다. 예컨대 공무원 김기춘이 공익을 위해 내부 고발을 했다가 피해를 보는 등의 일을 겪었다면 이야기가 달라질 수 있지만, 그러했나?

지금까지 살펴본 사례들 중 어느 하나라도 김기춘과 부합하는 것이 있나? 없다. 다른 여러 범주를 적용해도 김기춘에게 맞는 것은 찾기 어렵다. 그런데도 "5공 피해자"로 규정하는 건 사실과 부합하지도 않고, 부적절하기도 하다.

두 번째, 김기춘이 전두환·신군부의 미움을 사고 일정하게 견제를 당한 건 사실이다. 그렇지만 그렇게 된 이유를 분명히 할 필요가 있다.

전두환·신군부, 그중에서도 특히 보안사 출신들이 김기춘에게 앙심을 품은 것은 김기춘이 중앙정보부 내공수사국장이던 1977년 전방 대대장 월북 사건 후 보안사를 몰아친 데서 비롯됐다. 지난번에 살펴본 것처럼, 당시 김기춘과 중앙정보부가 보안사 쪽과 빚은 갈등의 본질은 정보 기관 간 영역 다툼이었다. 민주주의와 인권을 위해 보안사와 맞서다 미움을 산 게 아니라는 점 역시 김기춘을 "5공 피해자"로 규정하기 어렵게 만드는 요소다. 그에 더해, 김기춘에 대한 건세로 확인된 조치는 "5공 8년 동안"이 아니라 김기춘의 지검장 부임 전, 즉 전두환·신군부 집권 전반기에 주로 이뤄졌다는 점도 기억할 필요가 있다.

세 번째, 미움을 산 이유가 어떻든 간에 김기춘이 직위와 관련해 피해를 본 건 사실 아니냐고 누군가 주장할지도 모르겠다. 그러나 "5공 피해자", "암흑기"로 규정돼야 할 만큼 피해를 봤는지는 엄밀히 따져봐야 할 문제다.

우선 김기춘이 전두환·신군부 집권기에 고위 공무원으로 계속 살아갈 수 있었다는 점을 무시해서는 안 된다. 물론 면직 위기도 있었고 한때 한직으로 밀려났던 건 사실이고, 그로 인해 나름대로 마음고생도 했을 것이다. 그럼에도 고위 공무원 자리를 유지할 수 있었다는 건 이 문제를 평가하는 데 있어서 중요한 요소다. 그에 더해, 검사장으로 승진해 나중에 고검장에 올랐다는 사실을 빼놓아서는 안 된다.

동기, 선후배들과 비교했을 때 진급이 그렇게 늦은 것도 아니었다. 1987년 5월 김기춘의 고시 동기 중 최초로 이종남이 검찰총장이 됐다. 그때 김기춘의 직위는 검찰총장 바로 아래 단계인 고검장이었다. 전두환 정권 때 고검장을 하지 못했다면 노태우 정권 때 김기춘이 이종남의 후임 검찰총장이 되기도 쉽지 않았을 것이다.

물론 동기생에게 추월당했다는 것이 김기춘에게는 있을 수 없는 일로 여겨졌을 수도 있다. 박정희 집권기에 김기춘은 동기들 중 선두 주자로 나선 정도가 아니라, 몇 기수 위 선배들까지 제치는 초고속 승진을 거듭했다. 그러나 그것과 비교했을 때 김기춘이 느꼈을 수 있는 불편한 심정을 기준으로 직위와 관련해 상당한 피해를 봤다고 규정할 수는 없다.

박정희 정권 때부터 노태우 정권 출범에 이르는 시기 전체를 놓고 보면 어떨까? 유신 헌법 제작 관여, 문세광 신문 등을 계기로 박정희의 눈에 들면서 선배들까지 뒤로하고 혼자 멀리 치고 나갔던 김기춘이 그 후 동기들 중 선두에서 멀지 않은 2위 그룹 정도로 조정됐다고 볼 수 있다. 보안사와 맺은 악연이 그러한 조정 과정에서 작용했는데, 거듭 말하지만 갈등의 본질은 정보 기관 간 영역 다툼이었다. 상황이 이러한데 김기춘을 "5공 피해자", 전두환·신군부 집권기를 김기춘의 "암흑기"로 규정하는 게 타당할까?

네 번째, 전두환·신군부 집권기에 김기춘이 겪은 위기의 정도에 대해서도 되짚어볼 필요가 있다. 이 대목에서 가정을 해보자. 1981년 허화평 또는 1982년 전두환이 김기춘을 검찰에서 쫓아냈다면 김기춘은 어떻게 됐을까? 초임 검사 때부터 "장차 검찰총장이 될 검사라는 자부심을 갖고" 행동했다는 김기춘으로서는 좌절감을 맛봐야 했겠지만, 변호사로 개업해 사는 데에는 별 문제가 없었을 것이다.

전두환·신군부가 변호사 개업까지 막았을 가능성은 별로 없었다는 말이다. 물론 전두환·신군부가 표적으로 삼은 이들을 내

1987년 2월 7일에 열린 박종철 열사 추도 시위. 박종철 열사는 치안본부 남영동 대공분실에서 조사를 받던 중 고문·폭행으로 사망했다. ⓒ e영상역사관

1987년 7월 9일에 열린 이한열 열사 영결식. 이한열 열사는 시위 도중 경찰이 쏜 최루탄에 맞아 사망했다. ⓒ e영상역사관

1987년 6월항쟁과 노동자 대투쟁을 분수령으로 민주주의와 노동 운동의 물결이 일며 한국 사회에 활력을 불어넣었다. 김기춘 총장이 이끄는 검찰은 그러한 물결을 짓눌러 시대착오적인 극우 반공 체제를 수호하는 데 앞장서게 된다.

쫓는 것에 더해 밥줄까지 끊은 사례가 없는 건 아니다. 노동 운동을 한 사람들을 블랙리스트에 올려 재취업을 막은 것과 마찬가지로, 언론인 가운데 바른 말을 하는 사람들을 언론사에서 쫓아낸 것으로 모자라 경력을 살려 관련 계통에 취업하는 것도 막았다. 거슬러 올라가면, 유신 독재 정권이 양심수, 정치범을 변론하는 데 앞장선 한승헌 변호사를 눈엣가시로 여기고 변호사 자격을 박탈해 실업자로 만든 일도 있다.

그러나 전두환·신군부 인사들과 마찬가지로 극우 반공 세력의 일원인 김기춘에게 그런 일이 일어날 가능성은 높지 않았다. 노동 운동가, 언론다운 언론을 지향한 사람들, 한승헌 변호사와는 차원이 달랐다. 김기춘을 "5공 피해자"로 단정하기 전에 이러한 점을 생각할 필요가 있다.

마지막으로 한 가지 더 생각해야 할 문제가 있다. 전두환·신군부 집권이 김기춘에게 불리한 쪽으로만 작용한 것일까?

유신 독재가 무너진 후 민주주의를 향해 나아가는 것이 역사의 순리이자 당시 대세였다. 전두환·신군부의 권력 찬탈을 막아내고 민주주의를 향해 나아갔다면, 독재의 오물을 씻어내는 청산 작업이 당연히 진행됐을 것이다. 그것은 과거사 정리 작업을 수반할 수밖에 없다. 그 경우 유신 독재를 지키는 데 열과 성을 다한 김기춘도 조사 대상이 될 가능성이 높지 않았을까?

김기춘으로서는 결코 원치 않았을 상황이다. 전두환·신군부도 그 점에서는 다르지 않았다. 그런 상황만은 막고 극우 반공주의가 지배하는 사회가 계속되길 바랐다는 점에서는 전두환·신군부와 김기춘의 이해관계가 일치했다고 볼 수 있다. 이 점을 깊이 생각할 필요가 있다.

김기춘에게 훈장 안긴 격인 "5공 피해자" 규정

6월항쟁과 7·8·9월 노동자 대투쟁(1987년)을 거쳐 전두환 정권은 막을 내렸다. '광주 학살과 천문학적인 비리로 얼룩진 전두환 정권을 청산해야 한다'는 여론이 고조되는 건 당연한 일이었다.

그러한 시기에 김기춘은 "5공 피해자", "꼿꼿한 검사"로 대중에게 제시되며 검찰총장이 됐다. 그와 달리 유신 독재와 관련된 어두운 과거, 조작 간첩 제조 사건의 수사 책임자를 맡은 사실 등은 부각되지 않거나 묻혔다.

그러한 상황에서 "5공 피해자", "꼿꼿한 검사"라는 포장이 김기춘에게 일종의 훈장 같은 기능을 하면서 김기춘의 본모습을 가리고 이미지를 세탁해주는 효과를 낳았다고 하면 지나친 말일까? 신임 검찰총장 김기춘은 그러한 '훈장' 등을 자산으로 삼아 전두환 정권 관계자들 중 상당수를 구속하는 등 막강한 힘을 발휘한다.

그러나 김기춘이 이끄는 검찰이 지속적으로 겨냥한 진짜 표적은 따로 있었다. 6월항쟁과 노동자 대투쟁으로 분출한 민주주의와 노동 운동의 물결을 짓눌러 극우 반공 체제를 수호하는 것이 진정한 목표임을 김기춘의 검찰은 행동으로 입증하게 된다.

9

"괴물" 검찰의 출현과
"정권 파수꾼" 김기춘

2차 전성시대 전반부,
검찰총장 시절

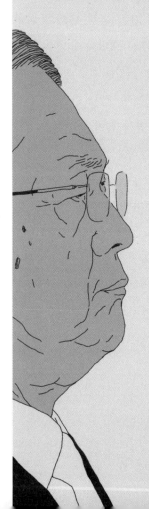

"'괴물을 잡기 위해 검사가 됐는데, 알고 보니 우리가 괴물이구나' 싶었다."

20년 가까이 검찰에 몸담은 검사 임은정은 2017년 9월 한겨레에 실린 인터뷰에서 검찰에 대해 이렇게 말했다.[1] 같은 해 4월 우병우 전 청와대 민정수석에 대한 구속 영장이 기각됐을 때에는 "우병우의 공범", "국정 농단의 조력자"인 검찰의 자성을 촉구하는 글을 검찰 내부망에 올리기도 했다.

상당수 검사들은 동의하지 않을지도 모르지만, 다수의 국민들은 임 검사의 말에 깊이 공감할 것이다. '검찰 공화국'이 시급한 개혁 대상으로 꼽히는 현실이 이를 말해준다.

어찌하다가 검찰은 "괴물"로 불리는 지경에 이르렀을까? 이것은 1987년 6월항쟁과 7·8·9월 노동자 대투쟁 이후 검찰의 선택과 떼어놓고 생각할 수 없다. 그러한 선택을 통해 '검찰 공화국'과 "괴물" 검찰을 구축하는 과정에서 중요한 역할을 한 사람이 바로 김기춘이다.

최초의 임기제 검찰총장, 그러나 도입 취지와는 정반대 행보

1988년 12월 5일, 49세의 법무연수원장 김기춘은 검찰총장으로 임명됐다. 초임 검사 시절부터 검찰 총수를 꿈꿔온 김기춘은 이 인사를 앞두고 근무 중에 틈틈이 검찰총장 취임사를 초안했다. 총장이 되면 초안한 취임사를 읽고, 되지 못하면 '읽지 못한 취임사'라는 제목으로 훗날 회고록에 실을 생각이었다.

그토록 원했던 검찰총장 자리에 김기춘이 오르는 데에는 박철언의 힘도 작용했다. 박철언은 이 인사에서 대통령에게 검찰총장 후보로 김기춘 등 3명을 추천했다고 자신의 회고록에 썼다.[2] 검찰총장 발탁 과정에서 "노(태우) 대통령의 인척과 매우 가까운 사이였다는 점이 유리하게 작용한 것으로 알려졌다"는, 김기춘 총장 재임 시절에 나온 보도[3]도 박철언의 증언을 뒷받침한다. '6공 황태자'로 불린 박철언의 추천은 김기춘에게 큰 힘이 됐을 것이다. 박철언으로서는 1981년 4·24 인사와 1982년 이철희·장영자 사건 때 검찰에서 쫓겨날 뻔했던 김기춘을 거듭 구해준 데 이어 김기춘이 검찰 총수가 되는 데에도 도움을 준 셈이다.

노태우 정권 출범 후 처음으로 임명된 검찰총장인 김기춘에게는 전임자들과 크게 다른 점이 있었다. 김기춘은 최초의 임기제 총장, 즉 2년 임기가 처음으로 보장된 검찰총장이었다.

이 시기에 검찰총장 임기제가 거론된 이유는 분명했다. 오랫동안 정권의 시녀 노릇을 한 검찰이 이제는 정치적 중립을 지켜야 하며, 그것을 위한 장치로 검찰총장 임기 보장이 필요하다는 것이었다. 그것에는 6월항쟁과 노동자 대투쟁을 거치며 대세가 된 민주화(부분적·제한적이라는 한계는 있었지만)의 흐름 속에서 검찰도 오욕의 역사를 씻고 거듭나야 한다는 뜻이 담겨 있었다. 야당, 재야 법조계 등에서 검찰총장 임기제 도입을 요구한 것도 그러한 차원이었다.

그러나 도입 후 현실은 전혀 달랐다. 검찰총장 임기제 도입 취지를 살리기 위해 분투하는 대신 그와 정반대 방향으로 나아갔다. 그렇게 된 요인 중 하나는 임기제 도입을 앞두고 대한변호사협회 등이 제시한 '검찰총장을 임명할 때 국회 동의를 받아야 한다'는 의견이 묵살된 것이었다. 그 결과 최고 권력자가 자신의 뜻을 충실히 받들 사람을 골라 검찰총장에 앉히는 구조는 바뀌지 않았다.

최초의 임기제 검찰총장이 김기춘이라는 점도 이 제도가 도입 취지에 어긋나게 운용될 수밖에 없게 만든 중요한 요인이었다. 검찰 → 중앙정보부 → 청와대 → 검찰로 이어진 김기춘의 경력에서 검찰의 정치적 중립을 지켜낼 인물로 볼 근거를 찾기는 어려웠다. 유신 독재 수호에 적극 나선 것에서도 드러나듯이 김기춘은 검찰총장 임기제 도입 취지와는 상반되는 길을 걸어왔다.

노태우 정권이 김기춘을 검찰총장으로 기용한 것도 그러한 경력과 떼어놓고 생각할 수 없다. 국민의 뜻을 받드는 검찰로 거듭나기 위해 분투하는 대신 정권을 지키는 데 앞장설 사람을 원했다는 얘기다. 김기춘은 청와대의 기대에 부응했다.

그 과정에서 검찰총장 임기제는 취지와 전혀 달리, 야당과 시민 사회에서 검찰의 무리한 행보를 비판하는 목소리가 나올 때 김기춘 총장을 보호하는 방패막이로 악용됐다. 그러면서 결국 "소신껏 '담합'해도 쫓겨나지 않는 제도로 변질"[4]됐다는 지적을 받기에 이른다.

첫 번째 시험대, 5공 비리 문제

검찰총장 시절 김기춘이 보인 모습을 주요 사안을 중심으로 되짚어보자. 1988년 12월 6일 김기춘은 검찰총장 취임식에서 전례 없는 장문의 취임사를 통해 검찰권 확립을 역설했다. 그간 검찰이 정치 권력의 시녀, 정권 유지의 도구라는 지적을 받은 사실을 거론하고, 검찰은 불편부당해야 한다고 강조했다.[5] 그럴듯한 얘기이긴 했으나 천명한 대로 실천할 것인가, 그것이 문제였다.

총장 취임 후 직면한 첫 번째 큰 산이자 시험대는 5공 비리 처리 문제였다. 전두환 일가를 중심으로 한 5공 실세들의 천문학적인 비리 실태가 드러나면서, 5공 청산이 광주 학살(1980년) 진상 규명과 더불어 정국의 핵심 사안으로 떠오른 상태였다. 언론 역사상 최초로 국정 생중계로 진행된 1988년 11월 5공 비리 청문회와 광주 청문회에 국민들은 뜨거운 관심을 보냈다.

노태우 정권은 목에 가시가 걸린 듯한 처지에 놓여 있었다. 5공과 뿌리가 같기 때문에 광주 학살 진상 규명, 5공 청산 작업이 철저하게 진행될 경우 자신들의 존립 기반이 흔들릴 수 있었기 때문이다. 5공 측의 거센 반발도 고려하지 않을 수 없었다. '우리한테 이럴 수 있느냐. 엄청난 검은돈을 1987년 대선 때 건네는 등 우리가 밀어준 덕분에 6공이 생긴 것 아니냐. 계속 이러면 우리도 앉아서 당하지는 않겠다', 큰 틀에서 보면 이러한 반발이 었다.

그렇다고 5공 청산 요구 등을 묵살할 수도 없었다. 국민들의 관심이 워낙 뜨거웠기 때문이다. 1988년 4월 총선에서 여당인 민정당이 과반 확보에 실패해 여소야대 국회가 형성된 것도 노태우 정권에 상당한 부담이었다. 이와는 다른 측면에서, 노태우 정권으로서는 퇴임 후에도 계속 영향력을 행사하려 한 전두환 쪽을 견제하는 데 5공 청산 문제를 활용할 수 있다는 점도 고려할 수밖에 없었다.

그런 상황에서 공이 검찰에 넘어왔다. 김기춘 총장 취임 1주일 후인 1988년 12월 13일, 검찰은 총장 직속 '5공 비리 특별수사부'(특별수사부)를 설치하고 본격적으로 수사에 착수했다. 한 달여 후인 1989년 1월 31일, 특별수사부는 수사 결과를 종합 발표했다. 내용은 전두환의 형제인 전기환·전경환과 처남 이창석, 전두환의 분신으로 통하던 전 안기부장 장세동, 그리고 전 청와대 민정수석 이학봉 등 47명을 구속하고 29명을 불구속 입건(이 중 44명 구속 기소, 20명 불구속 기소)했다는 것이었다. 이 발표를 끝으로 특별수사부는 해체됐다.

1981년 김기춘의 충성 맹세 편지를 받았다고 박철언이 증언한, 전두환·신군부 집권 초기의 실세 허화평은 이때 구속되지 않았다. 아울러 김기춘 검찰총장은 피의자로 검찰에 소환된 고교 선배 이학봉을 자신의 사무실에서 별도로 독대하는 특별 대우를 해 눈길을 끌었다.[6]

처음부터 전두환과 정치 자금 제외, 변죽만 울린 5공 비리 수사

전두환·신군부 집권기에 떵떵거린 이들 중 상당수를 구속하긴 했지만, 검찰 수사는 5공 비리의 핵심을 파헤치지 못하고 변죽만 울렸다는 질타를 받았다. 이는 특별수사부를 설치할 때 검찰이 보인 모습에서 예견할 수 있던 결과였다.

검찰은 국회 5공 특위에서 제기한 44건 중 삼청교육대 비리 등을 제외하고 19건만 특별수사부의 수사 대상으로 정했다. 그리고 특별수사부를 설치한 날 검찰총장 김기춘은 대통령 노태우가 1988년 11월 26일 밝힌 '전두환에 대한 정치적 사면' 방침을 존중하겠다고 밝혔다. 전두환에 대한 수사는 안 한다는 얘기였다. 또한 검찰은 정치 자금 문제에 대해서도 노태우의 뜻에 따라 수사하지 않겠다고 밝혔다.

핵심 중의 핵심인 전두환 및 정치 자금 문제를 제외한 것은 원칙에 충실한 수사가 아니라 청와대의 뜻을 받드는 수사를 하겠다는 말과 다르지 않았다. 그러한 검찰이 국민의 기대에 부응하는 수사 결과를 내놓을 것이라고는 처음부터 기대하기 어려웠다.

수사 과정에서 검찰이 실질적으로 제외한 것은 그 두 가지만이 아니라는 점도 문제였다. 수사해야 할 사안에 대해서도 검찰은 '전두환 및 정치 자금 관련'이라는 명목으로 수사를 회피하는 모습을 보였다. 전두환 정권은 물론 노태우 정권의 비자금도 주무르며 '금융계 황제'로 불린 이원조에 대한 허술한 수사가 대표적 사례로 꼽힌다.[7]

발표된 수사 결과도 의문을 불러일으켰다. 예컨대 일해재단

1989년 12월 31일 전두환 씨가 국회에서 5공 비리와 광주 문제에 대해 증언하고 있다. ⓒ e영상역
사관

기금 조성에 관여한 정주영 등이 기금 조성 과정에서 '일부 강제
성이 있었다'고 국회 청문회에서 시인했는데도, 검찰은 일해재단
등의 기금 조성 과정에서 강제성이 인정되지 않고 기금 유용 사
실도 없다고 발표했다.[8]

수사 결과를 발표한 날 김기춘은 이번 수사가 "정부·여당의
지침이나 영향력을 받지 않고 독자적·중립적으로 이뤄졌다"[9]고
밝혔지만, 이를 믿기는 어렵다. 노태우의 뜻을 받들어 전두환 및
정치 자금에 대해서는 수사에 착수하지도 않은 것 자체가 청와
대와 검찰의 관계를 분명히 말해준다. 수사 과정에서 김기춘 검

찰총장이 청와대와 보고 채널을 유지했고, 이로 인해 따돌림을 당한 허형구 법무부 장관이 노발대발했다는 보도[10]도 나왔다.

특별수사부 해체 후 1년 2개월이 지난 1990년 3월 3일, 검찰은 국회 5공 특위가 고발한 이원조에 대해 불기소 결정을 내렸다. 이로써 5공 비리에 대한 노태우 정권 시기의 사법 처리는 1년 3개월 만에 사실상 막을 내리게 된다.

그런데 5공 비리로 기소된 사람들 중 1990년 3월 이때 복역 중인 사람은 4명에 불과했다. 나머지는 집행 유예 판결을 받고 석방되거나(이창석, 이학봉 등) 실형이 선고된 후 보석으로 풀려나거나(장세동) 구속 집행 정지됐다. 이 때문에 사법부는 '권력형 범죄에 지나치게 관대한 것 아니냐'는 비판을 받았다.[11]

상황이 이러했기에 5공 비리 수사는 "결과적으로 비리 주역들에게 면죄부 쥐어주고 6공 정권의 가장 고민스러운 과제를 해결해주는 역할을 했다"[12]는 지적을 피할 수 없었다. 한 신문은 김기춘이 "6공 정권의 큰 짐이었던 5공 비리 사건을 법적으로 말끔히 '설거지'"[13]했다고 평가했다.

한 가지 덧붙이면, 5공 비리는 일각에서 박정희에 대한 향수를 부추기는 역할도 했다. 향수의 근거 중 하나는 '비리덩어리 전두환과 달리 박정희는 청렴했다'는 인식이었다. 그러나 전두환 집권기 못지않게 박정희 집권기에도 부정부패 문제가 심각했다(그 연장선상에 박근혜·최순실 게이트가 있다)는 사실을 고려하면, 이는 분명히 왜곡된 기억이 작용한 향수였다. 그럼에도 전두환 일가의 비리가 드러나면서 박정희에 대한 향수가 조금씩 퍼지는 기이한 현상이 발생했다. 이러한 현상은 1990년대 중반부터 박정희 신드롬으로 확산된다.

결과만 놓고 보면, 자신을 총애했던 박정희에게 전두환이 퇴임 후 의도치 않게 충성한 셈이다. 1979년 10·26사건 이후 한동안 침묵하던 박근혜가 아버지를 옹호하는 대외 활동을 본격적으로 전개하기 시작한 시점도 5공 비리가 주요 사회 문제로 떠오른 시기와 겹친다.

공안 정국 조성과 극우 반공 세력의 대대적인 반격

5공 비리 수사를 큰 틀에서 일단락 지으며 청와대의 고민을 덜어준 김기춘은 얼마 후 노태우 정권에 큰 '선물'을 안겨준다. 유신 독재 시절 4년여 동안 중앙정보부 대공수사국장을 하며 갈고닦은 '실력'을 마음껏 발휘하며 공안 정국 조성에 앞장선 것이 바로 그것이다. 검찰총장 재임 기간에 김기춘이 관여한 일 중 가장 파장이 큰 것이 이것이라고 볼 수 있다.

계기는 1989년 3월 작가 황석영과 문익환 목사가 연이어 북한을 방문한 것이었다. 6월항쟁과 노동자 대투쟁 이후 사회 전반적으로 밀리고 있다고 여기던 극우 반공 세력은 이를 계기로 대대적인 반격에 돌입했다. 그 선두에서 김기춘의 검찰이 발 빠르게 움직였다.

4월 3일 검찰은 안기부, 경찰, 보안사 등과 함께 공안합동수사본부(공안합수부)를 설치했다. 12개 지검에도 지역공안합동수사부를 구성했다. 이를 축으로 검찰은 공안 정국 조성에 앞장섰다.

공안합수부를 설치한 그날 이재오(나중에 신한국당으로 가지만 이때는 재야인사였다)와 시인 고은이 구속됐고, 4월 16일에는 한겨레의 북한 취재 계획과 관련해 언론인 리영희도 잡혀 들어갔다. 재야 단체 전국민족민주운동연합(전민련) 관계자들도 줄줄이 구속됐다.

그런 속에서 방북이 이어졌다. 6월에는 문규현 신부에 이어 임수경이 전국대학생대표자협의회(전대협) 대표로 북한을 방문했다. 같은 달, 농민 운동가 출신으로 평화민주당(평민당) 국회의원이던 서경원은 1년 전 북한을 은밀히 방문했던 사실을 밝히고 안기부에 자진 출두했다.

잠시 짚고 넘어가면, 4월혁명(1960년)을 통해 민주주의를 진전시킨 후 분단 해소를 지향하는 운동이 활발하게 전개된 것과 마찬가지로, 6월항쟁과 노동자 대투쟁 후에도 그러한 목소리가 터져 나왔다. 북한 바로 알기 운동이 일어난 것도 그런 차원이었다.

연이은 방북은 그 연장선상에서 이뤄졌다고 볼 수 있는데, 그에 대한 평가는 엇갈린다. 민주화 운동 세력 내에도 이 시기 방북이 통일 운동의 신기원을 열었다는 평가와, 통일 문제에 대한 대중적인 공감대가 충분히 형성되지 못한 상태에서 성급했던 것 아니냐는 평가가 공존한다. 평가는 엇갈리지만, 임수경이 평양 능라도 경기장에서 군중의 환영을 받을 때 비밀 회담을 위해 방북한 박철언이 북한 정권 인사들과 나란히 경기장에 앉아 그 모습을 내려다보고 있었다[14]는 사실은 남북 접촉에 관해 여러 가지를 생각하게 만든다.

분명한 것은, 더디긴 했지만 대세였던 민주화를 일거에 뒤집을 기회를 엿보던 극우 반공 세력에게 연이은 방북은 좋은 소

1989년 4월 14일 보수 단체 주체로 '문익환 목사 북한 밀입국 사건 규탄 대회'가 열렸다. © e영상 역사관

재였다는 것이다. 노태우 정권은 이를 계기로 '파출소에 M16과 실탄 지급', '정당, 교회, 학원을 막론하고 불법 시위에 공권력 투입' 등 초강경 조치를 발표하고, 대대적인 공세를 취했다. '공안 합수부를 설치할 법적 근거가 없다'는 등의 여러 비판이 제기됐지만 묵살됐다.

문익환, 임수경 등 북한을 방문한 사람들은 바로 구속됐다. 그러나 공안합수부의 표적은 방북과 관련된 인사나 단체만이 아니었다. 공안합수부는 사회 각 부문에서 극우 반공 세력이 강제한 것과는 다른 세상을 꿈꾸던 이들을 광범위하게 잡아들였다. 좌경 용공 폭력 세력 척결이라는 구실을 내세웠지만, 공안 당국의 좌경 용공 폭력 세력 규정은 지극히 자의적이었다.

공안 정국의 광풍이 어느 정도였는지를 보여주는 수치를 두 가지만 살펴보자. 하나는 공안합수부가 존속 77일간 443명이나 사법 처리했다는 것이다. 그중 317명은 구속됐다. 사법 처리된 사람의 상당수는 노동 운동 관계자 등 방북 사건과 직접적인 관계가 없는 이들이었다.

다른 하나는 노태우 정권이 출범한 해인 1988년에 비해 공안 정국의 광풍이 거셌던 1989년에 구속 노동자 수가 급증했다는 것이다. 6배 넘게(147명→946명) 늘었다고 나오는 자료도 있고, 7배 넘게(80명 정도→611명) 늘었다고 집계한 자료도 있다.[15] 자료에 따라 수치가 약간 다르긴 하지만 구속 노동자가 급증한 것은 분명한 사실이다. 이는 이 시기 공안 통치의 주요 표적이 노동 운동이었음을 말해준다.

공안 바람은 정치권에도 불었다. 문익환의 방북 계획을 사전에 들었고 서경원이 속한 평민당의 총재이던 김대중은 조사를 받고 불구속 기소됐다. 그뿐 아니라 검찰은 김대중이 서경원을 통해 북한 공작금 1만 달러를 받았다고 발표하며 김대중을 몰아붙였다.

'김대중 1만 달러 수수설'은 훗날 사실이 아닌 것으로 드러난다. 김대중 집권기인 1999년, 검찰은 1989년 수사 당시 김대중이 1만 달러를 받지 않았음을 말해주는 물증이 있었으나 그것이 10년간 은닉됐다는 사실을 공개하게 된다. 검찰이 사건을 조작했을 가능성을 보여주는 물증이 10년 만에 드러난 것에 더해 사건 조작과 안기부의 관련성 문제도 관심을 모았다. 2001년 검찰은 김대중이 서경원으로부터 북한 공작금 1만 달러를 받은 사실이 없다고 발표했다.

검찰, 김기춘 지휘 아래 정권 수호 선봉장으로

공안 정국은 노태우 정권에 여러모로 만족스러운 결과를 안겨줬다. 우선 6월항쟁과 노동자 대투쟁 이후 각계에서 활발하게 움직이던 민주화 운동 세력을 좌경 용공으로 몰아 광범위하게 탄압할 수 있었다. 그것을 통해 노태우 정권에 큰 부담이었던 광주 학살 진상 규명, 5공 청산 문제 등을 어느 정도 가리는 효과도 거뒀다. 1989년 1월 특별수사부를 해체하며 5공 비리 수사를 일단락 짓는다고 정권 차원에서 선언한 후에도, 더 철저하게 청산하고 전두환을 증언대에 세워야 한다는 등의 요구는 사라지지 않은 상황이었기 때문이다.

공안 정국 조성을 통해 노태우 정권은 5공 청산 문제로 분열됐던 여권의 결속도 다졌다. 공안 정국은 여소야대에서 벗어나기 위한 여권의 합종연횡 추진 과정에서 김대중의 평민당을 배제하는 데에도 영향을 줬다. 합종연횡 결과, 1990년 1월 3당(노태우의 민정당, 김영삼의 통일민주당, 김종필의 신민주공화당) 합당 선언을 통한 이른바 보수 대연합이 이뤄지게 된다.

공안 정국 조성에 앞장선 김기춘과 검찰의 정권 내 위상도 높아졌다. 김기춘은 민주화 운동 세력과 야당에 밀리며 취약했던 노태우 정권의 버팀목 구실을 했다는 평가를 받았다. 노태우가 김기춘을 검찰총장 퇴임 후 법무부 장관으로 기용한 것도 이

1990년 3당(민주정의당·통일민주당·신민주공화당) 합당으로 탄생한 거대 여당 민주자유당 창당 기념식. ⓒ e영상역사관

와 떼어놓고 생각할 수 없다.

　　그와 함께 김기춘은 검찰의 입지를 공고하게 다졌다는 평가도 받았다. 전두환 정권 때까지 안기부(전신인 중앙정보부 시절 포함), 군 등에 눌려 기를 펴지 못하고 시국 사건의 뒤치다꺼리나 한다는 얘기까지 들었던 검찰이 김기춘 총장 시기를 거치며 정권 수호의 선봉장으로 나서게 됐다는 말이다. 군사 독재 시기에 정권을 떠받치던 군부가 한 발 뒤로 물러서고 제한적인 민주화가 진행된 노태우 정권 시기에는 그 빈 공간을 검찰의 형벌권으로 메우게 됐다[16]는 이야기이기도 하다.

　　공안합수부를 해체하면서 김기춘이 한 다음 이야기에서도

1990년 9월 10일 김기춘 검찰총장을 비롯해 내무부 장관, 법무부 장관, 문교부 장관, 노동부 장관 등이 참석해 민생 치안 및 법질서 확립을 위한 합동 기자 회견을 열었다. ⓒ e영상역사관

검찰의 달라진 위상과 자신감을 엿볼 수 있다. "공안합수부의 효율적인 운영으로 …… 검찰을 중심으로 한 공안 사건의 수사 지휘 및 공조 체제가 본궤도에 올랐다."[17]

이러한 과정을 거쳐 김기춘은 이 시기 검찰을 상징하는 인물로 여겨지게 된다. 엘리트 의식으로 충만한 적잖은 검사들 눈에는 권력 기관들 사이에서 기를 못 펴던 이전의 검찰 위상이 영 못마땅했을 것이고, 그렇기에 그 위상을 높인 김기춘이 그만큼 대단해 보이지 않았을까?

정권 내 위상이 높아진 검찰은 청와대에 더 밀착했다. 수사 착수 여부, 시기 및 수사 범위를 결정하기 전에 검찰총장이 대통령의 뜻을 파악하기 위해 이전보다 더 활발하게 청와대와 물밑 접촉을 했다는 지적[18]이 나온 데에는 그만한 이유가 있다.

김기춘은 '미스터 법질서'를 자칭했다. 남들도 자신을 그렇게 불러주기를 바랐다. 그와 함께 자유민주주의 체제 수호의 선봉장을 자임했다. 그러나 오늘날 뉴라이트 등이 자유민주주의의 화신으로 떠받드는 이승만의 행적을 살펴보면 자유민주주의자와 한참 거리가 먼 것처럼, 김기춘이 말하는 자유민주주의 역시 실체는 극우 반공주의일 뿐이었다.

민주주의를 지향하는 사람들은 김기춘을 다르게 불렀다. 공안 정국을 거치면서 김기춘은 이들에게 "정권의 파수꾼", "민주화 운동에 대한 최대의 탄압자"[19]로 불리게 된다.

강력 사건 실적으로 '공안 집착' 가리기

김기춘 총장이 이끄는 검찰의 '공안 집착'은 공안합수부 해체 후에도 계속됐다. 그러나 그것이 외부에 드러나는 방식은 달랐다.

검찰은 민생 치안을 확립한다는 취지로 1989년 10월부터 대검찰청과 전국 지검에 강력부를 설치했다. 이것이 검찰의 공안 이미지를 희석시키는 데 상당한 기여를 하게 된다. 예컨대 1990년 10월 검찰은 폭력 조직 우두머리 15명을 비롯해 폭력배 50명을 지명 수배하는데, 이들이 검거되면 신문에서 대서특필하곤 했다. 이렇게 되면서 언론 보도에서 공안 사건이 강력 사건에 묻히는 일이 늘어났다.

이에 대해 당시 검찰 관계자는 이렇게 평가했다. "강력부가 앞장서서 일을 만들어나가는 가운데 공안부는 뒤에서 조용하게 티를 내지 않고도 공안 사범들을 집요하게 야금야금 해치워나갔다고 볼 수 있다."[20]

눈여겨볼 또 다른 사항은 이러한 움직임이 1990년 10월 13일 대통령 노태우의 특별 선언으로 시작된 '범죄와의 전쟁'과 맞물렸다는 점이다. '범죄 조직을 소탕하겠다는 게 뭐가 문제냐'라고 누군가 반문할지도 모르겠지만, '범죄와의 전쟁'은 그렇게만 볼 수 없는 면이 많다.

당국은 이를 통해 범죄가 많이 줄었다고 자평했지만, 많은 시민들이 체감하는 현실은 그와 달랐다. 우려했던 인권 침해 문제도 적잖게 발생했다. '범죄와의 전쟁' 선포 후 모든 외근 경찰관에게 총기와 실탄을 제공한 결과 경찰의 총기 사용이 크게 늘고 그에 따라 인명 피해도 늘었다. 심지어 폭행으로 고발된 현직 경관이 화해에 응하지 않는 주민을 비롯한 민간인 4명을 사살하는 일까지 벌어졌다.

그뿐 아니라 '범죄와의 전쟁'은 정치적 요소와 떼어놓고 생각하기 어려웠다. '범죄와의 전쟁' 선포 후 노조 간부를 대거 구속·수배하는 등 노동 운동을 비롯한 민중 운동에 대한 탄압을 강화한 것도 그런 요소 중 하나다. 검찰이 강력부 실적을 내세워 '공안 집착' 이미지를 희석시키려 한 것도 이 점과 연결해 생각할 필요가 있다. 사실 '범죄와의 전쟁'은 윤석양이 보안사의 광범위한 민간인 사찰 실태를 폭로한 후 9일 만에 선포되면서 '민간인 사찰 폭로에 정치적으로 대응한 것 아니냐'는 지적을 처음부터 받았다.

한편 '범죄와의 전쟁'이 한창일 때 판검사와 폭력배가 술자리에 합석했다가 물의를 빚어 퇴임을 앞둔 김기춘 검찰총장을 곤혹스럽게 하기도 했다. 이 대목에서 '범죄와의 전쟁'에 대한 검찰 지휘부의 또 다른 태도를 느낄 수 있는 사례를 하나 살펴보자.

'범죄와의 전쟁' 선포 직후인 1990년 10월 18일, 부산지검 강력부가 부산 지역 폭력 조직 구성원들을 지명 수배하고 조직 우두머리의 사무실을 수색하는 과정에서 박철언 의원 명의의 감사패를 발견했다는 흥미로운 내용이 여러 신문에 보도됐다. 그것에 그치지 않고, 그 조직 우두머리가 그해 4월 자유민주애국청년단이라는 것을 결성해 우익 성향 집회를 연이어 열었다는 사실도 보도됐다.

그런데 당시 언론 보도에 따르면, 이러한 보도 내용을 접한 김기춘 검찰총장이 크게 노해 부산지검에 "수사와 직접 관련이 없는 문제로 말썽을 일으켰다"고 전화로 호통을 친 것으로 알려졌다. 여당 의원 박철언과 관련된 사안임을 감안하지 않으면 이해하기 어려운 반응이다. 이 사건을 담당한 부서의 부장 검사는 그다음 달 인사에서 상당한 불이익을 받았다고 한다.[21]

김기춘의 공안 신념, '무좀론'… "끊임없는 사상 투쟁 필요"

김기춘이 공안 정국 조성에 앞장선 데에는 정권을 떠받치고 검찰의 위상을 높이겠다는 뜻도 작용했겠지만, 그게 전부라고 볼 수는 없다. 공안 정국 조성은 김기춘의 신념과 부합하는 일이기도 했다.

김기춘은 검찰총장 재임 기간에 다음과 같은 이야기를 했다고 회고록에 썼다. "공산주의자들은 무좀과 비슷하다. 약을 바르면 잠시 들어갔다가, 약을 바르지 않으면 또 재발하는 것이다. 뿌리를 뽑지 않으면, 또 언제 독버섯처럼 돋아나는지 모른다."

이 얘기를 한 취지에 대해 김기춘은 회고록에 이렇게 덧붙였다. "그만큼 끊임없는 사상 투쟁, 국민의 사상 무장이 필요하다는 점을 강조한 것이었다."

이러한 신념으로 무장한 김기춘은, 1990년 1월 경향신문에 실린 인터뷰에서도 드러나듯이, 1987년 6·29선언 이후 민주화란 미명 아래 좌경 세력이 사회 곳곳에서 머리를 들고 있다고 여기고 있었다. 그렇기 때문에 단호히 대처할 결심이라고 밝혔다.[22]

그러한 김기춘에게 공안 정국 조성은 반드시 해야 하는 일이기도 했을 것이다. 그 과정에서 나름대로 사명감을 느꼈을 수도 있다. 그러나 그것은 매우 위험할 뿐만 아니라 민주주의를 위협하는 신념이었다.

좌경 세력이라는 규정은 지극히 자의적이었다. 정권에 비판적인 이들 중 사회주의에 관심을 가진 사람들이 일부 있었던 건 사실이지만, 모두 그랬던 것은 아니다. 그러나 김기춘의 검찰이 앞장서 조성한 공안 정국에서는 정권을 강하게 비판하면 언제든 좌경 세력으로 몰릴 수 있었다고 해도 지나치지 않다. 그와 별개로, 파괴 행위를 명시적으로 했다면 모를까, 그렇지 않은 상태에서 사회주의에 관심을 가진 것만으로 처벌할 수 있는가 하는 문제도 물론 있다.

좌경 세력 대신 "공산주의자들"이라는 표현을 쓴다고 해서 상황이 달라지지는 않는다. 극우 반공주의에 영합하지 않고 민주주의의 기준으로 그것을 비판하면 언제든 "공산주의자들" 또는 좌경 세력으로 몰릴 수 있었다. 1989년 공안 정국 때는 물론이고 한국 근현대사 전반에 걸쳐 실제로 그러했다.

그처럼 위험한 신념을 김기춘 한 사람만 지닌 것은 아니었다. 극우 반공 세력 전반이 공유했다고 볼 수 있다. 김기춘의 삶을 살펴보면, 검찰총장 시절만이 아니라 생애 전반에 걸쳐 그러한 모습이 일관성 있게 나타난다는 것을 알 수 있다.

민주주의를 짓밟은 유신 독재를 지키는 데 열과 성을 다하고, 중앙정보부 대공수사국장으로서 조작 간첩 제조 사건의 수사 책임자를 맡은 것 등도 그런 차원이다. 박근혜 밑에서 청와대 비서실장을 할 때 김기춘이 보인 모습과도 자연스럽게 이어진다. "공산주의자들", "무좀", "독버섯", "끊임없는 사상 투쟁", "국민의 사상 무장" 등에서 박근혜 정권의 '세월호 죽이기' 공작과 블랙리스트 문제를 떠올리는 건 조금도 이상한 일이 아니다.

김기춘의 '무좀론'과 관련해 한 가지 더 생각할 사항이 있다. "무좀"이라는 비유가 사회주의를 나쁜 병균으로 묘사하면서 비판 세력 전반을 탄압한 일본 군국주의자들을 비롯한 파시스트들의 방식을 떠올리게 만드는 면이 있다는 것이다. 김기춘이 세종대왕과 함께 존경한다고 밝힌 박정희도 일본 군국주의의 영향을 강하게 받았다.

김기춘이 자랑한 공업용 쇠기름 수사, 7년 9개월 만에 무죄 확정

김기춘의 검찰총장 시절을 마무리하기 전에 한 가지 사건만 더 살펴보자. 공업용 쇠기름(우지牛脂) 파동이 그것이다.

1989년 11월, 검찰은 비누나 윤활유 원료로 쓰이는 공업용 수입 쇠기름으로 라면, 마가린 등을 만들어 팔았다며 삼양식품, 오뚜기식품 등 내형 식품 회사 5곳의 대표 등 10명을 구속했다. 검찰이 수사 결과를 발표하면서 "공업용 우지가 인체에 유해한지 여부는 규명되지 않았다"고 밝혔지만, 파문은 엄청났다.

시민들은 경악과 분노를 금치 못했다. 발표 직후 가게에서 라면 판매가 사실상 중단될 정도로 판매량이 급감했다. 소비자 단체는 범국민적 불매 운동을 벌이겠다고 선언했다. 문제는 국외로 확산돼 동남아시아에서 라면을 비롯한 한국산 인스턴트식품 기피 현상이 발생했다.

일이 커지자 검찰에서는 보건사회부의 직무 유기로 발생한 일이라며, 보건사회부 관계자들을 수사해야 한다는 강경한 의견도 제시됐다. 그런 가운데 재판이 진행됐다. 1심 재판부는 유죄를 선고했지만, 2심에서는 무죄가 선고됐다. 1997년 8월, 대법원에서 무죄 확정 판결이 나왔다. 사건 발생 7년 9개월 만이었다.

애초에 쇠기름이 공업용으로 분류된 건 내장과 사골을 먹지 않는 미국인들의 기준에 따른 것이었다. 그것이 검찰 수사 및 발표를 거쳐 '사람이 먹을 수 없는 것'으로 알려지면서 일대 파문이 일어난 것이다.

라면 업계가 전반적으로 타격을 받았지만, 그중에서도 파동

전 60퍼센트에 달하는 시장 점유율을 자랑하던 삼양식품이 가장 큰 타격을 입었다. 삼양식품의 시장 점유율은 파동 이전의 4분의 1 수준으로 급락했다. 대법원 판결 후 삼양식품 회장은 "검찰 수사로 1,000여 명의 직원이 한꺼번에 회사를 떠나는 등 한때 우리 회사는 공중분해될 뻔했습니다"라며 "그동안 받은 엄청난 피해는 어디서 보상받아야 합니까"라고 하소연했다.[23]

검찰총장일 때 김기춘은 이 사건 수사를 자랑스러워했다. 1990년 1월 경향신문에 실린 인터뷰에서 김기춘은 동국대 입시 부정 사건과 함께 공업용 쇠기름 파동을 거론하면서 이렇게 말했다. "대형 식품 회사 대표들을 잡아들일 때 많은 국민들이 '과연 검찰이 큼직한 부정 사건에 손을 대는구나'라고 손뼉을 쳤을 것으로 자임합니다."[24]

이 사건은 2016년 박근혜·최순실 게이트가 터진 후 다시 화제가 됐다. 김기춘이 삼양식품 경쟁사이자 공업용 쇠기름 파동에 휘말리지 않은 농심의 법률 고문이라는 사실이 알려졌기 때문이다. 김기춘은 청와대 비서실장으로 취임하기 전인 2008~2013년에 농심의 법률 고문을 맡은 데 이어 2016년 9월 농심 비상임 법률 고문이 된 것으로 보도됐다. 논란이 일자 농심은 김기춘과 맺은 계약이 2016년 12월에 끝나면 재계약하지 않을 것이라고 밝혔다.[25]

검찰 역사에서 김기춘 총장 재임 시기가 갖는 의미

검찰총장으로 화려하게 부활하며 2차 전성시대의 문을 열었던 김기춘은 1990년 12월 5일 퇴임했다. 퇴임 인터뷰에서 김기춘은 후배 검사들에게 어떤 말을 남기고 싶은가라는 질문에 이렇게 답했다. "학생 시절의 순수성, 정의감이 끝까지 퇴색되지 않았으면 한다."[26] 적잖은 사람들에게 쓴웃음을 짓게 만들 법한 답변이다.

검찰 역사에서 김기춘 총장 재임 시기가 갖는 가장 중요한 의미는 무엇일까? 검찰이 극우 반공 정권의 시녀로 살아온 오욕의 역사를 씻고 거듭날 수 있는 기회를 검찰 스스로 걷어찬 것이라고 필자는 생각한다.

그 기회는 검찰 스스로 쟁취한 것이 아니었다. 6월항쟁과 노동자 대투쟁으로 대표되는 저항을 통해 국민들이 만들어준 기회였다. 그 과정에서 수많은 사람이 희생을 감수하고 목숨까지 걸어야 했다.

그러나 그렇게 해서 만들어진 기회의 문을 검찰은 열지 않았다. 그 문을 열고 민주화의 흐름에 합류해 민주 사회에 어울리는 검찰로 나아가기 위한 분투를 하지 않았다. 그와 반대로 극우 반공 정권에 더 밀착하며 민주주의를 향한 흐름을 법의 이름으로 막아서고, 그것을 통해 권력 기관 내에서 위상을 높이는 길을 택했다. 그렇게 해서 극우 반공 정권 수호의 선봉장 자리를 꿰찼고, 검찰의 특권도 강화할 수 있었다. 그러나 그것은 주권자인 국민의 뜻을 무겁게 여기고 그것을 받들기 위해 전력을 다하는 검찰과는 거리가 멀었다.

물론 그 기회의 문이 넓지는 않았다. 6월항쟁 후 민주화가 부분적·제한적으로 진행됐기 때문이다. 1987년 대선에서 양김 (김영삼, 김대중) 분열로 노태우가 권좌를 거머쥐었고, 사회 전반적으로 과거사 정리 작업이 제대로 이뤄지지도 못했다. 최고 권력자 입맛에 맞는 사람을 검찰총장에 앉히는 구조가 바뀌지 않았던 것도 중요한 요인이다.

그러나 검찰이 정치권만 탓할 처지는 결코 못 된다. '검찰 공화국'을 구축한 6월항쟁 이후 시기는 더더욱 그렇다. 이 대목에서 임은정 검사의 얘기에 한 번 더 귀 기울일 필요가 있다. '정치 검찰'이라는 비난에 억울해하며 정치권 탓을 하는 일부 검찰 간부에 대해 임 검사는 이렇게 지적했다. "자신의 행동에 형사 책임을 지지 않는 사람은 14세 미만의 형사 미성년자뿐이다. 검사가 형사 미성년자는 아니지 않나?"[27]

오욕의 역사를 씻고 거듭날 수 있는 기회를 검찰 스스로 걷어차는 과정에서 중요한 역할을 한 사람이 김기춘이다. 그 중심에 김기춘이 있었다고 해도 과언이 아니다. '검찰 공화국'은 김기춘 검찰총장 시기에 그 기반이 마련되고, 김기춘이 법무부 장관이던 때에 굳히기 단계에 들어섰다고 볼 수 있다. 그렇게 재구축된 검찰의 틀은 그 후 별반 달라지지 않았다. 정치 권력, 자본 권력에 영합하는 검사들이 잘나가는 구조는 바뀌지 않았다. 그 귀결이 "괴물"로 불리는 검찰이다.

주권자의 뜻을 외면하는 검찰이 얼마나 위험한 존재인가를 오랫동안 국민들은 절감해야 했다. 그러했던 검찰이 촛불 항쟁을 거치면서 전과는 다소 다른 모습을 보이고 있다. 그렇지만 검찰의 체질이 바뀔지는 시간을 두고 지켜봐야 할 사항이다. 민주 사회에 어울리는 검찰로 거듭났다고 대다수 국민이 수긍할 수 있는 때, 바로 그때가 검찰이 김기춘의 그림자에서 벗어났다고 말할 수 있는 때일 것이다.

2018년 현재, 검찰은 다시 기회의 문 앞에 서 있다. 촛불 항쟁을 통해 국민들이 만들어준 기회다. 이번에도 검찰 스스로 쟁취한 기회는 아니다. 이번에는 검찰이 기회를 잘 살릴 수 있을까?

유서 대필 조작과 김기춘,
사건은 끝나지 않았다

2차 전성시대 후반부,
법무부 장관 시절 (1)

검찰총장 퇴임(1990년 12월 5일) 후 김기춘은 한동안 야인으로 지냈다. 검사 임관 이래 20여 년 만에 처음 있는 일이었다. 쉬는 동안에도 정장 차림으로 안방에서 서재로 '출근'했다가 안방으로 '퇴근'하는 생활을 이어가면서, 책과 모차르트 음악에 심취한 것으로 보도됐다.

그런 일상이 오래가지는 않았다. 1991년 5월 26일 대통령 노태우는 김기춘을 법무부 장관으로 임명했다. 검찰총장에서 물러난 지 5개월 만에 김기춘은 검찰의 인사권, 예산 편성권을 쥐고 검찰 수사를 지휘할 수 있는 법무부 장관으로 올라섰다.

김기춘은 〈대통령, '범죄와의 전쟁'을 선포하다〉라는 글[1]에 1991년 4월 하버드 법대에서 객원 연구원visiting scholar 허가가 와서 미국에 공부하러 갈 준비를 하던 중 5월 26일 당일 오후에 장관 임명 사실을 전하는 대통령의 전화를 받았다고 썼다. 예상치 못한 상황에서 장관으로 임명된 듯한 분위기를 풍기는 서술이지만, 법무부 장관 기용은 예정된 수순에 가까웠다.

검찰총장일 때부터 김기춘은 유력한 차기 장관 후보로 거론됐다. 1990년 3월 법무부 장관 교체를 앞두고 자신이 장관 후보로 거명되자 "지금의 장관-총장 체제를 유지시켜" 검찰총장 임

정형근 국가안전기획부 대공수사국장이 1991년 7월 26일
전국대학생대표자협의회(전대협)에 관한 수사 결과를 발표하고 있다(위).
아래 사진은 안기부에서 수집한 증거물. ⓒ e영상역사관기 보장의 취지를 살려달라고 김기춘이 청와대에 진언한 것으로 알려졌다는 보도[2]가 나오기도 했다. 그해 12월 검찰총장에서 물러난 직후에도 김기춘이 차기 법무부 장관으로 기용될 것이라는 관측이 무성했다.

신임 법무부 장관 김기춘은 "법의 권위가 지배하는 사회"를 역설했다. 그러나 김기춘 장관 재임 시기에 법은 또다시 흉기로 전락하고 만다.

'5월 투쟁'으로 수세에 몰린 정권의 구원 투수

김기춘을 법무부 장관으로 불러들일 무렵 노태우 정권은 궁지에 빠져 있었다. 1991년 4월 26일 명지대생 강경대가 시위 도중 백골단에게 맞아 죽은 후 거리는 연일 반정부 시위대로 뒤덮였다. 그런 속에서 한진중공업 노조 위원장 박창수가 의문의 죽음(5월 6일)을 맞고 학생, 노동자, 빈민 등 10여 명이 정권 퇴진 등을 요구하며 연이어 분신하면서 '5월 투쟁'으로 불리는 반정부 흐름은 고조됐다. 5월 25일에는 성균관대생 김귀정이 백골단의 토끼몰이식 진압이 난무한 시위 현장에서 목숨을 잃었다.

'5월 투쟁'은 강경대 타살로 촉발됐지만, 그 배경에는 노태우 정권의 잘못된 정치가 자리 잡고 있었다. 공안 정국 조성 후 3당 합당(1990년)을 통해 이른바 보수 대연합을 형성한 노태우 정권은 공안 통치를 계속 밀어붙였다. '범죄와의 전쟁' 역시 조직범죄만 겨냥한 것이 아니라 공안 통치와 맞물려 진행됐다. 민주화의 대세 속에서 발의됐던 각종 개혁 입법 시도들은 3당 합당 후 좌절됐다.

그러면서 노태우 정권은 '단군 이래 최대 호황'으로 불리던 3저(저유가, 저달러, 저금리) 호황(1986~1988)이 막을 내린 것에 즈음해 노동자들에게 경제 문제에 대한 책임을 떠넘기며 강력한 임금 인상 억제 정책을 펴고, 노동 운동을 강경하게 탄압하며 재계를 편들었다. 그로 인한 불만이 쌓여가는 가운데 물가 급등, 집값 폭등 등 서민 생존권과 직결된 여러 경제 문제가 심각한 상황이었다.

그중에서도 집 문제가 특히 심각했다. 투기와 맞물려 서울 강남의 아파트 가격이 급등했다(1990년 한 해에만 38.9퍼센트 올랐다). 전세금도 1988년부터 전국적으로 치솟으면서 견디다 못한 가난한 사람들이 스스로 목숨을 끊는 일이 연이어 벌어졌다. 두 달 남짓한 기간에 17명이나 자살할 정도였다. 다른 한쪽에서는 강제 철거가 계속되면서 어린이들이 철거 잔해에 깔려 목숨을 잃고, 철거에 반대하는 주민들을 폭력배들이 흉기로 찌르는 사건도 일어났다.[3]

그런 속에서 이뤄진 대규모 정경 유착은 서민들을 허탈하게 만들었다. 수서 비리 사건(1991년)이 대표적이다. 강남의 노른자 땅인 수서·대치 택지 개발 과정에서 한보 그룹이 정관계, 언론계 등에 거액의 뇌물을 뿌리고 특혜를 받은 사건이다.

이 사실이 알려지며 정권의 도덕성 문제로 번지자, 노태우 정권은 감사원의 감사만으로 문제를 덮으려 했다. 그러나 정경 유착의 전모를 밝혀야 한다는 여론은 가라앉지 않았다. 결국 검

찰이 수사에 나서 한보 그룹 회장 정태수와 국회의원 5명, 청와
대 비서관, 건설부 공무원 등 9명을 구속했다.

그렇지만 검찰 수사는 정경 유착의 실체를 낱낱이 밝히는
것과는 거리가 멀었다. 오히려 검찰은 '정치 자금 문제는 손대지
않겠다'는 태도를 취하는 등 짜 맞추기 수사, 정권 보위를 위한
해명성 수사로 일관하는 모습을 보였다.[4] 김기춘이 검찰총장에
서 퇴임한 이후이지만, 김기춘 총장 시기에 재구축된 검찰의 틀
에 맞춰 이뤄진 수사였다고 봐도 무리가 없다.

노태우 정권은 수서 비리 사건에 예민하게 반응했다. 그런
사례 중 하나가 이 사건을 특종 보도한 세계일보에 대한 반응이
다. 세계일보가 이 사건을 터트리고 관련 보도를 이어가는 동안
세계일보 편집국장은 하루에 세 번씩 관계 당국자의 전화를 받
았다고 한다. 주요 내용은 "왜 자꾸 대통령을 끌고 들어가느냐",
"몸조심해야 하지 않겠느냐" 등이었던 것으로 보도됐다. 세계일
보 편집국장은 취임한 지 불과 70여 일 만에 물러나야 했다.[5]

이처럼 노태우 정권의 문제 많은 행태에 대한 불만이 누적
돼 있다가 강경대 타살을 계기로 '5월 투쟁'이라는 형태로 터져
나온 것이다. 어려운 처지에 놓인 노태우는 김귀정 사망 다음 날
김기춘을 법무부 장관으로 불러들이는데, 그 이유는 분명했다.
노태우로서는 민주화의 대세 속에서 민주화 운동 세력과 야당
에 밀리고 있다고 느끼던 집권 전반기에 검찰총장 김기춘이 앞
장서 조성한 공안 정국을 통해 상황을 반전시킨 것을 잊을 수 없
었을 것이다. 그래서 다시 한 번 수세에 몰린 1991년 5월 김기춘
을 불러들인 것이라고 볼 수밖에 없다. 임명 다음 날(5월 27일) 노

태우는 김기춘에게 "소신껏 시원시원하게 일하라"고 특별히 주문했다.

김기춘에게 부여된 임무는 정권 안보를 지키는 구원 투수로서 극우 반공 세력이 원하는 형태로 판을 새롭게 짜는 것이었다고 볼 수 있다. 세월호 참사, 정윤회 문건 공개 등으로 박근혜 정권이 위기에 처했을 때 우병우가 맡게 되는 역할과 닮은꼴이다.

민주화 운동 세력을 패륜 집단으로 몰아가기

'5월 투쟁'에 대한 노태우 정권의 기본 대응 전략은 또다시 공안 정국을 조성하는 것이었다. 법무부 장관으로 구원 등판한 공안통 김기춘은 이를 지휘한 인물로 꼽힌다.

그런데 김기춘이 검찰총장이던 1989년과는 공안 정국 조성 방식과 그 초점이 다소 달랐다. 1989년에는 연이은 방북을 빌미로 극우 반공 세력이 이념 공세를 퍼부으며 민주화의 대세를 뒤집으려 했다면, 1991년의 경우 이념 공세가 밑바탕에 놓여 있기는 했지만 민주화 운동 세력 전체를 패륜 집단으로 몰아가는 데 더 초점을 맞췄다.

민주화 운동 세력이 도덕적으로 우위에 있다고 여겨지는 통념과 달리 실은 도덕성에 심각한 문제가 있는 집단이며, 따라서 정권 비판을 운운할 자격 자체가 없다는 틀로 몰아세운 것이다. 김기춘 장관 취임 전에 이미 시작된 극우 반공 세력의 이러한 전략은 김기춘이 법무부 장관이 된 후 더 확대·강화된 형태로 나타난다.

물꼬를 튼 사람은 시인 김지하였다. 김지하는 1991년 5월 5일 조선일보에 실린 칼럼('죽음의 굿판 당장 걷어치워라')에서 "시체 선호증", "자살 특공대", "테러리즘과 파시즘의 시작" 등의 자극적인 표현을 동원해 정권 비판 세력을 거세게 비난했다. 박정희 집권기에 반독재 운동을 했던 김지하의 이러한 칼럼은 많은 사람에게 충격과 분노를 안겼다. 칼럼 게재 4일 후 김지하는 민족문학작가회의에서 제명됐다.

서강대 총장 박홍이 김지하의 뒤를 이었다. 전국민족민주운동연합(전민련) 사회부장 김기설이 목숨을 끊은 5월 8일, 박홍은 기자들을 모아놓고 "죽음을 선동하는 어둠의 세력이 있다"고 주장했다. 발언 근거는 제시되지 않았지만, 파장은 컸다.

박홍은 1994년 7월 김일성 사망 이후에도 "주사파 뒤에는 사노맹이 있고 사노맹 뒤에는 사로청, 사로청 뒤에는 김정일이 있다"는 등의 주장을 펴며 공안 정국 조성에 다시 일조하게 된다. 그러나 이때도 근거를 제시하지 않아 '밑도 끝도 없는 주장으로 마녀사냥을 부추긴다'는 비판을 자초했다. (각 세력의 주장, 지향 등을 조금이라도 살펴본 사람이라면 '주사파 뒤 사노맹'이라는 설정이 얼마나 황당한 것인지 어렵지 않게 알 수 있기도 했다.)

"어둠의 세력" 창조자 검찰의 야심작, 유서 대필 조작

"어둠의 세력" 운운한 박홍 발언이 나온 날(1991년 5월 8일), 정

강기훈씨 1심서 실형선고

분신자살한 전민련 사회부장 김기설씨 유서 사건 관련으로 재판을 받아온 전민련 총무부장 강기훈씨가 20일 오전 징역 3년, 자격정지 1년6월의 실형을 선고받은 뒤 법정을 나오고 있다. 〈이종찬 기자〉〈관련기사 2·3·14·15면〉

유서 대필 조작 사건으로 구속된 강기훈 씨가 1심서 실형
선고를 받았다고 보도한 1991년 12월 21일 자 한겨레 기사.

위기에 몰린 노태우 정권을 위해 검찰은

"어둠의 세력"을 창조해 강기훈 유서 대필

조작 사건을 만들어냈다. 수구 언론과 사법부는

검찰을 응원하며 힘을 실어줬다. 이 사건에서

검찰이 주범이라면 사법부와 수구 언론은

공범이었다.

구영 검찰총장은 분신자살 사건에 조직적인 배후 세력이 개입하고 있는지 철저히 조사하라고 지시했다. 박홍 발언과 검찰총장 지시는 청와대에서 열린 고위 당정 회의에서 잇따른 분신과 투신자살의 배후 관계를 철저히 수사하기로 방침을 정한 지 하루 만에 나온 것이었다.[6]

고위 당정 회의에서 정한 방침은 "어둠의 세력"이 있을 것이라고 전제한 것이나 다름없었다. "어둠의 세력"이 없으면 만들어내면 되는 법. 그건 정권 유지를 위해 조작 간첩을 오랫동안 제조해온 공안 당국의 손에 익은 일이었다.

열흘 후(5월 18일), 서울지검 강력부 강신욱 부장 검사는 "유서의 필적이 김(기설) 씨의 필적이 아니라고 확신"한다며 "유서를 대신 써준 용의자를 1명으로 압축했다"고 밝혔다. 용의자로 지목된 사람은 전민련 총무부장 강기훈이었다. '한국판 드레퓌스 사건'으로 불리는 강기훈 유서 대필 조작 사건이 수면 위로 올라오는 순간이었다.

김기춘이 법무부 장관으로 임명된 5월 26일, 검찰은 강기훈에 대해 자살 방조 혐의로 사전 구속 영장을 발부받았다. 김기춘 장관 취임 후 검찰은 유서 대필 조작에 속도를 내게 된다. 국립과학수사연구소(국과수)의 미심쩍은 문서 감정 소견 이외에 증거라고 할 만한 것이 없었지만, "어둠의 세력" 창조에 나선 검찰에 그런 건 처음부터 중요하지 않았다.

그런 상황에서 공안 세력에게 확실하게 힘을 실어주는 사건이 일어났다. 6월 3일 총리 서리 정원식이 외국어대 학생들에게 달걀과 밀가루 세례를 받는 등의 봉변을 당한 것이다.

사건 당일 밤 노태우 정권은 관계 장관 대책 회의(김기춘도 참석했다)를 열고, '반도덕적·계획적 패륜 행위'로 규정했다. 정부·여당 일각에서는 강경대 치사 이후 공안 통치라는 비난에 밀려 주춤거리던 공권력을 복원시켜 기강을 잡을 계기라는 얘기가 나왔다.[7] 그 직후 검경은 재야, 학생 운동권은 물론이고 노조 관계자들까지 표적으로 삼은 일제 검거 작전에 돌입했다. 수구 언론은 이 사건을 최대한 키우면서, 사건과 관련된 학생들만이 아니라 민주화 운동 세력 전체를 패륜 집단으로 몰아갔다. 사건에 대한 여론의 반응도 싸늘했다.

유서 대필 조작과 정원식의 봉변을 계기로 '5월 투쟁'에 대한 참여와 호응은 급격히 감소했다. 분위기 반전을 바탕으로 여당인 민주자유당(민자당)은 6월 20일 광역 의회 의원 선거에서 압승했다.

유서 대필 조작 발판으로 '검찰 공화국'은 굳히기 단계

여당 압승으로 유서 대필 조작은 더 탄력을 받았다. 7월 9일 김기춘은 국회에 출석해 "수사 결과 …… 유서가 김(기설) 씨 것이라고 보기 어렵다", "유서 내용이 어색하다"며 강기훈 석방 요구를 거부했다. 검찰이 강기훈을 구속 기소한 7월 12일, 김기춘은 국회에서 강기훈이 수사 과정에서 "자기주장을 다 펼치고 있다"고 발언했다.

법으로 보장된 권리를 강기훈이 다 행사하고 있다는 취지의 김기춘 주장과 달리 이 무렵 검찰은 강기훈에게 잠 안 재우기 등을 통해 거짓 자백을 강요하고 있었다. 검찰은 강기훈을 40시간 동안 계속 조사하기도 했고, 잠이 모자라 강기훈이 졸면 세워놓고 조사했다. 강기훈의 주변 사람들도 강압 수사를 당했다.[8]

자신들이 짜놓은 각본대로 강기훈이 움직이지 않자 검찰은 국가보안법 위반 혐의로 추가 기소하며 보복했다. 그럴싸한 물증을 내놓을 수도 없었고 거짓 자백을 이끌어내지도 못한 검찰은 재판 과정에서 '유서 대필은 반체제 운동 세력의 공산주의자적 행동'이라고 강변하며 강기훈을 몰아세웠다.[9] 부천경찰서 성고문 사건(1986년) 당시 '운동권이 성까지 혁명의 도구로 삼고 있다'며 피해자와 정부 비판 세력을 오히려 파렴치범으로 몰아갔던 것과 다르지 않은 모습이었다.

검찰이 강기훈을 '유서를 대신 써주며 동료의 죽음을 부추긴 파렴치범'으로 몰아간 것은 김기설을 '유서도 제 손으로 못 쓰는 사람'으로 깎아내리며 그 명예를 심각하게 훼손한 행위이기도 했다. 대학을 안 나온 김기설은 "지식과 문장력이 부족"해 그런 유서를 쓸 수 없다고 검찰은 공소장 등에서 주장했다.[10]

뚜렷한 물증도 없고 검찰 논리도 허술하기 짝이 없었지만, 사법부는 계속 검찰의 손을 들어줬다. 심지어 '유서 필적이 강기훈 필적과 동일하다'는 미심쩍은 감정(검찰이 '결정적 증거'라며 제시한 게 이것이다)으로 검찰에 힘을 실어준 국과수 문서분석실장 김형영이 다른 사안에서 돈을 받고 허위 감정을 한 사실이 드러나 유서 대필 조작 사건 2심 선고를 앞두고 구속됐는데도,[11] 법원은 검찰을 편들며 진실을 외면했다. 1992년 7월 대법원은 강기

훈의 상고를 기각하고 원심(징역 3년, 자격 정지 1년 6월) 확정 판결을
내렸다.

강기훈 유서 대필 조작 사건은 궁지에 몰렸던 노태우 정권
이 위기에서 벗어나는 과정에서 결정적인 역할을 했다. 김기춘
은 공안 정국 조성에 앞장선 1989년에 이어 다시 한 번 노태우
정권을 구해내는 데 큰 역할을 하며, 2차 전성시대의 정점을 향
해 치달았다. 검찰은 이 사건을 주도하며 정권 수호, 체제 유지의
주력임을 과시했다. 김기춘 검찰총장 시기에 그 기반이 마련된
'검찰 공화국'은 이 사건을 거치며 굳히기 단계에 들어서게 된다.

그 과정에서 이 세력은 법을 다시 한 번 흉기로 전락시켜 진
실과 민주주의를 짓밟고, 강기훈을 파렴치범으로 몰아 끔찍한
고통을 강요했다. 강기훈에게는 동료의 안타까운 죽음을 충분히
슬퍼할 시간조차 허용되지 않았다. 아울러 이 세력은 눈엣가시
로 여기던 민주화 운동 세력 전체에 큰 타격을 입히며 득의양양
할 수 있었다.

재심 자체를 막으려 한 검찰⋯ 무죄까지 24년, 길고도 잔혹한 시간

1994년 8월 강기훈은 만기 출소했다. 어마어마한 비리를 저
지른 정치인, 재벌 총수 등이 손쉽게 누리는 감형 혜택도 강기훈
에겐 먼 나라 얘기였다. 출소 후에도 마음 편한 삶은 허용되지 않
았다. 이미 강기훈은 각종 매체가 떠들썩하게 다룬 사건의 주역
인 파렴치범으로 낙인찍힌 상태였다. 오명을 벗을 길도 좀처럼

열리지 않았다.

출소 이후의 삶에 대해 강기훈은 2017년 11월 《시사인》 인터뷰에서 이렇게 말했다. "내게는 '1991년'이 계속되었다."[12] 20년이 넘는 시간 동안 이 사건의 장면 하나하나가 무한 반복되면서, 사는 것이 지옥 같았을 것임은 더 말할 필요가 없을 것이다.

그럼에도 강기훈은 진실을 밝히겠다는 뜻을 접지 않았다. 사건 발생 16년 만인 2007년 '진실·화해를 위한 과거사 정리 위원회'(진실화해위)가 강기훈의 무죄를 뒷받침하는 새로운 증거를 바탕으로, 유서 대필 주장은 사실이 아니라며 재심 권고 결정을 내렸다. 이런 결정을 내릴 수 있었던 배경 중 하나는 뒤늦게나마 국과수가 과거의 감정 결과를 뒤집고 잘못을 바로잡은 것이다.

진실화해위 결정으로 드디어 오명을 벗을 길이 보이기 시작했지만, 강기훈에게 그것은 또 다른 고통의 시작이었다. 검찰이 잘못을 반성하기는커녕 재심 자체를 막으려 했고, 사법부는 차일피일 판단을 미루며 시간을 끌었기 때문이다.

2008년 강기훈은 재심을 신청했다. 2009년 서울고등법원은 재심 결정을 내렸다. 검찰은 이를 받아들이지 않고 재항고했다. 제1차 인혁당 사건, 울릉도 간첩단 사건 등 과거사 재심 사건에서 무죄 판결을 받아들이지 않고 연거푸 상고한 '검찰스러운' 모습이었다. 대법원은 3년이나 시간을 끌다가 언론 등의 지적을 받은 후에야 재심 개시 결정을 내렸다(2012년). 검찰은 재심 결심 공판에서 "사정을 잘 모르는 국민은 검찰과 사법부가 합작해 억울한 사람을 만들었다고 생각한다"며 과거의 판결을 유지해달라고 재판부에 요청했다.[13]

재심 신청에서 재심 개시 결정이 나는 데까지만 4년 걸렸다. 대법원의 재심 개시 결정을 기다리는 동안 강기훈은 암에 걸렸다. 2014년 서울고등법원이 재심에서 무죄를 선고했지만, 검찰은 이번에도 불복하고 사건을 대법원으로 끌고 갔다. 2015년 5월, 대법원은 강기훈에게 무죄 확정 판결을 내렸다. 사건 발생 24년 만이었다. 사건에 휘말릴 때 20대 청년이었던 강기훈을 50대 중년으로 바꿀 만큼 길고도 잔혹한 시간이었다.

만약 강기훈이 24년의 시간과 지난한 진실 규명 과정을 견디지 못하고 중도에 포기했다면 상황은 어떠했을까? 가해 세력은 여전히 기세등등했을 것이고, 그 경우 유서 대필 조작 같은 끔찍한 국가 범죄가 더 많이 발생했을 가능성을 배제할 수 없다. 그런 면에서도 한국인들은 강기훈에게 큰 빚을 지고 있다.

유서 대필 조작 사건 후 잘나간 검사들, 반성은 없다

잔혹한 시간을 견뎌야 했던 강기훈과 달리, 이 사건 수사에 직접 관여했거나 지휘 라인에 있던 검사들 그리고 김기춘은 그후 대부분 잘나갔다. 대법관이나 국회의원이 된 경우도 있다. 그리고 이들 중 다수가 박근혜 주위에 모여들었다.

지휘 라인 상층에는 법무부 장관 김기춘, 검찰총장 정구영, 서울지검장 전재기가 자리 잡고 있었다. 김기춘은 이 사건 후 금배지를 3번 달았고, 박근혜 정권 때 청와대 비서실장으로서 막강한 권한을 행사했다.

김기춘의 고시 한 기수 후배(13회)인 정구영은 이한동 한나라당 대표 법률 특보(1997년)를 거쳐 2012년 대선 때에는 다른 법조인 244명과 함께 박근혜 후보 지지를 공개 선언했다.[14] 정구영은 전두환·신군부 집권기에 실세였던 허삼수·허문도, 조선일보 편집국장 출신 정치인 최병렬, 하나회 출신 육군 참모총장 김진영과 부산고 10회 동기다. 1987년 5월 박종철 고문치사 범인 은폐·축소 사실이 드러나면서 서울지검장에서 광주고검장으로 '문책성' 인사를 당했으나, 노태우 정권 들어 다시 승승장구했다. 청와대 민정수석에서 김기춘의 후임 검찰총장으로 바로 옮겨 뒷말을 남겼고, '5월 투쟁' 시기에는 김귀정 주검에 대한 부검 강행과 이를 위한 공권력 투입을 강하게 주장하는 등 강경론을 밀어붙였다.[15]

전재기는 사건 당시 강기훈을 "교활한 인물"로 규정하고 "검찰은 국가 최고 권력 집행 기관의 자격으로 이런 '악마'를 응징하는 데 전력을 다해야 한다"고 강조했다.[16] 이 사건 후 대구고검장, 법무연수원장을 지냈다.

이 사건 수사에 직접 관여한 사람은 서울지검 강력부장 강신욱, 주임 검사 신상규, 검사 윤석만·임철·곽상도·남기춘 등이다. 강신욱은 청주·전주·대구·인천지검장과 서울고검장을 거쳐 김대중 정권 때 대법관이 됐다. 대법관 퇴임 후인 2007년에는 한국신문윤리위원회 위원장을 지내고, 박근혜 캠프 법률 지원 특보단장을 맡았다.[17]

신상규는 창원·광주·인천지검장과 광주고검장을 거쳐 변호사로 개업한 후 동덕여대 이사장에 선임됐다. 2013년 대검찰청 사건평정위원회(무죄 사건의 수사 과정에서 검찰의 과실 여부를 판단하는 위원회) 위원장을 맡아 세간의 관심을 모았다.[18] 유서 대필 조작 사건 재심이 진행되던 때, 검찰이 바로 그 사건의 주임 검사를 사건평정위원회 위원장으로 선임했기 때문이다. 앞에서도 말한 것처럼, 2014년 서울고등법원이 재심에서 무죄를 선고하자 검찰은 상고했다.

윤석만은 부장 검사를 지냈다. 그 후 한나라당 대전시당 위원장을 거쳐 2011년 박근혜를 외곽에서 지원하는 조직인 대전희망포럼의 공동 대표를 맡았다. 임철은 변호사 개업 후 2004년과 2008년 총선 때 대구에서 한나라당 공천을 신청했다.

곽상도는 대구지검 서부지청장을 지내고, 변호사 개업 후 박근혜 캠프에 합류했다. 정권 인수위원회를 거쳐 박근혜 정권의 첫 번째 청와대 민정수석이 되지만, 반년 만에 물러났다(검찰총장 채동욱을 제대로 장악하지 못했기 때문이라는 얘기를 듣는다). 그 후 대한법률구조공단 이사장을 거쳐 2016년 총선에 이른바 '진박'眞朴 후보로 나와 금배지를 달았다.

남기춘은 울산지검장, 서울서부지검장을 지냈다. 변호사 개업 후인 2012년에는 새누리당 정치쇄신특별위원회 클린검증제도소위원회 위원장을 맡았다.

이들 가운데 강기훈 유서 대필 조작 사건에 대해 반성, 사과, 참회한 사람은 단 한 명도 없다. 유서 대필 조작이라는 국가 범죄에 대한 책임을 지고 그에 상응하는 처분을 받은 사람도 물론 없다. 한국이 '검찰 공화국'임을 다시 한 번 절감하게 만드는 대목이다.

유서 대필 조작 사건은 끝나지 않았다

여기서 한 가지 문제를 생각해보자. 강기훈 유서 대필 조작 사건은 끝난 것일까?

당연한 것 아니냐, 재심 무죄 판결이 이미 나지 않았느냐, 더욱이 2017년 8월 검찰총장 문무일이 검찰 역사상 처음으로 과거에 검찰이 관여한 시국 사건에 대해 사과하면서 이 사건을 언급하지 않았느냐고 누군가는 말할지도 모르겠다. '강기훈이 국가를 상대로 제기한 손해 배상 소송이 진행되고 있기는 하지만 그 본질은 액수 문제다. 이 사건 자체는 이미 끝난 것이다', 이런 주장을 할지도 모르겠다.

이러한 논리대로 이 사건은 정말 끝난 것일까? 안타깝게도 그렇지 않다. 그렇게 볼 수밖에 없는 이유를 몇 가지만 살펴보자.

첫 번째, 이 사건 수사에 직접 관여했거나 지휘 라인에 있던 사람들 가운데 반성, 사과, 참회하거나 국가 범죄에 대한 책임을 지고 처분을 받은 사람은 한 명도 없다. 그런데도 끝났다고 말할 수 있을까?

두 번째, 사건 당시 관련됐던 사람들은 조금도 책임지지 않는 가운데 현임 검찰총장의 사과로 그 부분을 대체한다는 것 자체가 성립할 수 없지만, 그와 별개로 문무일 총장의 '사과' 발언 후 검찰이 보인 모습은 사과와는 거리가 멀었다. 손해 배상 소송 항소심에 대한 반응에서 이는 명확히 드러난다.

당연한 이야기지만, 강기훈 본인도 밝힌 것처럼 손해 배상 소송의 핵심은 액수 문제가 아니다. 사건을 조작한 검찰의 책임을 분명히 해야 한다는 것이었다. 1심 판결(2017년 7월) 후 항소한 것도, 1심에서 모든 책임을 국과수 문서분석실장 김형영에게 돌리고 수사 검사들에 대해서는 '소송 제기 시효가 지났다'며 그 책임을 인정하지 않았기 때문이다.

문무일 총장 발언을 계기로 변화가 생기지 않겠느냐는 관측이 있었지만, 그 후 나온 이 소송의 정부 측 재판 준비 서면은 전혀 그렇지 않았다. 서면에서 정부는 국과수에 책임이 있을 뿐 당시 검사들로서는 유죄로 볼 만했다며 항소 기각을 주장했다. 서면을 제출한 건 정부법무공단이지만 검찰의 의중이 담긴 것으로 평가된다. 검찰의 '사과'는 말뿐이었다는 비판이 나올 수밖에 없는 이유다.[19] 이는 검찰의 '사과'가 강기훈 말대로 "왜 그렇게 했는지, 자기 행동에서 무엇이 잘못됐는지 등을 얘기하고 용서를 구"하는 것과는 거리가 멀었던 점과 떼어놓고 생각할 수 없다.

세 번째, 이 사건의 전모는 아직 드러나지 않았다. 2015년 재심 무죄 판결 후 안병욱 전 진실화해위 위원장이 말한 대로, 밝혀진 것은 "진실의 일부"다. 안 전 위원장이 그렇게 말한 것은 큰 틀에서 세 세력이 공모해 유서 대필 조작이라는 범죄를 저질렀다고 보기 때문이다.

"첫 번째로 처음에 이것을 음모·모의했던 검찰과 당시의 수구 세력들, 그리고 두 번째로 이것을 뒤에서 응원해줬던 보수 언론, 그다음에 세 번째로 이런 명확한 허위 사건을 1심, 2심, 3심 대법원까지 그대로 추인해줬던 사법부입니다."

안 전 위원장은 "대법원 판결에서는 그 가운데 너무나 명확한 증거가 있는 유서만 가지고 판단을 한 것"이라며 "24년 전의 이와 같은 엄청난 사기를 누가 했는가(에 대해서), 그리고 거기에 동원됐던 사람들의 범죄적 행위에 대해서 일일이 밝혀야"한다고 지적했다. "24년 동안 우리 사회가 저지른 파행을 이제라도 분골쇄신해서 바로잡는 노력을 했을 때 그것이 강기훈 씨의 희생, 피해에 대한 진정한 보상이 될 것"이라는 얘기다.[20]

실제로 그랬다. 검찰이 주범이라면 사법부와 수구 언론은 공범이었다. 사건 당시 사법부는 '유서가 대필됐다'고 감정한 국과수 간부가 또 다른 허위 감정으로 구속됐는데도 그 사람의 감정 결과를 받아들이는 무리수까지 두면서 검찰 편에 섰다. 검찰 쪽과 마찬가지로, 잘못된 판결을 내린 판사들(1심 부장 판사 노원욱, 2심 부장 판사 임대화 및 배석 판사 부구욱·윤석종, 주심 대법관 박만호) 가운데 재심 무죄 판결 후 반성, 사과, 참회를 한 사람은 한 명도 없다.

이 가운데 영산대 총장 부구욱이 2016년 새누리당 윤리위원장에 내정돼 논란이 일기도 했다. 부구욱은 곧 사퇴하는데, 유서 대필 조작 사건과 관련해 제기된 비판을 받아들여서가 아니라 이른바 '가족 채용' 논란 때문이었다.

수구 언론도 상황이 별로 다르지 않다. 한겨레 등 소수를 제외하면, 사건 당시 대다수 신문과 방송은 검찰에 심하게 편향된 보도를 일삼으며 강기훈을 파렴치범으로 몰아갔다. 진실 추구는 고사하고 최소한의 중립적 보도나 무죄 추정 원칙 준수도 찾아보기 어려웠다.[21] 재심에서 무죄가 확정된 후 보인 모습도 검찰, 사법부와 그리 다르지 않았다.

진실 규명 없으면 미래도 없다

'언제까지 옛날 일에 매달려 있을 거냐. 발목 그만 잡고, 적당히 덮고 미래로 나아가자', 누군가는 이렇게 주장할지도 모르겠다. 근래 일각에서 '적폐 청산과 개혁으로 인한 피로감'을 강조하는 것을 떠올리게 만드는 논리다. 일본 극우가 '위안부' 문제를 비롯한 전쟁 범죄 추궁에 거세게 반발하며 '미래 지향적 한일 관계'를 운운할 때 펴는 논리와도 통하는 구석이 있다.

유서 대필 조작 사건 같은 국가 범죄에 관여한 이들이 그에 상응하는 책임을 지기는커녕 승승장구한 현실은 출세를 지향하는 검사들에게 어떤 의미로 다가갈까? 그런 범죄에 가담해도 아무런 문제가 안 된다는, 더 나아가 그렇게 해야만 더 크게 출세할 수 있다는 분명한 신호로 받아들일 수밖에 없지 않을까?

'김기춘의 후예들'이 검찰에서 계속 나온 건 결코 우연이 아니다. 잘못을 바로잡지 않으면 앞으로도 끊임없이 나올 수밖에 없다. 그 점은 사법부, 언론도 다르지 않다.

지난날의 잘못을 바로잡는 것은 미래로 나아가는 것과 상충하지 않는다. 더 정확히 말하면, 진실을 밝히고 잘못을 바로잡지 않으면 제대로 된 미래를 기대하기 어렵다. 유서 대필 조작 사건의 전모를 밝히는 것은 검찰·사법부·언론 개혁의 진전을 위해서도, 제대로 된 미래로 나아가기 위해서도 거쳐야 하는 관문이다. 이 사건과 관련한 검찰 과거사위원회의 활동을 주목할 수밖에 없는 이유이기도 하다.

이와 관련, "최소한 국가가 저지른 범죄에 대해서는 공소 시효나 소멸 시효를 적용하지 않는 법을 만들어야 한다"[22]는 강기훈의 호소를 깊이 새길 필요가 있다. 또한 법 기술자로서 국가 범죄에 관여한 것이 확인될 경우 서훈은 물론 변호사 자격도 박탈하는 문제를 검토할 필요가 있다. 공직자일 때 국가 범죄에 가담한 법 기술자가 공직을 떠나 변호사로서 법을 이용해 (경우에 따라 전관예우까지 받으면서) 큰 돈벌이를 한다면, 그것이 정의에 부합하는 일일까?

서훈 문제와 관련해 김기춘을 떠올리는 독자도 있을 것이다. 블랙리스트 사건에서 2017년 1심 재판부는 형량에 참작한 요소 중 하나로 김기춘이 오랜 기간 공직자로 일하며 여러 차례 훈장을 받은 것을 제시했다. 1심 형량(징역 3년)은 특검 구형량(징역 7년)의 절반에도 못 미쳤다. 김기춘이 무슨 '공적'으로 훈장을 받았는지를 면밀히 살폈다면, 검찰 및 사법부 개혁이 철저히 이뤄져 전두환·노태우 등이 12·12쿠데타(1979년) 및 광주 학살(1980년)과 관련해 받은 훈장을 박탈한 것에 준하는 조치가 이뤄졌다면 결과가 어떠했을까? ('김기춘과 그의 시대' 연재 과정에서 이 글이 게재된 후 블랙리스트 사건 2심 선고 공판이 열렸다. 2018년 1월, 2심 재판부는 김기춘에게 징역 4년을 선고했다.)

강기훈 유서 대필 조작 사건은 아직 끝나지 않았다. 이 사건과 관련해 곳곳에서 나타난 파행을 분골쇄신해서 바로잡고 '김기춘의 후예들'과 작별하지 않으면, 힘센 권력 기관이 법을 흉기로 전락시켜 무고한 국민을 짓밟는 일은 언제든 재연될 수 있다.

안기부장 김기춘?
정말 그럴 뻔했다

2차 전성시대 후반부,
법무부 장관 시절 (2)

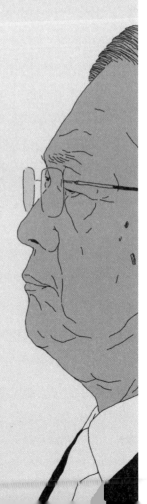

'양심수는 없다' 위험한 신념과 '개밥'

김기춘 법무부 장관 시기를 대표하는 사건은 강기훈 유서 대필 조작 사건이지만, 김기춘식 '법의 지배'의 실체를 느낄 수 있는 사안은 그것만이 아니다. 몇 가지 사안을 통해 그 부분을 더 살펴보자.

"법무부 산하 수형 기관에는 현재 일부에서 주장하는 소위 양심수란 존재하지 않으며, 양심수라고 내세우는 사람도 파괴·방화나 국가 존립을 위협한 자들에 불과할 뿐이다." 1991년 10월 10일 국회 대정부 질문에서 김기춘은 이렇게 잘라 말했다.[1]

김기춘의 단언과 달리 양심수는 존재했다. 그것도 한두 명이 아니었다. 그렇게 된 것은 김기춘 같은 공안 세력의 왕성한 활동과 밀접한 관련이 있다. 중앙정보부 대공수사국장 시절 김기춘이 수사 책임자를 맡았던 학원 침투 북괴 간첩단 사건(1975년)과 닮은 조작 간첩 제조 사건은 1980년대에도 끊이지 않았다. 노태우 집권기에 김기춘이 앞장서서 거듭 조성한 공안 정국을 통해서도 양심수는 양산됐다.

실상이 그러한데도 김기춘은 '양심수는 없다'고 잘라 말했다. 이는 양심수의 존재를 인정하면 극우 반공주의의 존립 기반이 위협을 받는다고 공안 세력이 여긴 것과 떼어놓고 생각할 수 없다. 민주주의와 인권에 반하는 그러한 위험한 신념은 전향 문제에 대한 태도와 이어진다.

강제 전향 공작은 일제 강점기와 유신 독재 시기에 특히 심하게 자행되며 숱한 문제를 일으켰다. 1992년 비전향 장기수들이 사상 전향 제도가 헌법에 보장된 양심의 자유를 침해한다는 헌법 소원을 처음으로 낸 것도 그 때문이다.

돌아온 것은 보복 조치였다. 김기춘 장관의 법무부는 대전교도소에 모여 있던 비전향 장기수들, 그 가운데서도 특히 헌법 소원을 주동한 사람들을 다른 곳에 보내는 방식으로 분산 이감시켰다. 구미 유학생 간첩단 사건(1985년)에 휘말려 옥살이를 하던 강용주도 그중 한 명이었다. 강용주는 대구교도소로 이감된 후 창문도, 햇빛도 없는 '중징벌자 수용 완전 폐쇄 독거실'에 갇혔다. 손을 뒤로 묶은 채 입을 대고 밥을 먹게 하는 '개밥'이라는 징벌을 받고, 전향서를 쓰라는 강요도 당했다.[2]

이례적 공소 취소와 김기춘식 "법 집행의 형평"

1991년 10월 10일 국회에서 김기춘은 이런 발언도 했다. "국가보안법으로 구속된 자들 중 일부를 석방하라는 주장도 법 집행의 형평에 어긋나며 정치적 고려 대상이 될 수 없다." 그러나 당시 김기춘은 "법 집행의 형평"을 강조할 처지가 아니었다.

전·현직 국회의원 및 장관에 대한 공소 취소에서도 이 점은 잘 드러난다. 그해 7월 25일 검찰은 1심 재판에 계류 중인 문동환, 노무현 등 야당 의원 4명과 전 민정당 의원 이상재, 전두환 집권기에 농수산부 장관을 지낸 박종문 등 6명에 대한 공소를 취소했다고 밝혔다.

검찰은 과거사 재심 사건 등에서 자신들의 잘못이 명백하게 확인돼도 끝까지 잘못을 인정하지 않을 정도로 (왜곡된 형태의) 조직 보위 논리가 강한 기관이다. 검찰의 잘못을 인정하는 취지의 '무죄 구형'을 했다는 이유로 해당 검사(임은정)를 중징계한 조직이다.

그런 검찰이 '법을 어겼으니 재판해달라'고 법원에 요청했다가 '없던 일로 해달라'며 스스로 기각한 것은 극히 이례적인 일이었다. 공소 취소 결정은 국회 운영위원장이 법무부 장관 김기춘에게 6명에 대한 관용을 요청하는 공문을 보낸 다음 날 이뤄졌다. "야당 의원 4명과 5공 인사 2명을 '거래'한 것"이라는 언론의 지적대로, 그 배경에는 여야 정치권의 일시적 밀월이 자리하고 있었다. 김기춘의 법무부와 검찰은 정치권의 요구에 순응했다.

공소 취소는 "사법의 권위를 무너뜨리고 형평을 잃어버린 크게 잘못된 결정"이자 기소 독점주의 남용이라는 비판을 받았다. 주된 이유는 야당 의원 4명 때문이 아니었다. 예컨대 문동환 의원은 1989년 문익환 방북 사건과 관련해 국가보안법 위반 혐의로, 노무현 의원은 같은 해 현대중공업 파업과 관련해 제3자 개입 혐의로 불구속 기소됐다. 공안 정국에 휘말린 점, 제3자 개입 금지 조항이 대표적인 노동 악법 중 하나로 꼽힌 점 등을 고려하면 야당 의원들에 대한 기소는 처음부터 무리한 측면이 있었다. 공소 취소가 주로 문제가 된 건 이상재, 박종문 때문이었다. 이유는 크게 세 가지다.

첫 번째, 이들은 1988년 국정 감사와 5공 청문회 때 위증한 혐의로 불구속 기소됐다. 그런데 이들을 고발했던 국회가 느닷없이 선처를 요청한 것도, 검찰이 그걸 받아준 것도 이해하기 어려운 일이었다.

두 번째, 이들과 마찬가지로 국회의 고발 조치에 따라 불구속 기소된 김만기의 경우 1심 재판이 끝나 유죄 선고(징역 6개월, 집행 유예 1년)를 받았기 때문이다. 김만기는 1980년 중앙정보부 감찰실장으로, 삼청교육대를 담당한 국가보위비상대책위원회(국보위) 사회정화분과위원회의 위원장을 맡았던 사람이다.

김만기에 대한 유죄 선고는 (형량 논란과 별개로) 문제가 될 수 없었다. 문제가 된 건, 그래도 꼬박꼬박 법정에 출석한 김만기와 달리 이상재와 박종문은 재판에 불출석하며 버텼기 때문이다. 이상재의 경우 온갖 핑계를 대며 10번 넘게 불출석해 재판부에서 강제 구인을 검토할 정도였다. 그런데 검찰의 공소 취소로, 법정에 출석한 김만기는 유죄 선고를 받고 불출석한 이상재 등은 면죄부를 받았다. 공소 취소 직후 법원에서는 "장난하는 건가 뭔가"라는 반응이 나온 것으로 보도됐다.

세 번째는 이상재의 예사롭지 않은 경력 때문이었다. 이상재는 전두환이 보안사령관일 때 그 휘하의 준위였다. 계급은 높지 않았지만, 전두환·신군부의 권력 찬탈 과정에서 비중 있는 역할을 하며 한때 막강한 권력을 휘둘렀다. 특히 1980년 K-공작(전두환·신군부 집권을 위해 언론을 조종, 통제, 회유한 공작), 언론인 대량 해직, 언론 통폐합 등은 보안사 정보처 언론대책반장 이상재를 빼놓고는 말하기 어려울 정도다.

전두환 퇴임 후 이상재도 국회 청문회의 소환 대상일 수밖에 없었다. 이상재는 청문회에서 진실을 털어놓기는커녕 위증한 혐의로 고발됐다. 그런 이상재가 검찰의 공소 취소로 구제된 것이다.[3] "법 집행의 형평"을 공언한 김기춘식 '법의 지배'의 실상을 보여주는 장면 중 하나다.

오대양 사건 재수사… "속 시원하게 밝혀진 게 없다"

김기춘이 검찰총장일 때 시작돼 법무부 장관 때에도 정권 차원에서 계속된 '범죄와의 전쟁'의 또 다른 면모도 드러났다. '범죄와의 전쟁' 선포 후 노동 운동 등에 대한 탄압을 강화한 것과 별개로, 조폭 소탕에 전력을 다한 것과도 거리가 멀다는 점이 드러난 것이다.

이를 확연히 보여준 것이 1992년 2월 불거진 김태촌 비망록 파문이다. 이 비망록은 폭력 조직 서방파 두목 김태촌의 운전사 겸 비서로 일했던 사람이 보고 겪은 사실을 기록한 것이다. 여기에는 각계의 김태촌 비호 세력, 그리고 김태촌이 경찰 간부, 교도관, 안기부 직원, 장교, 정치인 등과 맺은 교분 관계 등이 적혀 있었다. 고위 경찰 간부인 총경이 김태촌에게 수사 정보를 흘려주고 교도관들은 특혜를 베풀었으며, 그 대가로 금품을 받은 사실 등도 기록돼 있었다. 재판부는 이를 김태촌에게 유죄를 선고하는 결정적 증거로 채택했다.

그런데 정작 검찰은 비망록 관련 사항을 알고 있었으면서도 전혀 수사하지 않아 논란을 불러일으켰다. 오히려 문제가 불거지기 1년 전(1991년), 검찰은 경찰에 비망록 관련 사항을 은밀히 통보하고 파문이 확산되지 않도록 자체적으로 해결하게 했다. 법무부 역시 비망록과 관련된 교도관들을 다른 지역으로 이동시키는 선에서 징계를 매듭지어 논란을 빚었다.[4]

오대양 사건(1987년 8월 경기도 용인 오대양(주) 공장에서 32명이 시신으로 발견된 사건) 재수사와 유병언 전 세모 그룹 회장 관련 사항도 법무부 장관 시절 김기춘과 관련해 심심찮게 거론된다. 2014년 세월호 참사 후 구원파에서 '김기춘 실장, 갈 데까지 가보자!', '우리가 남이가'라는 현수막을 내걸어 세간의 관심을 모으기도 했다. 그것을 통해 김기춘과 뭔가 유착 관계를 맺은 것 같은 분위기만 풍겼을 뿐, 구원파에서 구체적으로 제시한 건 없다.

구원파에서 김기춘을 물고 늘어진 것과 별개로, 당시 상황을 간략히 정리하면 이렇다. 1991년 7월 오대양 신도였던 6명이 자수한 것을 계기로 재수사가 시작됐다. 그해 8월 1일 김기춘 법무부 장관은 자수 동기, 사채 행방, 집단 변사 사건 배경, 정치 세력 개입 의혹 등을 철저히 규명하겠다고 밝혔다. 이 중에서 정치 세력 개입 의혹을 언급한 부분은, 1987년 사건이 발생했을 때에도 제기된 전두환 정권의 주요 인사들과 관련된 의혹이라는 점에서 주목받았다.

검찰은 전담 팀을 편성, 재수사를 진행하고 결과를 발표했다. 사기 행각과 세모의 관련성을 밝혀내고 유병언을 사법 처리(상습 사기 혐의로 그 후 법원에서 징역 4년형 확정)하는 등 일부 성과도 있었지만, 전반적으로 의혹을 해소하지는 못했다. 집단 변사의 사인과 배경 관련 부분은 1987년 경찰 수사에서 별로 나아가시 못했고, 정치 세력 개입 의혹에 대한 수사는 미진하다는 지적을 받았다.

검찰의 결과 발표 후 동아일보는 1991년 8월 21일 사설에서 이렇게 지적했다. "김기춘 법무장관이 이달 초 국무회의에서 검찰 수사로 밝혀내겠다고 한 4가지 중 어느 하나도 속 시원하게 밝혀진 게 없다." 이렇게 1987년에도, 1991년에도 이 문제를 말끔하게 해결하지 못하면서 결국 돌이킬 수 없는 결과에 맞닥뜨려야 했음을 많은 한국인은 세월호 참사 후 뼈아프게 되짚어야 했다.[5]

사위에게 직접 상을 준 장관 장인

김기춘은 1991년 상청회(정수장학회 장학금 수혜자 모임) 회장에 취임했다. 또한 장관으로서 만만찮은 일정을 소화해야 했을 이 시기에도 박정희 관련 행사를 챙겼다. 1991년 10월 26일에 열린 '고 박정희 대통령 12주기 추도식'에 현직 장관으로서 모습을 드러내 눈길을 모으기도 했다. 박근혜 등이 참석한 이 행사에서는 박정희 집권기를 덮어놓고 찬양하는 분위기가 조성되고, 노태우 정권을 겨냥한 내용의 추도사도 낭독됐다. 동아일보는 이날 행사에 대해 "역사의 수레바퀴를 되돌리려는 안간힘으로까지 보였다", "과거의 잘못은 덮고 국민에게 사과 한마디 없이 '그때가 좋았다'는 역논리를 펴는 것이 과연 옳은 일인가"라고 지적했다.[6]

장관 시절 김기춘은 사위에게 직접 상을 주는 특이한 경험을 하게 된다. 사법연수원 수료자 중 2등이 법무부 장관상을 받는데, 1992년 2월 수상자가 김기춘의 큰사위 김도영(사시 31회)이었던 것. 장관 장인이 예비 법조인 사위에게 상을 준 이 일은 법조계의 화제였다.[7] 김기춘으로서는 더없이 흐뭇한 순간이었을 것이다.

김도영은 법원장을 지낸 판사의 아들이자 김기춘의 까마득한 서울대 법대 후배다. 김기춘은 대학 시절을 회고하는 글에 "바둑 맞수"이자 "정다운 친구"인 큰사위에게 "인생 경험에서 얻은 생각들을 …… 들려주곤 한다"고 썼다.[8] 김도영은 판사를 거쳐 2018년 현재 국내 최대 로펌인 김앤장 법률사무소에서 변호사로 일하고 있다. 기업 인수·합병과 구조 조정 전문가로 통하며, 2014년 "김앤장의 허리를 맡은 주축 3인방" 중 한 사람으로 언론에 소개됐다.[9] 말도 많고 탈도 많았던 론스타와 관련, 2011년 론스타 측 한국 대리인이 김앤장의 김도영 변호사였다.[10]

김기춘은 1남 2녀를 두었다. 작은사위인 안상훈 서울대 사회복지학과 교수는 박근혜 정부 인수위원회에서 일했다. 외아들은 의사가 됐으나, 현재 의식 불명 상태로 김기춘 등이 성년 후견인으로 지정돼 있다.

안기부 흑색선전물 살포 사건, 사실상 면죄부 준 검찰·법원

법무부 장관 시절 김기춘의 주요 과제 중 하나는 선거법 집행이었다. 김기춘이 장관일 때 큰 규모의 선거는 두 번 치러졌다. 광역 의회 의원 선거(1991년 6월)와 14대 총선(1992년 3월)이 그것이다. 장관 취임 직후 치러진 전자보다는 선거의 시작부터 끝까지 법 집행을 주관한 후자를 통해 김기춘과 선거법 문제를 살펴보자. 대선이 있는 해에 치러진 총선인 후자의 정치적 비중이 전자보다 훨씬 크기도 했다.

14대 총선을 앞두고 김기춘은 공명선거를 강조하면서 선거 관련 금품 수수, 선거 비용 과다 지출, 흑색선전, 공무원의 선거 관여 등을 집중 단속하겠다고 공언했다. 이 선거가 끝난 후 검찰은 선거 사범 1,044명을 입건하고 그중 427명을 기소(기소율 40.9퍼센트)했다고 밝혔다. 1988년 13대 총선과 비교하면, 입건 규모는 비슷한데 기소율이 두 배에 가까웠다(13대 총선 관련 기소율은 21.3퍼센트).[11]

기소율만 보면 선거법이 엄정하게 집행된 것 같은 인상을 주지만, 실상은 그와 거리가 멀었다. 각종 불법 선거 운동이 난무한 가운데 그 진상이 검찰 수사를 통해 철저히 규명되는 모습은 찾아보기 어려웠다.

이를 잘 보여준 사안 중 하나가 안기부 요원들의 흑색선전물 살포 사건이다. 투표일을 사흘 앞둔 1992년 3월 21일, 안기부 대공수사국 요원 4명이 서울 강남을 선거구에서 민주당 후보 홍사덕의 사생활을 비방하는 흑색선전물을 뿌리다가 민주당 선거

1992년 3월 11일 김기춘 법무부 장관과 이상연 내무부 장관이 정부 청사에서 공명선거에 대해 기자 회견을 하고 있다. ⓒ e영상역사관

운동원들에게 붙잡혔다. 전신인 중앙정보부 시절부터 정치 공작에 특화된 조직인 안기부다운 행태였다.

현행범으로 딱 걸린 안기부 요원들은 구속 기소됐다. 흑색 선전물이 작성된 장소는 안기부 사무실이었다. 안기부 상층, 더 나아가 집권 세력 고위층이 배후에 있을 것이라는 의혹이 강하게 제기됐다. 당연한 일이었다. 몇몇 안기부 요원의 개인적 일탈이며 안기부와는 무관하다고 한다면 그걸 누가 납득할 수 있었겠는가?

그러나 배후 문제 등 핵심 의혹은 검찰 수사에서 전혀 해소되지 않았다. 검찰은 안기부의 선거용 공작금으로 추정되는 의문의 돈의 흐름(총선 6일 전 개설된 안기부의 가명 계좌에서 3월 19일 10만 원 권 자기앞 수표로 29억 원이 한꺼번에 인출되고, 그중 일부를 21일 잡힌 요

원 중 한 명이 갖고 있었다)을 확인하고도 그에 대해 추궁조차 하지 않았다.[12]

재판도 졸속으로 진행됐다. 첫 공판에서 심리는 25분 만에 끝났고, 검찰은 이례적으로 그날 구형까지 했다.[13] 1심 재판부는 안기부 요원 4명이 "음지에서 묵묵히 성실하게 일해온 모범 공무원"[14]이라며 집행 유예를 선고하고 모두 풀어줬다. 사법부 스스로 안기부에 무릎을 꿇었다는 비판이 쏟아졌다.

검찰은 항소 포기 방침을 밝혔다. 여론은 검찰을 거세게 질타했다. 검찰은 하루 만에 방침을 번복하고, 마지못해 항소했다.[15] 항소심에서도 집행 유예가 선고됐다. 검찰은 상고를 포기했다. 그렇게 법적 처리가 마무리되고 핵심 의혹은 묻혔다.

사건 당시 대공수사국장은 김기춘의 고교·대학교·검찰·중앙정보부(안기부) 후배인 정형근이었다(김기춘 역시 대공수사국장 출신이라는 점에서도 닮은꼴이다). 대공수사국 요원들이 흑색선전물을 살포하다가 잡혔는데도 정형근은 어떠한 책임도 지지 않았다. 그 후 김영삼 정권 때 안기부 1차장으로 승진하고, 1996년 여당 국회의원이 된 다음에는 안기부 수사권을 확대하는 내용의 안기부법 '개악'(재개정)을 주도하게 된다.[16] 사건 수사를 담당한 서울지검 공안 1부 김경한 부장 검사는 그 후 5대 로펌 중 하나인 세종 대표 변호사를 거쳐 이명박 정권의 초대 법무부 장관이 된다.

한맥회 사건에서도 검찰은 "선거 부정 덮는 데 급급"

한맥회 사건도 14대 총선에서 불거진 대표적인 불법 선거 운동 사건 중 하나다. 여당인 민자당의 외곽 조직인 한맥청년회(한맥회)가 일당을 주고 불법으로 수많은 대학생을 선거 운동에 동원한 사건이다.

이 사건 역시 배후에 집권 세력 고위층이 있을 것이라는 의혹이 강하게 제기됐다. 그러나 검찰 수사에서도, 재판 과정에서도 그 부분은 명확히 규명되지 않았다. 그 점에서 안기부 요원들의 흑색선전물 살포 사건과 판박이였다.

검찰 수사 및 재판 양상도 비슷했다. 수사 과정에서 검찰은 "선거 부정 덮는 데 급급"하다는 비판을 받기에 충분한 모습을 보였다.[17] 재판도 졸속으로 진행됐다. 검찰은 첫 공판에서 단 5분 만에 신문을 마치고 구형까지 했다.[18]

약간의 차이가 있다면, 안기부 요원 4명을 "모범 공무원"으로 치켜세우며 1심에서 풀어준 법원이 11일 후 한맥회 사건 1심에서는 한맥회장에게 징역 1년의 실형을 선고했다는 것이다. '한맥회장 실형 선고는 안기부 사건 선고 후 쏟아진 여론의 비난 때문 아니냐'는 지적이 검찰 쪽에서 나올 정도로 종잡을 수 없는 판결이었다.[19]

의문을 자아낸 그 차이는 곧 해소됐다. 1심 선고 두 달 후 법원은 보석을 허가하며 한맥회장을 풀어줬다. 다시 석 달 후에는 항소심에서 한맥회장에게 집행 유예를 선고했다.

검찰과 법원의 솜방망이 처분은 돈으로 대학생을 불법 동원하는 행태가 그해 대선에서 재연되는 결과를 불러왔다. 1992년 총선과 대선에서 민자당만 그런 행태를 보인 건 아니었다. 현대 재벌을 등에 업은 정주영의 통일국민당(국민당)도 한맥회 조직 일부를 돈으로 인수해 선거 운동에 동원하는 등 비슷한 모습을 보였다.[20] 여당과 관련된 부분에 솜방망이 처분이 내려지는 상황에서, 일당을 주고 대학생을 불법 동원하는 행태가 사라지기를 기대하기는 무리였다.

14대 총선 당시 군 부재자 투표 과정에서 자행된 선거 부정 문제도 불거졌다. 현역 육군 중위 이지문이 실상을 폭로했고 이원섭 일병은 대리 투표 실태 등을 언론에 제보했다. 그러나 노태우 정권은 군 부재자 투표 부정의 전모를 밝힐 의지가 없었다. 군부는 이지문, 이원섭에게 보복했다. 이지문은 이등병으로 강등돼 파면을 당했고 이원섭은 구속됐다.

안기부장 김기춘? 그렇게 될 뻔했다

안기부 요원들의 흑색선전물 살포 사건 등을 처리하는 과정은 김기춘의 공명선거 공언이 빈말이었음을 보여줬다. 이는 김기춘의 법무부와 검찰이 선거 부정의 전모를 파헤칠 경우 노태우 정권에 큰 부담이 될 수밖에 없었던 것과 떼어놓고 생각할 수 없다. 그렇게 되면 여권의 정권 재창출 목표도 차질을 빚을 가능성이 높았다.

그것은 김기춘의 향후 입지에도 부정적으로 작용할 수 있었다. 김기춘은 고향·고교 선배이자 유력한 대권 후보인 김영삼 쪽과 이미 밀착한 상태였다. 그것을 바탕으로 더 힘 있는 자리, 즉 안기부장을 맡을 것이라는 관측이 곳곳에서 나오고 있었다.

장관 시절 김기춘은 여러 차례 안기부장 물망에 오르는데, 그 배경에는 김영삼과 맺은 특별한 관계가 자리하고 있었다. 14 대 총선 직후 김기춘은 안기부장 후보로 유력하게 거론됐다. 안기부 요원들의 흑색선전물 살포 사건으로 안기부장 서동권이 물러날 수밖에 없었는데, 서동권과 마찬가지로 검찰총장 출신인 김기춘이 그 후임으로 검토됐다. 김영삼이 서동권 후임으로 김기춘을 기용할 것을 강력히 희망한 것으로 알려졌다는 보도도 나왔다.[21]

그러나 1992년 3월 노태우는 '김영삼 사람'이 아닌 내무부 장관 이상연을 후임 안기부장으로 택했다. 노태우의 주요 기반인 TK(대구·경북) 세력 쪽에서 '김영삼 사람'인 김기춘에 대해 적잖은 거부감을 보인 것이 한 원인으로 지적됐다.[22] 노태우 임기가 1년도 남지 않은 때임을 고려하면, 이 인사로 김기춘이 노태우 집권기에 안기부장을 맡을 가능성은 사라지는 듯했다.

반년도 지나지 않아 상황이 급변했다. 계기는 14대 총선 당시 충남 연기군수였던 한준수의 양심선언이었다. 8월 31일 한준수는 노태우 정권이 이 총선에서 광범위한 부정을 자행했다고 밝혔다. 민자당 후보 임재길의 승리를 위해 돈을 뿌린 내역, "여당 후보 당선을 위해 최선을 다하라"고 이상연 내무부 장관이 독려 전화를 한 사실 등을 구체적으로 폭로했다.

파장은 컸다. 사안 자체가 엄중했을 뿐만 아니라, 연기군에 한정된 사례라고 보기 어려웠기 때문이다. 이상연이 현직 안기부장이라는 점, 임재길이 노태우의 육사 후배이자 총선 직전까지 청와대 총무수석이었던 점 등도 작용했다.

상황을 수습하기 위해 안기부장 교체를 포함한 개각이 불가피해 보였다. 그러면서 다시 김기춘이 후임 안기부장으로 여기저기서, 그것도 3월 교체 때보다 훨씬 더 유력하게 거론됐다. 김기춘이 "안기부장에 임명될 것으로 전해졌다"(동아일보), "안기부장 임명이 유력"(한겨레)하다는 보도가 이어졌다. 김기춘이 안기부장 후임 "0순위"(경향신문)라는 보도까지 나왔다. 김기춘으로서는 기대에 부풀어도 좋을 법한 분위기였다.

그런데 9월 18일 노태우가 대선을 공정하게 관리하기 위한 '중립 내각'을 구성하겠다고 발표했다. '중립 내각'이라는 간판을 내걸었다는 것은 김기춘에게는 좋지 않은 소식이었다. 10월 9일 노태우는 일부 개각을 단행하고, 자신의 경호실장 출신인 이현우를 신임 안기부장에 임명했다. 이날 김기춘은 1년 5개월 만에 법무부 장관에서 물러났다.

장관 퇴임 후 정치 공작에 나선 맥락

안기부장 문턱에서 미끄러지기는 했지만, 김기춘이 안기부장 자리에 오를 가능성이 사라진 건 결코 아니었다. 4년이 넘는 중앙정보부 대공수사국장 경험, 공안 정국을 조성해 정권 보위에 앞장선 경력 등은 안기부장 자리 경쟁에서 김기춘의 강점으로 여겨졌다.

그러나 정권 재창출에 실패하면 말짱 도루묵이었다. 3당 합당(1990년)으로 탄생한 거대 여당 민자당과 김영삼 후보가 대선에서 우세한 건 사실이었지만, 14대 총선 패배에서도 드러나듯이 안심할 수 있는 상황은 아니었다. 정권이 교체될 경우 김기춘이 안기부장이 된다는 건 생각하기 어려운 일이었다. 김기춘으로서는 안기부장이 아니라 하더라도 권력 중심부에 계속 있으려면 김영삼이 당선돼야 했다.

예나 지금이나 정권 창출 후에는 논공행상이 있기 마련이다. 그 과정에서 있는 공, 없는 공 다 내세우며 공치사를 늘어놓는 모습이 빈번하게 나타난다. 권력의 생리에 어두울 수 없었던 김기춘이 이를 모를 리 없었다. '김영삼의 뜻을 받들 안기부장 후보로 거론될 정도의 관계만으로는 부족하다. 논공행상에서 확실한 우위를 점할 공적을 만들어놓아야 한다', 이 시기 김기춘은 이런 생각을 하지 않았을까?

대선을 두 달 앞두고 퇴임한 김기춘은 은밀히 일을 꾸몄다. 경력을 최대한 살려 정치 공작을 폈다. 그러나 꼬리가 길면 밟히는 법. 민주주의를 짓밟는 김기춘의 공작은 온 세상에 공개된다. 스스로 초래한 53년 인생 최대의 위기는 복국과 함께 찾아왔다.

초원복집 공작과
김기춘의 실패한 '쥐약'

초원복집 사건, 1라운드

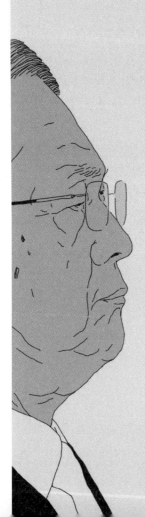

14대 대선을 사흘 앞둔 1992년 12월 15일, 정주영의 국민당이 증거 사진과 함께 하나의 녹음테이프를 세상에 내놓았다. 테이프 속 목소리의 주인공은 두 달 전까지 법무부 장관이던 김기춘과 부산 지역 기관장들이었다. 민자당 후보 김영삼의 대선 승리를 위해 지역감정을 부추겨야 한다는 등 내용은 충격적이었다. 한자리씩 꿰찬(전직 장관인 김기춘의 경우는 '꿰찼던') 사람들의 얘기 맞나 싶을 정도로 대화 수준은 시정잡배의 그것을 떠올리게 만들었다.

초원복집 사건은 그렇게 수면 위로 올라왔다. 녹음테이프는 막판으로 치닫던 대선 판을 요동치게 만들었다. 그런데 실체 규명 작업은 허무할 정도로 싱겁게 막을 내렸다. 부실한 수준을 넘어 심각하게 왜곡된 사후 처리 과정은 또 다른 문제를 낳았다.

오늘날 초원복집 사건은 '김기춘', '지역감정 조장'과 연관돼 간략히 거론되는 경우가 많다. 그러나 그렇게만 하고 넘어가기는 아까운 사안이다. 이 사건의 여러 측면을 더 깊이 살펴볼 필요가 있다. 극우 반공 세력의 속마음을 날것 그대로 보여준다는 점에서도, 오늘날 개혁 과제와 맞닿는 측면이 적지 않다는 점에서도 그러하다.

제14대 대통령 선거 벽보.

[초원복집 그날 1]
"우리 검찰에서도 양해할 거야"

녹음테이프 공개 4일 전인 그해 12월 11일 이른 아침 초원복집(부산 남구 대연3동)에 부산의 주요 기관장이 모여들었다. 김영환 부산시장, 정경식 부산지검장, 박일룡 부산경찰청장, 이규삼 안기부 부산지부장, 김대균 부산 지역 기무부대장, 우명수 부산교육감, 박남수 부산상공회의소 회장, 강병중 부산상공회의소 부회장이 그들이었다.

이들을 불러 모은 사람은 김기춘이었다. 김기춘은 전날(10일) 전 검찰총장 정구영, 민자당 의원 권익현 등과 함께 부산에 내려왔다. 그리고 유세를 위해 자신보다 늦게 부산에 온 김영삼을 공항에 나가 맞이했다. 초원복집 모임 연락책은 정경식 지검장이었다.

1시간 정도 계속된 초원복집 모임은 민주주의를 짓밟기 위한 음습한 모의로 점철됐다. 참석자들은 썩은 냄새를 폴폴 풍기는 말을 거리낌 없이 내뱉었다. 공직자의 기본 도리는 고사하고 최소한의 수치심도 찾아보기 어려웠던 이 모임에서 오간 주요 대화를 되짚어보자.

"지금 부산은 잘 돌아갑니까?" 참석자들과 인사를 나눈 후 김기춘이 좌중에게 물었다. 김기춘은 자신도 전날 "팀들하고" 점심 먹고 유세장에 가봤다고 말했다. 부산에 오기 전 광주, 대전, 대구, 경북 등 여러 군데 다녀봤다고 말했다. "팀들"과 관련, 김기춘은 "제가 관계하는 회원들"이라는 얘기도 했다.

김기춘이 슬슬 본론을 꺼냈다. "(부산에서 김영삼 지지율이) 70%
되니 안되니⋯⋯. 서울 있으면 걱정이 태산이라. 믿을 곳이라고
는 여기밖에 없다." 이어서 이른바 '중립 내각'을 언급하며 "마음
대로 못해서 답답해 죽겠다"라고 말했다. 대선을 두 달 앞두고
'중립 내각'이 등장하면서 김기춘은 법무부 장관에서 물러났다.

공직자의 선거 중립 문제가 나오자 김대균 기무부대장이 말
을 받았다. "나는 (부재자) 투표해서 중립을 못 지키겠다. 이제 저
는 마음대로 해도 돼요. 장관님하고는 다릅니다."

김기춘은 이번 대선이 "정말 불안한 싸움"이라며 대전과 대
구를 거론했다. "김종필이가 지도력이 별로 없"다며 대전에 대해
걱정을 많이 한다고 말했다. 대구에 대해서는 "검사장께서 통솔
을 못하는 건지, 사분오열돼 있지"라고 말했다. 이어서 자신이 대
구에서 근무할 때부터 있었던 경장회(경북 기관장 회의) 모임이 어
제인가 있었다고 덧붙였다. 김기춘은 1985~1987년에 대구에서
지검장, 고검장으로 근무했다.

김기춘은 대구 사람들이 국가를 경영해봤기 때문에 "단합,
애향심의 방법을 안다"며 부산, 경남 사람들이 그걸 배워야 한다
고 얘기했다. 김대균 기무부대장이 "좋은 말씀"이라며 이렇게 덧
붙였다. "(박정희 정권 때) 부산은 야당 하고 그래서 많이 피해를 봤
다. 이번 대선에서 경남, 부산이 발전할 기회를 못 잡으면 영영
파이다."

옆에서 맞장구치자 김기춘이 검은 뱃속을 드러냈다. "노골
적으로 얘기할 수는 없고, 접대를 좀 해달라. 야당에서는 (선거 운
동에 대해) 상당히 강경하지만, 아 당신들이야 지역 발전을 위해서

이니 하는 것이 좋고…… 노골적으로 해도 괜찮지 뭐……."

그다음 말도 인상적이었다. "우리 검찰에서도 양해할 거야. 아마 경찰청장도 양해……." 박일룡 부산경찰청장이 끼어들었다. "이거 양해라뇨. 제가 더 떠듭니다." 경찰이 관권 선거에 앞장서겠다는 취지의 이 발언과 함께 웃음이 나왔다.

[초원복집 그날 2]
"김대중·정주영? 영도다리 빠져 죽자"

김기춘은 이야기를 이어갔다. "고향에서 대통령이 나오면 돈이 생기나 밥이 생기나, 그 말은 맞다"면서도 "안 해봐서 모른다. 장관이 얼마나 좋은지 아나"라고 말했다. 곧이어 유명한 영도다리 발언을 했다. "부산, 경남 사람들, 이번에 김대중이면 어떠냐 정주영이면 어떠냐 뭐 이러면 영도다리 빠져 죽자."

김기춘은 "지역감정이 유치한지 몰라도 고향의 발전에 긍정적"이라고 주장했다. 이어서 조선일보 류근일 칼럼을 거론하며 "(국민당이) 요번에 막 조선일보하고 붙었는데…… 조선일보하고 붙은 것은 우리 쪽에서 보면 호재다"라고 말했다. "그런 사람(정주영)이 대통령 되면…… 안 됩니다"라고 박일룡 부산경찰청장이 거들었다. 김기춘이 정주영의 사생활 문제를 거론하자 우명수 교육감이 "아니 장관님, 아픈 데 탁 찌르네"라며 맞장구쳤다.

"서울에 앉아서 (선거 상황을) 이래 보고받고 하면 잠이 안 오는기라." 김기춘은 그 정도로 걱정하고 있다며 이렇게 말했다.

"잘못되면 혁명적 상황이 와서 전부 끌려 들어가야 할 판인데 그럼 여당 해야지 어떡합니까?" 지은 죄가 많다고 여겨서인지, 김기춘은 민주주의 국가에서 있을 수밖에 없는 일인 선거에 의한 정권 교체를 "혁명적 상황"으로 규정했다.

[초원복집 그날 3]
"지역감정을 좀 불러일으켜야 돼"

참석자들은 개략적인 표 계산에 들어갔다. "(부산에서) 호남 사람이 많이 보면 한 17~18% 보는데……"라는 김기춘의 말을 김영환 시장이 받았다. "13대 대통령 선거 때 DJ(김대중)한테 9.2% 갔습니다. YS(김영삼)가 저기(호남)서 받은 0.5%에 비하면 이는 엄청난……. 10% 이거는 무조건 고정표입니다. 그리고 박찬종, 그 외 군소 정당이 3~5%, 나머지 85% 가지고 그중에 정주영 씨가 얼마나 가지고 가느냐에 따라서 나머지가 YS 표인데, 15%를 가져가면…… 끝난 것이고 그렇게 가져가면 (김영삼 득표율이) 60%대로 떨어지니까 (정주영 득표율을) 10% 미만으로 떨어뜨려야 합니다."

김기춘이 "지금 CY(정주영)가 20%를 가져간다면 YS가 위험하다는 것이 중앙의 공론"이라고 말하자 이규삼 안기부 부산지부장과 김영환 시장이 나섰다. "10% 미만으로 떨어뜨리면……", "(김영삼이) 80% 이상 (득표)하려면 (정주영 득표율을) 5% 이하로 떨어뜨려야……."

결론 격으로 김기춘이 말했다. "하여튼 민간에서 지역감정을 좀 불러일으켜야 돼." 참석자들 사이에서 웃음이 터졌다. 부산 교육의 수장이라는 우명수 교육감이 김기춘의 말을 받았다. "우리는 지역감정이 좀 일어나야 돼." 다시 김기춘이 나섰다. "(지역감정에 불을 붙이는 일을) 도지사가 하겠습니까, 검사장이 하겠습니까, 시장이 하겠습니까? 천상(필자: 올바른 표현은 '천생') 민간단체에서야……. 이번에 제대로 부산놈들 본때 못 보이면 다……."

[초원복집 그날 4]
조선일보 칭찬과 '쥐약론'

이규삼 안기부 부산지부장이 말했다. "최근 현대 (그룹을) 수사하고 나서 (상황이) 많이 좋아졌어. 지금 현재 국민당으로서는 한풀 꺾였습니다. 기가 많이 죽었는데, 전에 그대로 나왔으면 큰일 날 뻔했어요." 그리고 덧붙였다. "조선일보가 그걸 다 해주는데……."

주요 이야깃거리는 언론으로 바뀌었다. 이규삼 안기부 부산지부장이 부산일보, 국제신문을 거론하며 지역 언론의 "단결" 문제를 꺼내자 김영환 시장이 말했다. "이놈들이 원체 삐딱하니까……."

김기춘이 나섰다. "신문사 사장이랑, 한번 밥이나 사 먹이면서 '고향 발전을 위해 너희가 해달라'고 해보십시오." 관리들이 하기 힘든 일이니 업계에서 나서라고 김기춘이 주문하자 박남수 부산상공회의소 회장이 말을 돌렸다. "저희들 바람은 오히려 (김영삼이) 호남 쪽에 유세 가서 두들겨 맞고 오면…… 대구, 경북도 '에이' 하고 돌아서는데 이번에는 그것도 없어."

"지난 (19)87년 (대선 때) 우리 (노태우) 대통령 각하, 전주 가서 한번 두들겨 맞고 와서는 (경상도 사람들이) 홱 돌았잖아요." 김기춘은 이렇게 답한 후 다시 언론 얘기를 이어갔다. "광고주들 있잖아요. 경제인들 모아가지고 신문사 간부들 밥 사주면서 은근히 한번 좀……." 김영환 시장은 평기자들이 문제라고 답했다. 우명수 교육감이 끼어들어 "안 좋게만 쓰는 것"이 부산 언론의 전문이라고 깎아내렸다.

김기춘은 "쥐약 주는 사람은…… 상공인들과 업계에서 일단 광고주 아니오?"라며 언론에 대한 공작을 더 적극적으로 펼치라고 주문했다. "애향심도 없는 놈들이냐", "(광주 지역 언론은) 자기 고장 대통령 만들려고 혈안이 되어 있는데 너희들은 뭐하는 놈들이냐", 이렇게 압박하라는 것이었다. 그러면서 강병중 부산 상공회의소 부회장을 지목해 다시 한 번 언론 공작을 주문했다. "편집국장, 사회부장, 정치부장 이런 놈들 뭐…… (돈) 주면서, 돈 걷어 뭐할라요? 명세서 끊어주면서……." 좌중에서 웃음이 나오자 김기춘이 덧붙였다. "이게 운동이라."

언론 공작 주문이 계속되자 이규삼 안기부 부산지부장은 "언론 계통에는 제가 제일 강하게 얘기하는데"라면서 "요즘은 그 밑의 기자 애들 때문에"라고 답했다. 김영환 시장과 마찬가지로, 평기자들을 다루기가 쉽지 않다고 말한 것이다.

김기춘은 다시 강하게 주문했다. "배짱이 있으면 '미다시'(필

자: 표제) 뽑을 때 편집국이나 편집국 차장이 할 텐데, 데스크 보는 애들이 괜히 밑의 놈 핑계 댄다고. '나는 하려 했는데 애들이 말을 안 듣고'(라는 식으로)……. 그러나 안 돼." 그러면서 조선일보를 칭찬했다. "아, 조선일보는 과격한 기자 없나. 있지만 전부 신문사 간부가 달라지니까 합니다. 나가는 논조 보세요."

이날 조선일보를 모범 사례 또는 '우리 편'으로 거론한 건 김기춘만이 아니다. 이규삼 안기부 부산지부장("조선일보가 그걸 다 해주는데……")도 그랬다. 김기춘이 도착하기를 기다릴 때 김대균 기무부대장도 마찬가지였다. "조선일보는 좀 잘 써주는 것 같죠. (비아냥거리듯) 정주영 씨 좀 잘 써주지 않고……."[1]

김영삼·김기춘 밀착에 주목한 야권의 공세

녹음테이프 공개 후 전국은 발칵 뒤집혔다. 지역감정 조장, 관권 선거, 언론 공작 등 민주주의의 근간을 뒤흔드는 음모를 꾸몄으니 그럴 수밖에 없었다. 전직 법무부 장관과 부산의 주요 기관장들이라는 참석자 면면을 고려하면 더욱 그러했다. 참석자 중 상당수(김기춘, 박일룡, 우명수)는 김영삼의 경남고 후배이기도 했다.

야당은 김영삼과 민자당, 노태우 정권을 거세게 공격했다. 김대중의 민주당은 김영삼 후보의 대국민 사과, 부산 지역 기관장 대책 회의 참석자 전원 파면 및 구속을 요구했다. 국민당은 대책 회의 참석자 중 일부를 선거법 위반 혐의로 고발하고 김영삼 후보 사퇴를 주장했다.

야권이 이러한 태도를 취한 건 녹음테이프 내용이 충격적이기 때문만은 아니었다. 대책 회의가 김영삼 쪽과 무관할 수 없다고 봤기 때문이다. 김기춘 개인의 돌발 행동이 아니라 김영삼 쪽의 조직적·총체적인 불법 선거 공작의 일부로 판단한 것이다.

김기춘이 법무부 장관 시절에 이미 김영삼 쪽과 밀착했고, '김영삼 사람'으로서 후임 안기부장으로 여러 차례 거론된 건 잘 알려진 사실이었다. "김기춘 씨는 김영삼이 집권하면 안기부장 0순위"라는 말이 대선 기간에 김영삼 주변에서 공공연하게 나돌 정도였다.[2] 대책 회의 전날 김기춘이 먼저 내려와서 김영삼을 영접한 것도 눈길을 끌었다.

초원복집에서 열린 것과 같은 성격의 대책 회의가 김기춘이 부산에 오기 전에 다닌 광주, 대전, 대구, 경북 등에서도 있었던 것 아니냐는 의혹도 제기됐다. 김기춘이 "서울에 앉아서 (선거 상황을) 이래 보고받고 하면 잠이 안 오는기라", "제가 관계하는 회원들", "팀들"을 얘기한 점도 이 사건을 김기춘 개인의 돌발 행동으로 보기 어렵게 만들었다.

이러한 여러 측면이 작용해 김기춘이 김영삼 후보 지원을 위한 밀사 자격으로 행동했을 것이라는 관측이 나왔다.[3] 녹음테이프 공개 직후 서울지검의 한 검사는 김기춘이 "마치 차기 안기부장 자격으로 부산 지역 기관장 회의를 주재한 것 같은 인상을 받았다"고 말했다.[4]

판 뒤엎은 김영삼 "최대의 피해자는 바로 나"

김영삼과 민자당, 노태우 정권으로선 대선 막판에 대형 악재가 터진 셈이었다. 근거 없는 정치 공세라고 발뺌할 수도 없었다. 녹음테이프라는 명백한 물증이 있었기 때문이다.

여권의 기본 대응 전략은 '사적인 모임', '우리와는 상관없다'고 주장하며 파장을 최소화하는 것이었다. '중립 내각'을 내세운 것이 오히려 민망하게 된 노태우 정권은 "전직 장관이 주최한 사적인 회식 자리"라고 주장했다. 그러면서 대책 회의 참석자들에 대한 인사 조치를 빠르게 취해 파문을 가라앉히려 했다. 그러나 그 조치는 파면도, 구속도 아닌 직위 해제에 그쳤다.

민자당도 김기춘은 당원이 아니며 따라서 자신들과는 관계없는 일이라고 선을 그었다. 김기춘도 "고향에 다녀오는 길에 부산 지역의 후배 기관장들과 식사를 함께한 매우 사사로운 자리였다"고 주장했다.

김기춘은 물론 민자당, 노태우 정권까지 일제히 '사적인 모임일 뿐'이라고 선을 그었지만 파문은 가라앉지 않았다. 그 정도로 상황을 수습하기에는 부산 지역 기관장 대책 회의 관련 사항이 너무나 심각하고 엄중했다.

선거 부정은 한국 현대사에서 오랫동안 이어진 악습이었다. 1992년만 놓고 봐도 14대 총선에서 터진 안기부 요원들의 흑색 선전물 살포 사건, 한맥회 사건 등 여권과 관련된 선거 부정으로 몸살을 앓았다. 그에 더해 8월 31일에는 한준수 전 연기군수가 14대 총선 당시 광범위하게 자행된 관권 부정 선거 실태를 폭로했다.

그럼에도 대선에 접어들면서 안기부가 각종 단체에 불법 자금을 지원하며 김영삼 지지를 독려하고 있다는 등의 각종 관권 부정 선거 의혹이 끊이지 않았다. 그런 상황에서 부산 지역 기관장 대책 회의 녹음테이프가 공개된 것이다. 그것도 지역감정을 노골적으로 조장하는 등 통상적인 관권 선거 모의보다 훨씬 심각한 수준이었다.

김영삼은 분명 위기 상황이었다. 한준수 양심선언 후 "관권을 동원해 대통령이 되느니보다는 차라리 정정당당하게 싸우다 지는 편을 택하겠다"며 관계 기관 대책 회의 금지를 공언한 김영삼이기에 더 궁색한 처지였다.[5] 녹음테이프가 공개된 15일, 김영삼은 "부패 척결을 위한 개혁"을 "부정부패를 위한 개혁"으로 원고를 잘못 읽는 등 유세에서 몇 차례 실수를 했다.

그러나 정치 경력 40년의 김영삼은 역시 만만치 않았다. 그 다음 날(16일) 김영삼은 긴급 기자 회견을 열고 "최대의 피해자는 바로 나 자신"이라고 주장했다. "대화 내용을 녹음한 것 자체가 공작 정치의 일환"이며 자신은 "공작 정치의 피해자"라는 주장이었다.

이 사건의 핵심은 불법 도청이라며 판을 뒤엎은 것이다. 그것은 김영삼 자신을 당선시키기 위해 김기춘 등이 자행한 "공작 정치"를 사실상 덮는 것과 다르지 않았다. '최대 피해자는 김영삼'이라는 명제는 그 경우에만 성립할 수 있었다. 그러면서 그날 김영삼은 유세에서 "돈으로 나라를 사려는 못된 버르장머리는 이번에 반드시 심판해야 한다"며 정주영을 몰아세웠다.

김기춘, 김영삼에 앞서 '도청이 문제'라는 틀 제시

눈여겨볼 점 중 하나는 '도청이 문제'라는 틀을 김영삼에 앞서 김기춘이 제시했다는 것이다. 녹음테이프가 공개된 직후 김기춘은 "사사로운 자리에서의 대화를 몰래 녹음한 행위와 마찬가지로 그것을 정치적 목적으로 이용하는 행태에 유감"이라고 주장했다.[6]

반성하기는커녕 대책 회의를 도청해 그 내용을 공개한 것이 문제라고 받아친 것이다. 이 발언은 김영삼이 자신을 "피해자"로 내세우기 전에 보도됐다. 도청이야말로 문제라고 김영삼이 주장하기 전에 김기춘과 교감했는지 여부는 확인되지 않지만, 사건 직후 법 기술자 김기춘이 '도청이 문제'라고 주장한 것은 가벼이 여길 사항이 아니다.

자신이 "최대의 피해자"라고 김영삼이 주장한 날, 검찰은 김기춘 등에 대한 소환 여부 및 그 시기를 대선 이후에 정하겠다고 밝혔다. 본격적인 수사를 대선 이후로 미루겠다는 뜻이었다. 그러한 상태에서 대선이 치러졌다. 당선자는 김영삼이었다.

면죄부 준 검찰… 김기춘조차 기소 면할 뻔했다

대선 후 검찰은 본격적인 수사에 돌입했다. 그러나 수사의 초점은 김기춘 등의 "공작 정치"가 아니라 도청 문제였다. 김기춘, 김영삼이 제시한 틀에서 벗어나지 않은 수사였다고 해도 지나치지 않다.

녹음테이프 공개 직후 검찰에서는 당혹스럽다는 반응이 적지 않았다. 내용이 충격적이기도 했지만, '검찰 공화국' 구축의 주역 김기춘이 주재한 모임이라는 점도 크게 작용했다. 최초의 임기제 검찰총장이자 법무부 장관까지 한 김기춘은 검찰 조직을 상징하는 인물로 통했다. 현직 지검장 정경식이 대책 회의 참석에 더해 연락책 노릇을 한 점도 검찰을 곤혹스럽게 했다.

검찰이 '본모습'을 찾는 데에는 오랜 시간이 걸리지 않았다. 본격적인 수사에 착수하기 전부터 초원복집 모임은 사석이며 김기춘은 공인이 아니라는 얘기가 검찰에서 나왔다.[7] 검찰과 뗄 수 없는 관계인 김기춘이나 지검장 정경식과 관련해 조직 차원에서 반성한다면 나올 수 없는 얘기였다. 정치에 민감한 검찰답게 김영삼의 부담을 가중하는 수사 결과를 내놓지 않을 것임을 예고하는 징후이기도 했다.

그러한 분위기에서 1992년 12월 22일, 대책 회의 참석자 중 김기춘 등 4명이 검찰에 소환됐다. 김기춘은 초원복집에서 있었던 건 "순수한 우정으로 열린 아침 식사 모임"이며 선거와 관련해 구체적인 방안을 논의한 적이 없다고 강변했다. 또한 처가가 광주라며 "지역적 편견 없이 국민적 화합을 위해 열심히 노력해 왔다"고 주장했다. 지역감정 조장에 대해서는 "애향심을 강조하다 본의 아니게 오해를 산 발언"이라고 해명했다. 부산 이외의 지역에서는 초원복집 모임 같은 것이 없었다는 주장도 내놓았다.

조사가 끝난 후 김기춘이 검찰을 떠날 때, 검찰청 직원과 검

소환되는 김기춘씨 대선 기간중 '부산지역 기관장 대책회의' 사건과 관련해 검찰에 소환된 김기춘 전 법무장관이 21일 서울지검 청사로 들어서고 있다. 〈장철규 기자〉

김기춘씨 '대화내용' 시인

부산기관장모임 4명 소환 사법처리여부 내주초 결정

1992년 12월 22일 자 한겨레. 김기춘의 검찰 소환 소식을 보도하고 있다.

'검찰 공화국' 구축의 주역 김기춘은 초원복집 모임에서 잘라 말했다. "우리 검찰에서도 양해할 거야." 초원복집 사건 수사에서 검찰은 김기춘의 말이 사실임을 행동으로 입증했다.

사 20여 명이 서울지검 청사 1층 로비에 도열해 배웅했다. 민주주의의 근간을 뒤흔든 중대 범죄와 관련해 무거운 처벌을 받아야 할 사람이라는 생각을 검찰 쪽에서 하고 있지 않음을 보여주는 장면이었다.[8]

이와 달리 도청에 대한 수사는 강도 높게 진행됐다. 녹음테이프를 공개할 때 국민당은 "부산 시민의 제보에 따라 대화 내용을 녹음할 수 있었다"[9]고 밝혔지만, 실은 정주영 아들 정몽준 의원 쪽에서 초원복집 모임을 도청한 것이었다. 현직 안기부 직원도 그 작업에 관계돼 있었다. 정치 공작에 특화된 중앙정보부에 오랫동안 몸담았던 김기춘의 검은 뱃속이 안기부 직원이 관련된 도청을 통해 드러난 것도 흥미로운 장면이었다. 검찰이 도청에 수사의 초점을 맞추자, 야권에서는 "도둑질한 자를 비호하고 도둑 잡으려다 장독 깬 사람을 처벌"하는 건 "본말이 전도된 처사"라고 반발했다.

12월 29일 검찰은 부산 지역 기관장 대책 회의 참석자 중 김기춘만 선거법 위반 혐의로 불구속 기소하고, 다른 사람들은 모두 무혐의 처리하며 면죄부를 줬다. 김기춘에게 적용된 조항은 대통령 선거법 36조 1항(선거 운동원이 아닌 사람의 선거 운동 금지) 등이었다. 대책 회의 참석자들에 대한 솜방망이 처분과 달리, 검찰은 도청과 관련해 정몽준 등 4명을 불구속 기소했다. 그것으로 수사가 마무리되고, 대책 회의와 관련된 여러 의문은 덮었다.

이날 검찰은 "모임의 성격, 대화 내용, 분위기 등에 비춰볼 때 공식 대책 회의로는 볼 수 없다"고 발표했다. 김기춘이 기관장들의 노고를 치하한 단순한 모임이라는 것이었다. 지역감정을 부추기고 관권 선거를 획책하며 언론 공작을 모의한 "모임의 성격, 대화 내용, 분위기"를 검사들은 그렇게 판단했다. 또한 검찰은 다른 참석자들의 경우 "김(기춘 전) 장관의 발언을 듣고 수동적으로 자신들의 견해와 체험담을 짤막하게 제시한 데 불과"하다고 발표했다. 김기춘의 궤변에 적극적으로 호응하거나 한술 더 뜬(예컨대 "이거 양해라뇨. 제가 더 떠듭니다.") 발언 모두 "수동적"이었을 뿐이라고 검사들은 판단했다.

초원복집에서 김기춘은 "노골적으로 해도 괜찮지"라며 이렇게 덧붙였다. "우리 검찰에서도 양해할 거야." 검찰은 초원복집 사건 수사를 통해 김기춘의 말이 사실임을 입증했다.

덧붙이면, 검찰 내부에서는 대책 회의에 참석한 기관장들은 말할 것도 없고 김기춘도 기소해서는 안 된다는 의견이 우세했던 것으로 보도됐다.[10] 결과 발표를 앞두고 김기춘 한 사람만 불구속 기소하는 것으로 윗선에서 조정됐지만, 김기춘에 대해서조차 기소 불가론이 우세했다는 것은 검찰이 어떤 조직인가를 잘 보여주는 또 하나의 사례.

초원복집·X파일·댓글 공작 사건에서 거듭된 판 뒤엎기

검찰의 '본말 전도' 수사에 힘입어 김기춘은 초원복집 사건을 자초하고도 무너지지 않았다. 김기춘의 53년 인생 최대의 위기였던 초원복집 사건과 관련해 몇 가지 문제를 더 짚어보자.

첫 번째, "최대의 피해자는 바로 나"라는 김영삼의 판 뒤엎기는 성공했다. 판 뒤엎기 시도를 분수령으로 김영삼 지지층이 더 결집하고 국민당은 역풍을 맞는 예상치 않은 일이 벌어졌다. 결과만 놓고 보면, 김기춘이 의도치 않은 방식으로 김영삼 표를 모아준 셈이다.

이 사건을 계기로 움직인 표는 어느 정도일까? 한나라당 국회의원이던 2005년 김기춘은 오마이뉴스와 한 인터뷰에서 이렇게 말했다. "(초원복집 사건으로) 100만 표가 더 많아졌다는 말을 들었다."[11]

적잖은 표가 움직인 것은 분명해 보이지만, 김기춘 말대로 그게 "100만 표"인지는 확인할 길이 없다. 주목할 점은 김기춘의 이야기에서 반성은 고사하고 은근한 자랑이 묻어난다는 것이다. 다른 사람 이야기를 전하는 형식을 취하면서 결과적으로 자신이 김영삼 당선에 큰 공을 세웠음을 부각했다고 하면 지나친 말일까?

두 번째, 초원복집 사건에서 나타난 판 뒤엎기, 다시 말해 가장 중요한 핵심을 다른 사안으로 덮으면서 본질을 흐리는 공작은 그 후 주요 국면에서 되풀이된다. 2005년 삼성·안기부 X파일 사건의 경우 삼성의 대선 자금 불법 지원, 검찰을 대상으로 한 금품 로비 등은 제대로 규명·처벌되지 않았다. 그 대신 검찰은 독수독과毒樹毒果(위법한 방식으로 수집한 증거는 증거 능력이 인정되지 않는다) 이론을 내세워 도청을 주로 문제 삼았다. 떡값 검사가 즐비하다는 지적을 받은 검찰다운 선택이었다.

도청과 관련된 건 아니지만, 2012년 대선 당시 국정원의 댓글 공작 사건에서도 비슷한 모습이 나타났다. 박근혜와 새누리당은 이 사건의 성격을 '국정원 여직원(김하영)에 대한 감금과 인권 유린'으로 호도하며 국정원의 불법 대선 개입이라는 본질을 덮으려 했다.

파렴치한 뒤집기는 박근혜 집권기에도 나타났다. 예컨대 '박근혜 대통령이 집권 내내 세월호에 당했다'는 악성 풍문이 박근혜 지지자들 사이에서 나돈 것이 과연 우연일까? '세월호 죽이기' 공작은 박근혜 집권기에 정권 차원에서 자행됐다.

세 번째, 초원복집 사건을 계기로 안기부, 검찰, 경찰, 기무사 등 주요 권력 기관을 철저히 개혁했다면 많은 것이 달라질 수 있었다. 민주주의 진전을 위해 꼭 필요한 일이었고, 권력 기관들의 민낯이 그대로 드러난 만큼 여론의 지지를 받으면서 개혁을 추진하기 좋은 상황이었다.

그러나 김영삼을 축으로 한 당시 집권 세력은 겉으로만 개혁을 내걸었을 뿐, 그와 같은 중요한 과제를 이행하지 않았다. 그럴 의지 자체가 없었다고 보는 것이 정확할 것이다. 그렇게 권력 기관들을 개혁하지 않은 후과는 오늘날까지 미치고 있다. 판 뒤엎기와 관련해 앞에서 제시한 사례들도 그러한 후과와 무관치 않다.

초원복집 사건과 언론 권력 문제

네 번째, 초원복집 사건은 언론과 관련해서도 여러 가지 생각할 거리를 건넸다. 우선 김영삼의 판 뒤엎기 과정에서 언론 보도도 한몫했다. 몇몇 신문은 부산 지역 기관장 대책 회의 내용보다 정부의 후속 조치를 더 크게 보도했다. 대책 회의 내용에 대해 별도로 제목을 뽑는 대신 여야 간 비방전의 하나로 취급하며 눈에 띄지 않게 보도했다가 노조 공정보도위원회의 반발 성명을 자초한 신문도 있었다.[12] 김기춘 등의 공작 정치보다 도청을 부각한 보도도 어렵지 않게 찾아볼 수 있었다.[13]

그리고 초원복집에서 언급된 조선일보의 경우 이 대선에서도 편파 보도라는 비판을 많이 받았다. 김영삼 쪽에 유리한 보도를 거듭했다는 말인데, 그 때문에 특히 국민당과 심한 갈등을 겪었다. 류근일 칼럼도 그런 사례 중 하나다. 예컨대 '정주영 변수'(1992년 11월 28일 자)라는 칼럼에서 류근일은 "적당히 많이 득표할 경우엔 그(필자: 정주영)는 김영삼 씨를 떨어뜨리고 김대중 씨를 당선시킬 것이다"라고 주장했다. 김영삼 쪽에서 퍼뜨리던 '정주영 밀면 김대중 된다'는 논리와 부합하는 주장이었다.

김기춘 등이 조선일보를 상찬한 데에는 그만한 이유가 있었다. 훗날 김기춘이 청와대 비서실장이 된 직후 박근혜 정권은 검찰총장 채동욱 찍어내기에 성공하는데, 그 과정에서도 조선일보는 큰 역할을 하게 된다.[14]

이러한 현상은 언론 권력의 부상과 맞닿아 있다. 박정희·전두환 집권기에도 언론 자유를 위해 노력한 이들이 있긴 했지만 언론인 중 상당수는 정권에 밀착했다. 1987년 6월항쟁과 노동자 대투쟁을 거치며 정치 권력의 압박이 약해짐에 따라 언론의 힘이 커지는데, 문제는 독재 정권에 부역했던 언론인들이 여전히 주축을 이뤘다는 것이다. 과거사에 대한 반성 없이 또 하나의 권력으로 떠오른 언론의 폐해는 오늘날에도 살아 있는 문제다.

초원복집에서 '쥐약' 운운하며 광고주를 통한 압박, 언론 매수 등을 독려한 것은 김기춘의 언론관을 잘 보여준다. 흥미로운 건, 초원복집 사건 직후 김기춘 본인이 '쥐약론'을 나름대로 실천에 옮겼다가 딱 걸렸다는 것이다. 1993년 2월 기자협회보는 초원복집 사건으로 불구속 기소된 김기춘이 설을 즈음해 법조 기자 30여 명에게 고급 양주(발렌타인 30년산, 로열 살루트 21년산)와 인삼 세트를 선물로 돌렸다고 보도했다. "자성하며 시간을 보내고 있다"는 글과 함께. 재판을 앞두고 '쥐약'을 먹이다가 들킨 셈이다.

이에 대해 김기춘은 2014년《신동아》와 한 인터뷰에서 이렇게 답했다. "전부는 아니지만 일부 사실이기에 변명하지 않겠습니다." 자신과 관련된 사안에 대해 '모른다', '아니다'로 답하기 일쑤인 김기춘이 예외적으로 이 사안은 전면 부인하지 않았다. '일부 사실이 아니다'라고 주장하는 부분이 무엇인지는 밝히지 않았다는 점에서 기묘한 '부분 인정'이라고 볼 수 있다.

이 사안과 관련해 빼놓을 수 없는 사항은 1993년 당시 일부 기자들의 반응이다. 이 건과 관련된 기자들이 기자협회보에 '왜 그런 걸 보도하느냐'고 항의하거나 기자협회에서 탈퇴하는 소통이 벌어졌다고 한다.[15] 기자들이 그런 비싼 선물을 받은 것은 마땅히 보도해야 할 사항이다. 기자협회보가 걸어온 길(1980년 전두환·신군부는 눈엣가시로 여긴 정기 간행물 172종을 강제 폐간시키는데 기자협회보도 그중 하나였다)을 생각해봐도 그에 관한 보도는 당연한 일이었다. 그런데도 일부 기자들이 그런 반응을 보인 건 언론 개혁이 얼마나 중요한 과제인가를 다시 한 번 생각하게 만든다.

　마지막으로 짚을 것은 초원복집 사건에 대한 검찰의 허술한 처분과 김기춘 부활의 연관성이다. 1992년 12월 29일 검찰이 수사 결과를 발표한 직후부터 이 사건에서 공소 유지가 쉽지 않을 것이라는 우려가 적지 않게 나왔다.[16] 김기춘은 그 틈새를 파고들어 뒤집기를 시도하게 된다. 그렇게 해서 초원복집 사건은 제2라운드를 맞이하게 된다.

초원복집 면죄부가
북풍 조작 부추겼다

초원복집 사건, 2라운드

위헌 심판 제청 신청으로 뒤집기 시도

초원복집 사건의 주역 김기춘은 1992년 12월 29일 대통령 선거법 위반 혐의로 불구속 기소됐다. 사건의 심각성을 고려하면 재판을 거쳐 감옥에 가는 것이 마땅한 수순이었다. 그러나 김기춘은 잘못을 인정하고 뼈를 깎는 반성을 하기는커녕 뒤집기를 시도했다.

김영삼 정권 출범 다음 달인 1993년 3월 17일, 김기춘은 위헌 심판 제청 신청을 재판부에 냈다. 자신에게 적용된 대통령 선거법 36조 1항(선거 운동원이 아닌 사람의 선거 운동 금지)이 헌법에 규정된 죄형 법정주의에 어긋난다는 주장이었다.

숙련된 법 기술자다운 교묘한 행동이었다. 문제의 36조 1항은 이전부터 '표현의 자유, 참정권 등을 제한해 위헌 소지가 크다'는 지적을 받고 있었다. 김기춘은 바로 그 틈새를 파고들어 초원복집 사건에 대한 처벌을 면하려 한 것이다.

법조계에서는 법원이 위헌 심판 제청 신청을 받아들일 가능성이 매우 높다고 봤다. 위헌 결정이 나올 가능성에 더해, 국회에서 해당 법 조항을 헌법재판소 결정 전에 개정할 수도 있다는 점까지 김기춘이 계산한 것으로 보인다는 지적도 나왔다.

동아일보는 "법무장관 재직 당시 유난히 선거 관련법의 엄정한 집행을 강조했던 김 전 장관이 막상 이 법률이 자신에게 올가미로 다가오자 이의를 제기하고 나섰다"며 "아전인수 법리"라고 비판했다.[1] (법무부 장관 시절 김기춘이 엄정한 선거법 집행을 강조한 건 사실이다. 그러나 안기부 요원들의 흑색선전물 살포 사건, 한맥회 사건, 한준수 전 연기군수의 관권 부정 선거 실태 폭로 등에서 드러나듯이 실상은 엄정한 집행과 거리가 멀었다.)

김기춘이 위헌 심판 제청 신청을 낼 수 있었던 것은 검찰이 위헌 소지가 크다는 지적을 받는 법 조항을 김기춘에게 적용한 덕분이었다. 공소 유지가 쉽지 않을 것이라는 우려가 검찰의 수사 결과 발표 직후부터 나온 것도 그와 무관치 않았다.

위헌 심판 제청 신청 후, 이제라도 검찰이 공소 사실을 변경해 김기춘에 대한 처벌 의지를 보여야 한다는 목소리가 나왔다. 김기춘을 기소할 때 적용하지 않은 공무원 선거 개입 교사(초원복집으로 기관장들을 불러 모아 지역감정 조장, 관권 선거, 언론 공작 등을 부추긴 것) 부분 등을 다시 검토해야 한다는 얘기였다.

검찰은 그럴 의지가 없었다. 그해 4월 14일 검찰은 공소 사실 변경 없이 김기춘에게 징역 1년을 구형했다. 구형량이 낮은 건 공무원 선거 개입 교사 부분 등에 대해 검찰이 수사 단계에서 이미 면죄부를 줬기 때문이다.

선고 공판은 5월 4일로 예정됐다. 그러나 이 선고 공판은 열리지 않았다. 4월 27일, 재판부가 김기춘이 낸 위헌 심판 제청 신청을 받아들였기 때문이다. 헌법재판소에서 위헌 여부를 결정할 때까지 재판은 무기한 연기됐다.

1993년이 다 가도록 헌법재판소는 결정을 내리지 않았다. 1심 재판조차 마무리되지 않은 상태에서 시간만 흐르는 가운데, 1993년 10월 김기춘의 변호사 등록이 허용됐다. 변호사 100여 명이 "과거 공안 통치의 주역이며 대표적 정치 검사"인 김기춘의 변호사 개업을 반대한다는 성명을 발표했다. 김기춘은 서울지방변호사회에 개업 신고까지 했지만, 반발을 감안해서인지 그해 연말까지 변호사 사무실을 내거나 사건을 수임하지는 않았다.[2]

"법률가들에게 저주 있으라!" 현직 법대 교수의 질타

김기춘에 대한 재판 절차가 정지되고 헌법재판소 결정은 나오지 않는 상태가 지속되자 이를 비판하는 목소리가 나왔다. 한겨레(1993년 10월 12일 자)에 실린 김성태 경희대 법대 교수의 칼럼('강기훈과 김기춘')도 그중 하나다.

김 교수는 법무부 장관 시절 김기춘의 대표작으로 꼽히는 유서 대필 조작 사건에 휘말린 강기훈과 김기춘의 상황을 비교했다. 강기훈은 "권력을 비판하는 쪽에 섰다는 이유로 남의 유서를 대필했다는 기상천외한 꼬투리를 잡혀 신속한 재판을 거쳐 3년의 실형을 살고" 있었다. 그와 달리 김기춘의 경우 "권력 부스러기를 만졌던 덕분에 일 년이 다 되도록 1심 재판조차 진행되지 않고 있"으며, 이는 "국민의 기억에서 잊혀져가기만을 기다리고 있는 것"이라고 김 교수는 지적했다.

김 교수는 김기춘이 낸 위헌 심판 제청 신청을 "위헌 법률 제청이 있으면 재판은 원칙상 정지된다는 헌법재판소법 제42조를 교묘하게 이용한 것"이라고 비판했다. 그러면서 "그 단서에 법원이 긴급하다고 인정하는 경우에는 재판 절차를 진행할 수 있다는 규정이 있음에 유의"해야 한다고 주장했다. "법 기술자들의 논리 조작"을 그대로 받아줘서는 안 된다는 얘기다.

그런데 법원은 "뜨거운 감자"를 헌법재판소로 떠넘겼고 헌법재판소에서는 판단을 미루고 있다며 김 교수는 이렇게 지적했다. "지금까지 김기춘 씨 사건의 전 과정을 통하여 검찰, 법원, 헌법재판소 어느 쪽에서도 엄정하고 신속한 판단을 촉구하는 입장 표명이나 엄청난 범죄에 대한 공분을 보인 흔적을 찾을 수 없다."

또한 김 교수는 "강기훈 씨 사건에서 의로운 사람을 보호하려는 법률가의 치열한 정신도, 김기춘 씨 사건에서 엄청난 불의에 대한 법률가의 직업적 분노도 찾아볼 수 없다"고 질타했다. 그러면서 옛 시인의 말이 생각난다며 이렇게 썼다. "법률가들에게 저주 있으라!"[3]

초원복집 모임 참석자 중 누구도 법적으로 처벌받지 않았다

헌법재판소 결정은 해가 바뀌고 반년이 더 지나서야 나왔다. 1994년 7월 29일, 헌법재판소는 문제의 36조 1항이 위헌이라고 결정했다. 한 달 후인 8월 31일, 검찰은 기다렸다는 듯 김기춘에 대한 공소 취소 결정을 내렸다.

이렇게 해서 김기춘은 초원복집 사건에 대해 법적으로 최종 면죄부를 받았다. 이에 앞서 1992년 12월 29일, 검찰은 부산 지역 기관장 대책 회의 참석자들 중 김기춘만 기소하고 기관장들에게는 모두 면죄부를 줬다. 결국 민주주의의 근간을 뒤흔드는 음모를 꾸민 대책 회의 참석자 가운데 법적으로 상응하는 처벌을 받은 사람은 단 한 명도 없었다.

초원복집 모임을 도청해 음모를 폭로한 쪽은 사정이 달랐다. 대책 회의 참석자 중 김기춘만 기소된 것과 달리, 폭로한 쪽은 정몽준 의원 등 4명이 기소됐다. 김기춘이 낸 위헌 심판 제청 신청을 재판부가 받아들이면서 폭로한 쪽의 재판 절차도 정지됐는데, 위헌 결정 후 재개된 재판에서 폭로한 4명에게는 모두 실형이 구형됐다.

1994년 12월 21일, 검찰은 정몽준 등 4명에게 각각 징역 1년을 구형했다. 정몽준 변호인 측은 김기춘에 대한 공소 취소 결정을 언급하며 "도둑이 아무런 벌을 받지 않았는데 '도둑이야'라고 소리친 사람이 벌을 받는다면 앞뒤가 맞지 않는다"고 주장했다.[4]

이들 4명은 모두 유죄 판결을 받았다. 1995년 3월 21일, 1심 재판부는 정몽준에게 징역 6개월에 선고 유예(형 선고를 일정 기간 동안 미루는 일) 판결을 내렸다. 재판부는 "(원인 제공자인 김기춘에 대한) 공소가 취소된 점 등을 고려해 형평성 차원에서 정 피고인에게 선고 유예 판결을 내린다"고 밝혔다. 선고 유예 판결로 정몽준은 의원직을 유지하게 됐다. 나머지 3명에게는 각각 징역 8개월에 집행 유예 1년이 선고됐다.

정몽준은 얼마 지나지 않아 사면 복권됐다. 1995년 8월 11일 대통령 김영삼이 광복 50주년을 앞두고 대규모 사면을 발표하는데, 정몽준도 여기에 포함됐다. 항소 포기 후 특별 사면된 정몽준과 달리 나머지 3명은 그해 10월 5일 2심에서도 유죄 판결을 받았다(벌금형으로 형량은 대폭 낮아졌다).

초원복집 사건 수사·재판에 관여한 검사들

초원복집 사건의 제2라운드는 김기춘의 완승으로 귀결됐다. 그렇다면 김기춘을 불구속 기소했던 검찰이 패한 것일까? 그렇게 보기는 어렵다.

검찰은 처음부터 부산 지역 기관장 대책 회의 참석자들을 엄단하려는 모습을 보이지 않았다. 수사 과정에서도 그러했고, 수사 결과 발표 후에도 마찬가지였다. 김기춘이 위헌 심판 제청 신청을 통해 법망을 빠져나갈 수 있었던 것도 검찰의 그런 태도와 떼어놓고 생각할 수 없다. 검찰이 다른 사건, 예컨대 유서 대필 조작 사건에서 강기훈에게 죄를 덮어씌우기 위해 들인 품의 반의반만이라도 김기춘 관련 수사 및 재판에 쏟았어도 같은 결과가 나왔을까?

이 사건 수사 및 재판에 관여한 주요 검사들의 면면도 눈길을 끈다. 수사를 담당한 서울지검의 책임자는 지검장 이건개였다. 이건개도 김기춘과 마찬가지로 박정희 정권 때 승승장구했다. 1966년 검사가 된 이건개는 얼마 후 청와대 비서관으로 발탁되고, 30세이던 1971년에는 최연소 서울시경국장이 됐다.

초고속 출세는 이건개의 부친 이용문과 박정희의 특수 관계와 깊은 관련이 있다. 일제 강점기에 잘나가는 일본군 장교였던 이용문은 '박정희의 마음을 사로잡았다'는 얘기가 나올 정도로 박정희에게 큰 영향을 끼친 인물로 꼽힌다. 이러한 특수 관계는 2012년 대선에서 이건개가 무소속 출마를 선언했다가 박근혜 후보 지지 의사를 밝히고 사퇴하는 데까지 이어진다.

이건개는 김기춘과도 인연이 깊었다. 김기춘은 이건개의 서울대 법대, 검찰 선배이자 같은 공안통이었다. 1989년 검찰총장 김기춘이 공안 정국 조성에 앞장설 때 수족처럼 움직인 것이 공안합동수사본부인데, 그 본부장이 이건개였다. 공안합동수사본부장으로서 수많은 사람을 구속한 '공'을 인정받아 이건개는 서울지검장으로 승진했다.[5]

초원복집 모임을 폭로한 정몽준 등 4명에게 각각 징역 1년을 구형한 사람은 서울지검 특수 1부 김진태 검사였다. 2013년 박근혜 정권이 검찰총장 채동욱을 찍어낸 후 앉힌 후임 검찰총장이 바로 이 김진태 검사다. 채동욱 찍어내기 작업은 김기춘이 청와대 비서실장이 된 후 성과를 거뒀다.

초원복집 사건 수사 당시 김진태 검사의 직속상관은 정홍원 서울지검 특수 1부장이었다.[6] 정홍원은 박근혜 정권에서 국무총리를 맡게 된다. 김기춘·정홍원·김진태가 박근혜 정권 첫해에 나란히 중임을 맡자 야당은 '초원복집 3인방의 삼각편대 재구축'이라고 비판했다.

1993년 4월 김기춘에게 공소 사실 변경 없이 징역 1년을 구형한 사람은 서울지검 공안 1부 조준웅 부장 검사였다.[7] 공안통인 조준웅은 김용철 변호사의 양심 고백(2007년)을 계기로 구성되는 삼성 비자금 특검을 맡게 된다. 삼성 비자금 특검은 '부실한 수사로 이건희 회장에게 면죄부를 줬다'는 비판을 오늘날까지 받고 있다.

초원복집 사건과 헌법재판소

초원복집 사건은 헌법재판소와 관련해서도 생각할 거리를 건넨다. 하나는 헌법재판소의 역사와 관련된 것이다. 헌법재판소 설치를 처음으로 규정한 것은 4월혁명(1960년) 후 등장한 제2공화국 헌법이다. 그러나 박정희 세력이 일으킨 5·16쿠데타(1961년)로 헌법재판소 설치는 백지화됐다. 헌법재판소 설치 구상은 6월항쟁(1987년)을 계기로 부활했다. 그 이듬해인 1988년 헌법재판소가 처음으로 구성됐다. 박정희를 찬양하고 민주화 운동에 적대적인 김기춘이 그러한 헌법재판소를 활용해 재기의 발판을 마련했다는 것은 기묘한 느낌을 준다.

다른 하나는 헌법재판소의 독립성과 관련된 것이다. 변정수전 헌법재판소 재판관은 1997년에 펴낸 회고록 《법조 여정》에서 헌법재판소 결정을 재촉하거나 막기 위해 그간 청와대 등에서 로비를 벌인 일이 있다고 주장했다. 그러한 사례 중 하나로 초원복집 사건과 관련해 김기춘이 신청한 위헌 심판 건을 들었다.

1994년 7월 이 건에 대해 위헌 결정을 내릴 때 헌법재판소 재판부의 일원이었던 변정수는 재직 기간에 기본권 보호를 강조하는 소수 의견을 많이 낸 재판관으로 꼽힌다.[8]

김기춘이 신청한 건과 관련, 변정수는 1994년 청와대 비서관이 헌법재판소에 찾아와 "이 사건을 조속히 잘 처리해달라고 부탁하고 갔다"는 얘기를 다른 재판관으로부터 직접 들었다고 밝혔다. "잘 처리해달라"는 것은 김기춘 주장대로 위헌 결정을 내려달라는 것을 뜻한다.[9]

초원복집 면죄부 박일룡, 1997년 대선에서 북풍 조작

부산 지역 기관장 대책 회의 참석자들이 법적으로 어떠한 처벌도 받지 않은 것 자체가 있을 수 없는 일이지만, 상황은 그보다 훨씬 심각했다. 이들 중 상당수는 김영삼 정권 시기에 화려하게 복귀해 영전하며 승승장구하기까지 했다.

김기춘과 함께 초원복집에서 음모를 꾸민 기관장들 중 몇 사람의 사례를 살펴보자. 김영환(사건 당시 부산시장)은 사건 직후 직위 해제됐으나, 1994년 7월 부산교통공단 이사장으로 재기했다. 헌법재판소에서 김기춘의 주장을 받아들여 위헌 결정을 내린 바로 그달이다.

우명수 부산교육감은 초원복집 사건이 불거진 후에도 1995년 정년퇴직할 때까지 자리를 지켰다. 초원복집에서 지역감정 조장을 주문한 김기춘에게 맞장구쳤던 우명수("우리는 지역감정이

'北風수사' 정치권만 남았다

前 간부 7명 구속 안기부수사 일단락

문건 진위여부 확인할 방법 못찾아
관련정치인 소환조사는 신중자세
정치공작의 파괴력·위험성 확인

'초원복집 면죄부'는 '북풍 조작'이라는 또 다른 공작 정치를 불러왔다.
이미지는 박일룡 전 안기부 1차장이 서울구치소에 수감되기 위해
승용차에 오르는 모습을 전한 경향신문 기사(1998년 5월 1일 자).

좀 일어나야 돼.")는 아무런 일도 없었다는 듯 계속 부산 교육의 수장 역할을 했다. 정년퇴직한 해에는 훈장도 받았다.

사건 당시 부산지검장이었던 정경식, 부산경찰청장이었던 박일룡 사례는 더 기가 막히다. 정경식은 사건 석 달 후(1993년 3월) 한직인 대검 공판송무부장으로 좌천됐으나, 1993년 9월 대구고검장으로 영전하며 부활했다. 1년 후(1994년 9월)에는 헌법재판소 재판관으로 임명되는 영광을 누렸다. 정경식을 헌법재판소 재판관으로 지명한 사람은 대통령 김영삼이었다(헌법재판소 재판관은 대법원장, 국회, 대통령이 각각 3명씩 지명).

정경식이 걸어온 길은 '헌법재판소 재판관에 적합한가'라는 의문을 불러일으키기에 충분했다. 정경식은 박정희 정권 때부터 잘나가는 공안 검사였다. 1980년 봄 정경식이 모교인 고려대에 출강한다고 하자, 학생들이 '유신 검사'의 강의를 받을 수 없다며 저지 시위를 할 정도였다. 그해에 정경식은 국보위 사회정화위원회(삼청교육대를 담당한 바로 그 위원회다) 위원으로 활동했다. 그에 더해 초원복집 모임 연락책까지 했는데도, 김영삼의 추천을 받아 헌법재판소 재판관이 됐다.

박일룡은 초원복집에서 김기춘이 선거 부정에 대한 양해를 주문하자 오히려 한 술 더 뜬("이거 양해라뇨. 제가 더 떠듭니다.") 인사다. 사건 직후 직위 해제됐던 박일룡은 1993년 3월 중앙경찰학교장에 임명되며 재기의 발판을 마련했다. 그해 9월 치안정감으로 승진하며 해양경찰청장에 임명됐다. 1994년 7월 서울경찰청장으로 영전했고, 불과 5개월 후(1994년 12월)에는 경찰청장으로 올라섰다. 초원복집 사건 2년 만에 김영삼이 고교 후배이기도 한 박일룡을 경찰 총수로 발탁한 것이다.

초원복집 모임 참석자들에 대한 면죄부는 또 다른 공작 정치를 불러왔다. 1997년 대선에서 김대중 후보를 떨어뜨려 정권 교체를 막고자 극우 반공 세력이 기획한 북풍 조작이 그것이다. 1996년 12월 안기부 1차장으로 옮긴 박일룡은 안기부장 권영해와 함께 북풍 조작의 핵심 실세였다는 사실이 드러나 1998년 구속된다. 안기부의 대북 비밀 공작원이었던 박채서(암호명 흑금성)는 북풍 조작의 실질적 책임자로 박일룡을 지목했다.[10]

권력 중심부 복귀 위한 징검다리로 애꿎게 선택된 야구

박일룡, 정경식 사례에서 잘 드러나듯이 김영삼 정권은 부산 지역 기관장 대책 회의 참석자들을 중용하며 살뜰하게 챙겼다. 김영삼 정권이 표방한 개혁의 성격과 한계를 상징적으로 보여주는 대목 중 하나다.

그러한 김영삼 정권이 초원복집 사건의 주역 김기춘을 모른 척할 리 없었다. 헌법재판소에서 위헌 결정을 내린 후 정관계에는 김기춘이 다시 중용될 것이라는 설이 퍼졌다. '설마 그렇게까지 할까'라는 시각도 있긴 했지만, 초원복집 모임에 참석한 기관장들처럼 김기춘도 중용될 것이라는 우려가 나올 수밖에 없는 상황이었다.

김영삼 정권은 그러한 우려를 현실로 만든다. 다만 단번에 김기춘을 중용하는 대신 시간을 두고 단계적으로 챙기는 모습을 보였다(김기춘을 곧바로 고위직에 앉힐 경우 정권이 져야 할 부담이 매우 클 수밖에 없다는 점이 작용한 것으로 보인다).

그 첫 단계로, 검찰의 공소 취소 결정 넉 달 후인 1994년 12월 19일 김기춘을 민자당 국책자문위원에 위촉했다. 공작 정치 주역의 재등장을 비판하는 목소리가 나왔지만, 김영삼 정권은 꿈쩍도 하지 않았다.

그다음 달(1995년 1월), 김기춘이 한국야구위원회KBO 차기 총재에 내정됐다는 소식이 세상에 알려졌다. 그렇게 김기춘은 애꿎은 야구를 징검다리 삼아 다시 권력 중심부를 향해 나아가기 시작한다.

김기춘 OK, 최동원 NO?
한국 야구 잔혹사

KBO 총재 시절

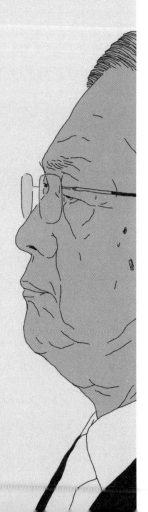

박근혜 정권 출범 직후인 2013년 3월 초, 부산일보에 김기춘 인터뷰 기사가 실렸다. 인터뷰에서 기자가 물었다. 그동안 맡았던 여러 직책 중 가장 재미있는 자리가 뭐였냐고. 김기춘이 주저 없이 답했다. "KBO(한국야구위원회) 총재"라고.[1]

그랬다. 김기춘은 한때 한국 야구의 수장이었다. 이를 낯설게 여길 독자들이 적지 않을 것이다. 김기춘 총재 퇴임 후 많은 시간이 흘렀기 때문만이 아니라, 김기춘과 야구의 연관성을 찾기 어렵다는 점 때문에도 그러할 것이다. 김기춘을 다룬 이런저런 글을 봐도 KBO 총재 시기를 별도로 다룬 경우는 찾아보기 어렵다. 언급조차 하지 않고 넘어가는 경우도 있다.

KBO 총재 시기에 비중을 크게 두지 않는 접근 방식이 한편으로는 이해되는 면도 있다. KBO 총재 자리가 김기춘의 삶에서 차지하는 비중이 예컨대 중앙정보부 대공수사국장이나 검찰총장 또는 법무부 장관 자리만큼 크다고 보기는 어렵기 때문이다.

그러나 무시하고 지나쳐도 무방한 시기는 아니다. KBO 총재 시기는 김기춘의 삶에서 나름대로 중요한 의미가 있다. 초원복집 사건(1992년)으로 제 무덤을 팠다가 면죄부를 받아 빠져나온 김기춘이 어떻게 야구를 징검다리 삼아 다시 권력 중심부를 향해 나아가는지는 살펴볼 만한 가치가 충분한 주제다. 인기 스포츠인 야구가 한국인 상당수의 일상에서 차지하는 비중은 김기춘과 한국 야구라는 문제를 살펴볼 필요성을 더한다.

김기춘 총재 내정에 야구계 "낙하산식 인사에 넌더리"

1995년 1월, KBO 차기 총재에 김기춘이 내정됐다는 소식이 보도됐다. 김기춘에게 KBO 총재 자리를 제안한 곳은 안기부였다.[2] KBO 총재 인사에 안기부가 밀실에서 관여한 것은 상식선에서 이해하기 어려운 일이지만, 그런 시절이었다. 안기부가 대통령 직속 기관임을 고려하면, 이것이 누구의 뜻에 따른 조치인지는 불을 보듯 뻔했다.

야구계는 강하게 반발했다. 이유는 크게 세 가지였다. 첫 번째, 또 낙하산 인사냐는 것이었다. 1982년 프로 야구가 출범한 이래 KBO 총재는 모두 야구와 무관한 인사들이었다. 정권이 특정 인사를 시쳇말로 내리꽂으면 구단주들이 두말없이 총재로 모시고, 야구인들은 좋든 싫든 받아들여야 하는 구조였다.

이는 프로 야구가 전두환 정권의 3S(스포츠, 섹스, 스크린) 정책의 일환으로 출범했다는 점과 뗄 수 없는 관계를 맺고 있었다. 그러나 출발이 그랬다고 하더라도, 낙하산 방식을 고수하는 건 정당화될 수 없었다. 제한적이고 부분적이긴 했지만, 프로 야구가 출범할 때에 비하면 사회 전반적으로 민주화 쪽으로 나아갔다는 점에서 더욱 그랬다.

그런데 또 낙하산 총재를 보낸다고 하니 야구인들이 반발할 수밖에 없었다. 야구인들 사이에서는 "김영삼 대통령의 고교 후배인 김기춘 씨에게 자리를 마련해주기 위해 청와대 측이 낙하산식 인사", "KBO 총재의 낙하산식 인사에 넌더리가 난다"는 불만이 터져 나왔다.[3]

스포츠 기구에 "하필이면" 초원복집 사건 주역 앉히다니

두 번째, 김영삼 정권 출범 후 KBO 총재가 지나치게 단명했기 때문이다. 이 시기까지 KBO 총재를 맡았던 사람들을 간략히 살펴보자. 1·2대 총재 서종철은 박정희 정권 때 육군 참모총장, 국방부 장관을 지냈다. 참모총장 시절 전두환과 노태우를 부관으로 거느렸다.[4] 서종철은 KBO 총재로 6년 넘게 재임했다. (참고로 박근혜 집권기에 국토교통부 장관을 지낸 서승환은 서종철의 아들이다. 가수 서지영은 서승환의 조카다.)

3·4대 총재 이웅희는 기자 출신으로 문화공보부 장관 등을 지냈다. 노태우 집권기에 KBO 총재로 4년 넘게 재임했다. 5대 총재 이상훈은 전두환·노태우와 육사 11기 동기다. 본래 전두환·노태우의 사조직 하나회와 대립하는 쪽이었지만, 그 후 상황이 바뀌면서 전두환 집권기에 육군 대장으로 예편하고 노태우 정권 때 국방부 장관을 지냈다.

적어도 한 번은 임기를 채운 서종철, 이웅희와 달리 이상훈부터는 중도 하차가 이어졌다. 김영삼 정권이 출범한 1993년, 이상훈은 1년여 만에 KBO 총재 자리에서 물러났다. 국방부 장관 시절 율곡 사업(군 전력 현대화 사업)과 관련해 검은돈을 받은 혐의로 구속됐기 때문이다. (이상훈은 21세기에 전시 작전권 환수 반대, 촛불 집회 규탄, 미국 대통령 방한 환영 등을 내건 수구 우익 집회에 심심찮게 모습을 드러내고 있다.)

6대 총재는 육사 출신으로 체신부 장관 등을 지낸 오명이었다. 김영삼 정권 들어 처음으로 취임한 KBO 총재였는데, 재임 기간은 26일에 불과했다. 교통부 장관 입각이 결정되자 오명은 바로 KBO를 떠났다. 후임은 김영삼 정권의 초대 국방부 장관 권영해였다. 7대 총재 권영해는 안기부장으로 임명되면서 9개월여 만에 KBO를 떠났다. 그 후임으로 김영삼 정권이 보낸 사람이 김기춘이었다. 상황이 이러했으니 '잠깐 거쳐 가는 자리로 KBO 총재가 전락했다'는 얘기가 야구계에서 나올 수밖에 없었다.

세 번째, 야구계에서 반발한 또 하나의 중요한 이유는 초원 복집 사건이었다. 김기춘 총재 내정 소식이 퍼지자 야구계에서는 "초원복집 사건으로 물의를 빚은 인물이 아니냐"는 얘기가 바로 나왔다. KBO 총재 자리가 아무리 낙하산 인사로 점철됐다고는 해도, 페어플레이를 내건 야구의 수장으로 '초원복집' 김기춘을 보내는 건 너무한 것 아니냐는 얘기였다.

언론에서도 똑같은 문제를 지적했다. 동아일보는 "공정한 룰의 집행이 생명인 스포츠 관련 기구에 하필이면 룰을 송두리째 무시해 실망과 충격을 안겨준 인물을 앉힌다는 것인지 이해하기 힘든 일"이라고 비판했다.[5] "하필이면", 이것만큼 초원복집 사건의 주역을 총재로 모셔야 하는 당혹스러운 처지에 놓인 적잖은 야구인들의 심정을 잘 표현한 말이 또 있을까?

야당은 김기춘이 초원복집에서 한 영도다리 발언을 활용해 김기춘 KBO 총재 내정을 비판했다. "(김기춘이) KBO 총재에 임명된다면 모든 야구인과 야구팬들은 영도다리에 빠지고 싶은 심정이 될 것"이라는 조롱이었다.[6]

KBO 총재 취임 후 "저는 어제의 김기춘이 아닙니다"

반발은 묵살됐다. 1995년 1월 26일 프로 야구 구단주들은 김기춘을 총재로 추대했다. 그동안 해온 대로 정권에서 지명한 인사를 총재로 모신 것이다. 2월 8일 김기춘 총재 취임식이 열렸다. 취임식 날 김기춘은 "모르는 것이 많으니 공부를 해서 실무를 파악"하겠다고 말했다.[7] 낙하산 총재이기에 야구계 현안을 충분히 숙지하지 못한 상태에서 취임했다는 말이다.

취임 후 김기춘은 프로 야구에서 공익성과 상업성의 조화를 추구하고, 전용 경기장 건설 등 현안 해결에 중점을 두겠다고 밝혔다. "현재의 프로 야구단은 공장 없는 자동차 회사"와 같다며 이제 돔 구장을 하나쯤 가질 만한 수준이 된다는 얘기도 했다. 고교 팀 창단 등을 통해 야구의 저변을 확대하고 아마추어 야구를 적극 지원하겠다는 모범 답안도 내놓았다.[8] 그렇지만 이러한 사안들 중 김기춘 총재 재임 기간에 열매를 맺었다고 분명하게 말할 수 있는 것은 별로 없다.

취임 직후 진행된 몇몇 인터뷰에서 김기춘은 총재 내정 후 나온 반발 목소리에 나름대로 답했다. 먼저 "모교인 경남고가 야구 명문"이며, "고교 시절엔 야구를 하면서 놀기도 했고 대학에서도 공 던지기"를 하며 시간을 보냈다고 말했다. 야구와 인연이 없는 건 아니라는 메시지를 전하려 한 것이다. 낙하산 인사임을 부정할 수 없는 상황에서 생각해낸 궁여지책인 셈이다.

'또 다른 자리를 찾아가기 위한 징검다리로 KBO 총재 자리를 활용하는 것 아니냐'는 질문에 김기춘은 "말년에 정열을 바칠 수 있는 천직"으로 여기고 있다고 답했다. 전임 총재의 잔여 임기(1997년 3월까지)를 마치는 것은 물론 그 이후에도 KBO 총재 일을 계속하고 싶다는 얘기도 했다. 그러나 김기춘에게 KBO 총재 자리는 "천직"이 아니라 징검다리였다는 사실이 드러나는 데에는 그리 오랜 시간이 걸리지 않았다.

초원복집 사건과 관련해 김기춘은 반성을 많이 했다는 취지의 이야기를 이 시기에 여러 차례 한다. "부족한 과거", "어두운 과거"로 규정하고 그간 "겸허한 자세", "근신하는 마음으로 조용히" 보냈다고 강조하며 이렇게 얘기했다. "저는 어제의 김기춘이 아닙니다. (19)92년의 김기춘은 더욱 아닙니다."[9]

구정물·통신비밀보호법 발언에 비춰 본 반성 없는 속내

깊이 반성했다는 김기춘의 얘기는 진실과 거리가 멀었다. 새사람으로 거듭나지 않았음을 김기춘은 행동으로 입증했다. 되짚어보면, 초원복집 사건이 터지자 김기춘은 반성 대신 '초원복집 모임을 도청해 그 내용을 공개한 것이 문제'라고 받아쳤다. 그 후에는 발뺌과 강변을 거듭하며 어떻게든 처벌을 면하려 몸부림 쳤다. 그리고 법 기술자답게 위헌 심판 제청 신청을 통해 최소한 의 법적 처벌마저 회피하는 데 성공했다.

이것들 모두, 조금이라도 반성하는 사람이라면 하지 않을 일이다. 법적 면죄부를 받은 후 오늘날까지 보인 모습 역시 이러 한 판단을 뒷받침할 뿐이다. 2000년대에 이뤄진 김기춘 인터뷰 중 두 가지를 통해서도 반성과는 거리가 먼 속마음을 확인할 수 있다.

하나는 한나라당 국회의원이던 2005년 오마이뉴스와 한 인 터뷰다. 여기서 김기춘은 초원복집 사건과 관련해 이렇게 얘기 했다. "깨끗한 비단옷을 입고 달밤에 길을 가는 아낙네였는데 구 정물 한 바가지를 뒤집어쓴 기분을 느낀다."

유신 헌법 제작 관여(1972년), 조작 간첩 제조 사건인 학원 침 투 북괴 간첩단 사건(1975년) 수사 책임자 경력 등이 말해주듯이 초원복집 사건 이전에 김기춘이 걸어온 길은 "깨끗한 비단옷"과 는 거리가 멀었다. 더 문제가 되는 대목은 구정물을 뒤집어쓴 피 해자인 양 자신을 묘사한 뒷부분이다. 초원복집 사건에서 김기 춘이 국민들에게 구정물을 뿌리는 쪽이었다는 건 세상이 다 아 는 일이다. 조금이라도 반성한다면 이런 얘기를 할 수 있었을까?

이 인터뷰에서 김기춘은 초원복집 사건 이후 두 개의 큰 법 이 제정되거나 바뀌었다는 얘기도 했다. "도청을 처벌하는 통신 비밀보호법이 제정되었고, 누구나 선거운동을 할 수 있다는 포 지티브 선거 운동의 발판이 마련되었다."[10] 초원복집에서 민주주의 파괴 음모를 꾸민 것이 결과적으로 도청 처벌, 선거 운동의 자유 확대에 기여했다는 해괴한 논리인 셈인데, 이 역시 반성하는 사람이라면 취하지 않을 태도다.

이러한 발언들은 "(초원복집 사건으로 김영삼 지지표가) 100만 표가 더 많아졌다는 말을 들었다"며 자신의 '공로'를 은근히 부각한 것과 더불어 김기춘이 이 사건에 대해 어떻게 인식하고 있는지를 잘 보여준다. 침략과 가해 사실은 부정하거나 덮으면서 원폭 피해만 과도하게 부각하고, '너희가 발전한 건 우리가 지배해준 덕분'이라는 궤변을 늘어놓는 일본 극우를 떠올리게 만드는 화법이라고 하면 지나친 말일까?

다른 하나는 글 첫머리에서 언급한 2013년 부산일보 인터뷰다. 여기에 초원복집 사건 얘기가 나오지는 않는다. 이 인터뷰는 김기춘을 "'대한민국 원로'를 대표"하는 인물로 치켜세우는 등 김기춘 편향적인 내용으로 가득하다. 훈장 받은 내역까지 포함해 김기춘의 이력을 시시콜콜하게 언급하면서도, 초원복집 사건 등 김기춘으로서는 불편할 수밖에 없는 부분은 한 줄도 거론하지 않는 식이다. 정수장학회의 영향력 아래 있는 언론의 안타까운 민낯이다.

그래서일까. 김기춘은 이 인터뷰에서 거침없이 속내를 드러냈다. 김기춘은 자신이 "치밀하고 엄격한 검사였다고 자부"한다며 지도자는 실력과 함께 도덕성을 갖춰야 한다고 말했다. 성 추문 검사, 떡값 검사를 어떻게 보느냐는 물음에는 기다렸다는 듯 "우리가 젊은 검사일 때는 상상도 못할 일"이라며 "다른 분야의 직업 윤리가 다 떨어져도 판검사는 절대 안 돼"라고 답했다. 지도

자의 도덕성, 판검사의 직업 윤리를 강조한 것 자체는 지당한 얘기지만 초원복집 사건의 주역 김기춘이 이렇게 자신 있게 훈계해도 괜찮은 주제일까? 조금이라도 반성하고 자숙한다면 그렇게 하기 어렵다.[11]

김기춘 표 '야구의 세계화'와 선동열·임선동 문제

김기춘 총재 재임 시기에 KBO와 야구계에서 있었던 일을 몇 가지 살펴보자. 취임 직후 김기춘이 강조한 사항 중 하나는 "세계화를 위한 자기반성을 통해 개혁"을 해야 한다는 것이었다.[12] 세계화를 내세운 것이 눈에 띄는데, 대통령 김영삼이 호주 방문길에 구상했다며 이른바 세계화를 요란하게 발표하자 김기춘이 그것에 발맞춘 것으로 보인다.

세계화를 위해 김기춘의 KBO는 무엇을 했을까? 동아일보(1996년 3월 16일 자)에 눈길을 끄는 사례가 나온다. 김기춘 총재가 심판장에게 스트라이크 존 축소를 주문했다는 내용이다. 그래야만 미국의 메이저 리그처럼 공격 야구가 득세해 한국 야구의 세계화를 이룰 수 있다는 것이었다.[13] 즉 투수를 괴롭게 만들라는 것인데, 비정상적 타고투저打高投低를 초래할 위험에서 자유롭지 못한 주문이었다. 이른바 세계화의 실상을 느낄 수 있는 사례 중 하나다.

김기춘이 총재일 때 야구계의 현안 중 하나는 선수들의 해외 진출 문제였다. 이른바 세계화와도 연결해 생각할 수 있는 사안인데, 이 시기에는 해외에서 활동하는 선수가 드물었다. 그런 가운데 1996년 시즌을 앞두고 선동열 문제가 부각됐다. 선동열은 일본 진출을 원했고, 해태 타이거즈 구단은 전력의 핵심인 선동열을 보내지 않으려 했다. 2013년 부산일보 인터뷰에서 김기춘은 자신이 해태 구단주를 설득해 선동열을 일본으로 보냈다고 말했다. 그래서 선동열이 지금도 자신을 만나면 반갑게 인사한다고 밝혔다.

여기까지만 놓고 보면 김기춘이 선수들의 해외 진출에 앞장선 것 같지만, 실제로는 그렇지 않았다. 임선동 문제에서 이는 잘 드러난다. 임선동은 박찬호, 고 조성민과 동기로 고교 시절부터 대형 유망주로 주목받은 투수였다. 김기춘 총재 재임 시기에 임선동은 LG 트윈스 구단과 법정 공방을 벌였다.

발단은 신인 지명권 제도였다. 특정 선수에 대한 지명권을 가진 한 구단만이 그 선수를 고를 수 있고, 그렇게 해서 계약한 선수는 다른 구단 또는 다른 나라에서 선수로 뛸 수 없게 한 제도였다. 현대판 노비 문서라는 얘기가 나올 정도로 선수에게는 선택의 자유가 없었다. 프로 야구만이 아니라 프로 축구 쪽 상황도 별반 다르지 않았다.

임선동이 반기를 들었다. LG 구단의 지명을 거부하고 실업팀(현대 피닉스)과 계약했고, 그와 별개로 일본 진출을 추진했다. 일본 구단도 임선동 영입에 적극적이었다. LG 구단은 강하게 제동을 걸었다. 그러면서 법정 공방으로 이어진 것이다.

김기춘은 LG 구단에 힘을 실었다. 1995년 11월 일본야구기구 총재를 만나 '한국 구단의 지명권을 침해할 수 없다'는 점을 확인했다. 김기춘이 이러한 태도를 취하자, 초원복집 사건을 거론하며 "이런 그에게 헌법에 '추상적'으로 규정된 국민의 기본권이 재벌의 권리보다 앞설 수 있겠는가"(한겨레, 1995년 12월 30일 자)라고 비판하는 목소리도 나왔다.

법원의 판단은 달랐다. '프로 야구단이 자체 합의한 지명권 제도는 존재할 수 없는 권리'라며 연속해서(1995년 12월, 1996년 5월) 임선동의 손을 들어줬다. 프로 야구 규약에 명시된 지명권 제도를 근거로 헌법에 규정된 직업 선택의 자유를 침해할 수 없다는 얘기였다.

법무부 장관을 지낸 김기춘 총재의 "수모"라는 지적이 나왔다. 김기춘은 "법원의 결정은 현실을 감안하지 않은 것"이라며 불만을 표했다. KBO는 법원 판단이 나온 후에도 임선동의 일본 진출을 사실상 막았다. 임선동을 영입하려는 일본 구단 대표가 KBO에 찾아와 협조 요청을 했지만 소용없었다. 일본야구기구도 '김기춘 총재와 합의한 사항을 준수해야 한다'며 부정적인 태도를 취했다. 결국 임선동은 일본 진출 시도를 접고 LG에 입단해야 했다.[14]

초원복집 사건 주역이 법학 강의?

임선동 문제 등으로 야구계가 시끌시끌했던 1995년 하반기와 1996년 상반기에 사실 김기춘은 그쪽에 역량을 집중할 수 있는 처지가 아니었다(KBO 일 자체를 등한시했다는 뜻은 아니다). 향후 행보를 정하는 데 분수령이 되는 시기였기 때문이다.

KBO 총재 취임 후 반년여가 지난 1995년 가을 이후 김기춘은 두 가지 새로운 상황을 맞이하게 된다. 하나는 대학원 강의다. 김기춘은 그해 2학기에 한양대 법학과 겸임 교수 자격으로 대학원생들에게 매주 '범죄 원인론'을 강의하게 된다. 폭넓은 검찰 경험을 학생들에게 전해달라고 학교 측에서 제의해 이뤄진 일이었다.[15]

고개를 갸웃할 수밖에 없는 일이다. 다른 건 차치한다 하더라도, 초원복집 사건이 난 지 3년도 안 지난 때였다. 김기춘이 초원복집에서 어떤 음모를 꾸몄는지, 법 기술자로서 어떤 식으로 법망을 빠져나왔는지 많은 사람이 생생하게 기억하던 시점이다. 학생들이 영혼 없는 법 기술자가 되기를 바라지는 않았을 터인데, 그런 김기춘에게 학생들이 무엇을 배우기를 기대하면서 법학 강의를 요청한 것일까?

초원복집 사건의 주역에게 적합한 강의는 과거에 대한 반성을 통해 학생들에게 '이렇게 살면 안 된다'는 메시지를 전하는 강의 아니었을까? 승부 조작 범죄에 가담한 프로 스포츠 관계자 중 일부가 속죄의 의미로 승부 조작의 위험성을 알리는 공개 강연을 하는 것처럼.

대통령 친척 3선 의원 제치고 금배지 달다

새롭게 맞이한 두 가지 상황 중 다른 하나는 KBO 총재 이후

맡을 자리와 관련된 것이다. 김기춘의 삶에서 차지하는 비중이 대학원 강의보다 훨씬 클 수밖에 없는 문제였다. 1995년 9~12월 에 김기춘은 차기 안기부장 또는 청와대 비서실장 후보로 거론 됐고, 총선을 앞둔 여당의 영입 대상이라는 얘기도 나왔다.[16]

결국 총선 출마로 가닥이 잡혔다. 염두에 둔 지역구는 고향 인 거제였다. 여당 후보로 나서면 당선 가능성이 매우 높은 곳이 었다. 그러나 그에 앞서 넘어야 할 산이 만만치 않았다. 3선의 현 역 의원인 김봉조가 버티고 있었기 때문이다. 김봉조는 김영삼 의 친척(집안 아저씨뻘)일 뿐 아니라, 1970년대 야당 시절부터 김영 삼과 함께하며 상도동 진영에서 한자리를 차지해온 사람이기도 했다.

KBO 총재 자리를 "천직"으로 여긴다고 말한 것 때문인지, 김기춘은 비공개로 공천을 신청했다. 김봉조와 김기춘이 맞붙은 거제는 신한국당(민자당의 후신)에서 공천 경합이 치열한 곳 중 하 나로 꼽혔다. 신한국당 공천심사위원회는 어느 한쪽으로 결정하 지 않고 청와대에 두 사람을 복수 추천했다. 1996년 2월 김영삼 은 김기춘을 낙점했다.

1995년 6·27 지방 선거에서 경남도지사 후보로 나서라는 요구를 김봉조가 거절한 후 청와대의 시선이 곱지 않은 건 사실 이었다. 그렇다고는 해도 김영삼과 맺은 오랜 인연, 특별한 관계 를 고려할 때 설마 공천을 못 받겠느냐고 김봉조 쪽에서는 낙관 하고 있었다. 그런데 김기춘이 낙점되자, 김봉조 쪽만이 아니라 여당 안팎에서 놀라운 일로 받아들였다.[17]

김기춘을 낙점한 것은 김영삼이 김기춘을 얼마나 신임하

며 챙겼는지를 보여준다. 이는 또한 김영삼이 1995년에 표방한 역사 바로 세우기와 정면으로 배치되는 공천 사례 중 하나라는 지적을 받았다. 김기춘 외에 광주 학살(1980년) 관련자들에 대해 1995년 검찰이 불기소 처분을 할 때 검찰총장이었던 김도언, 1980년 언론인 대량 해직과 언론 통폐합 등에서 중요한 역할을 한 이상재, 1980년 '새 역사 창조의 선도자 전두환 장군 시리즈' 등을 통해 전두환 찬양에 앞장선 언론인 출신 정치인 김길홍 등도 그러한 사례로 꼽혔다.[18]

1996년 4·11총선에서 김영삼의 신한국당은 과반 의석 확보에 실패했다. 그러나 김기춘은 김영삼의 고향이기도 한 거제에서 여유 있게 과반을 득표하며 금배지를 달았다.

낙하산 총재 김기춘 중도 하차, 후임도 낙하산

다음 차례는 KBO 총재에서 물러나는 것이었다. 국회의원 당선 두 달 후인 1996년 6월 8일 총재 이임식을 끝으로 김기춘은 1년 4개월 만에 KBO를 떠났다. 전임 총재의 잔여 임기도 마치지 않은 중도 하차였다.

그에 앞서 김기춘은 여당 후보로 낙점되기 전달인 그해 1월 KBO 임시 총회에서 "국회의원에 당선되더라도 총재직을 계속 맡고 싶다"고 말했다.[19] 그러나 김기춘이 여당 후보로 결정된 순간 KBO를 떠나는 건 시간문제가 된 것이나 다름없었다. 김기춘 자신이 그랬던 것처럼 구조적으로 또 다른 낙하산 인사가 내려

오게 돼 있었기 때문이다.

권력의 생리에 어두울 수 없는 김기춘이 그것을 몰랐을까? 전임 총재의 잔여 임기라도 채운 후 국회의원 공천을 신청했다면, 야구를 권력 중심으로 다시 나아가기 위한 징검다리로 삼은 것은 아니라고 주장할 여지가 조금은 있었을 것이다. 하지만 김기춘은 그렇게 하지 않았다.

후임 총재 내정자는 김영삼 정권에서 부총리 겸 경제기획원 장관을 지낸 홍재형이었다. 김기춘과 마찬가지로 야구와 무관한 전형적인 낙하산 인사였다. 홍재형은 4·11총선에서 김영삼의 권유로 청주에 출마했다가 김종필의 자유민주연합(자민련) 바람에 휘말려 떨어졌다. 그것에 대한 마음의 짐을 덜고자 청와대에서 홍재형을 KBO 총재로 보낸 것으로 보도됐다.

"KBO가 실업자 구제소인가." 야구계에서 다시 불만이 터져 나왔다. 야구인 김동엽(전 MBC 청룡 감독)은 신문 칼럼을 통해 이렇게 공개 비판했다. "'국내 최다 팬을 가진 대중 스포츠'의 총대장 자리를 노인정 관리인쯤으로 아는 것인지 기가 막힐 노릇이다."[20]

이번에도 반발은 묵살됐다. 구단주들은 정권에서 지명한 홍재형을 총재로 추대했다. 정권에 고분고분한 구단주들의 이런 행태는 선수들에 대한 태도와는 천양지차였다. 한국프로야구선수협회(선수협) 문제도 이를 잘 보여준다.

김기춘 OK, 최동원 NO? 한국 야구 잔혹사

6월항쟁 이듬해인 1988년 선수협 결성이 추진됐다. 롯데 자이언츠의 최동원·김용철, 삼성 라이온스의 김시진 등이 앞장섰다. 최동원은 연습생 선수들의 최저 생계비, 선수들의 경조사비, 연금 같은 최소한의 복지 제도를 구축하기 위해 선수협이 필요하다고 봤다.

구단들은 결코 용납할 수 없다며 강경하게 탄압했다. 집요한 와해 공작 끝에 선수협 출범을 무산시킨 것으로도 모자라, 결성에 앞장선 선수들을 하루아침에 다른 팀으로 쫓아냈다(최동원·김용철 등은 삼성으로, 김시진 등은 롯데로). 팀에 헌신한 선수들을 헌신짝처럼 버린 것이다.

그렇게 보복당한 선수들 중에서도 최동원 사례는 한국 야구에 대해 많은 것을 생각하게 만든다. 최동원의 경력을 여기서 자세히 설명할 필요는 없을 것이다. 한마디로 최동원은 아마추어 시절에도, 프로 선수가 된 후에도 에이스의 대명사였다.

많은 사람이 최동원에게 매료됐다. 탁월한 실력 때문만은 아니었다. 공 하나하나에 최선을 다하는 모습, 혹사를 감수하고 팀을 위해 헌신하는 모습을 보였기에 최동원은 많은 사랑을 받을 수 있었다. 야구만 잘하는 선수가 아니기 때문이기도 했다. 언론 자유를 쟁취하고자 1988년 부산일보 구성원들이 파업을 하자, 최동원은 현장에 찾아가 격려금을 전했다.

선수협 결성에 앞장섰다가 강제 트레이드된 최동원은 1990년 시즌을 끝으로 선수 생활을 마감했다. 은퇴식조차 없는 쓸쓸한 퇴장이었다. 지도자로 그라운드에 다시 설 길을 찾기도 어려웠다. 선수협 문제로 구단들에 단단히 찍혔기 때문이다.

그렇게 되면서 최동원은 야구 이외 분야에서 모습을 드러냈다. 1991년에는 지방 선거에 출마했다. 당선 가능성이 높은 민자당의 영입 제의를 거절하고, 3당 합당에 반대한 '꼬마 민주당' 후보로 나섰다가 낙선했다. 그 후에는 여러 방송에 출연했다. TV 오락 프로그램에 출연해 구설에 오르기도 했다. 그라운드에 설 길이 있었어도 최동원이 그렇게 했을까? 세기가 바뀐 후인 2001년에야 지도자로 돌아올 수 있었지만, 쫓겨난 고향 팀 롯데가 아닌 한화 이글스 소속이었다.

최동원이 겪어야 했던 시련은 줄줄이 내려온 김기춘 같은 낙하산 총재들, 그러한 낙하산 인사들을 두말없이 추대한 구단주들의 행태와 너무나 대조적이다. 세부 사항은 다르겠지만, 30년이 넘는 프로 야구 역사에서 그와 유사한 시련을 겪은 야구인이 최동원 한 사람뿐이라고 볼 수도 없다. 한국 야구를 위해 진정으로 필요한 사람이 최동원 같은 야구인이었을까, 낙하산 총재들과 구단주들이었을까? 답은 자명해 보인다.

김기춘과 최동원은 직접적인 접점을 찾기 어렵지만, 공통점이 없는 건 아니다. 두 사람은 경남고 동문이다. 최동원과 선수협 이야기에도 경남고 동문이 등장한다. 김기춘과 상반된 길을 걸어온 또 다른 고교 선배 문재인 변호사다. 2012년 문재인 민주통합당 상임 고문은 "고 최동원 선수가 선수협의회를 만들 때 많은 상담을 했다"고 밝혔다(상담은 법률 자문을 가리킨다).[21]

KBO 홈페이지에 역대 총재 자료가 없는 이유

김기춘이 떠난 후 KBO 총재 상황을 더 살펴보자. IMF(국제 통화기금) 구제 금융 위기를 맞은 이듬해(1998년), 홍재형 KBO 총 재는 검찰로부터 출국 금지 조치를 당했다. 부총리 시절 종합금 융사(종금사) 무더기 인허가 과정에 개입한 흔적이 드러났기 때문 이다.

그 무렵, 김기춘의 전임 총재인 권영해 전 안기부장은 구속 됐다. 초원복집 모임에 참석했던 박일룡과 함께 1997년 대선 당 시 북풍 조작의 핵심 실세였다는 사실이 드러났기 때문이다. (구 속 전 권영해는 문구용 커터 칼날로 자해해 눈길을 끌었다.) 김기춘(초원복집 사건으로 불구속 기소), 이상훈(율곡 사업 관련 비리 혐의로 구속)을 포함하 면 이때까지 KBO 총재를 맡았던 7명 중 4명이 사법 처리되거나 수사 대상이 된 것이다. 야구계에서는 "언제까지 이런 인물들을 웃어른으로 모셔야 하는지 모르겠다"는 탄식이 나왔다.[22]

쓸쓸한 풍경은 그 후에도 사라지지 않았다. 홍재형의 후임 이자 정권 교체 후 처음으로 임명된 총재는 정치인 정대철이었 다. 정대철은 비리 혐의로 구속되며 4개월도 못 채우고 물러났 다. 후임 총재로 정치권 낙하산이 아니라 구단들이 추대한 박용 오 두산 그룹 회장이 취임했지만, 상황은 별로 달라지지 않았다.

박용오는 7년간 KBO 총재 자리를 지켰다. 선수협 설립 움 직임이 다시 나타나자, 박용오는 재벌 회장답게 선수협 설립에 제동을 걸었다(정부의 개입을 거쳐 선수협은 출범했다).[23] 2005년 두산 그룹 '형제의 난'이 일어나면서 총수 일가 7남매 중 박용오 등

1991년 지방 선거 당시 최동원 후보 포스터.
최동원은 이 선거에 '꼬마 민주당' 후보로 나섰다.

최동원이 수십 년간 그라운드에 흘린 땀과 눈물을 모으면 그 넓은 그라운드를 채우고도 남지 않을까? 그러한 최동원이 겪어야 했던 시련은 김기춘 같은 낙하산 KBO 총재들, 그러한 낙하산 인사들을 두말없이 추대한 구단주들의 행태와 너무나 대조적이다.

4명이 횡령·배임 혐의로 불구속 기소된다.[24] 박용오·박용성 형제에게는 1심에서 나란히 징역 3년, 집행 유예 5년이 선고됐다. 재벌 회장들에 대한 정찰제 판결이라는 비판을 받는 이른바 '3·5 법칙'(징역 3년, 집행 유예 5년)이 이때도 적용된 것이다.

정치인 출신 신상우 총재를 거쳐 2009년에 다시 구단들의 추대로 명지학원 이사장 출신 유영구가 KBO 총재에 취임했다. 2년 후 유영구 총재는 사학 비리 혐의로 구속되며 물러났다.

KBO 총재들의 이와 같은 모습은 한국 사회에서 지도층을 자임하는 인사들의 민낯이자 그들이 저지르는 비리의 축도라고 해도 지나치지 않다. 야구에 관한 수많은 자료(각종 통계, 기록 등)가 올라와 있는 KBO 홈페이지에서 신기하게도 역대 총재에 관한 자료는 전혀 찾아볼 수 없는 것도 이와 떼어놓고 생각할 수 없다.

덧붙이면, 김기춘과 KBO를 말할 때 빼놓을 수 없는 사람이 양해영이다. KBO 공채 1기 출신인 양해영은 김기춘이 총재일 때 비서였다. 김기춘이 1996년 금배지를 달자, 그 보좌관으로 일하다 KBO에 복귀했다. 양해영은 한 인터뷰에서 자신이 영향을 받은 '야구 관계자' 중 한 명으로 김기춘 총재를 꼽았다.[25] 2017년 말까지 6년간 KBO 사무총장이었던 양해영은 이런저런 의혹 및 논란에 휩싸이며 "KBO 적폐의 중심"이라는 비판을 받았다.[26]

KBO 총재 시기와 이미지 세탁

초원복집 사건 후 김기춘이 다시 권력 중심부로 나아가기 위해서는 일정한 시간과 함께 이미지 세탁이 필요했다. 초원복 집 사건에서 여과 없이 드러난 김기춘의 무시무시한 본모습을 희미하게 만들고 궁극적으로는 가리는 것, 이미지 세탁의 본질은 바로 그것이었다.

KBO 총재는 그러한 작업에 적합한 자리였다. 프로 야구를 더 활성화하는 데 앞장선다는 이미지를 통해, 초원복집 사건의 주역이라는 실체를 완전히 가릴 수는 없다고 하더라도 적어도 본모습을 희미하게 만드는 효과는 기대할 수 있었다. 프로 야구가 인기 스포츠이기에 그러한 이미지를 확산할 기회도 그만큼 많았다.

KBO 총재 시기에 맡은 대학원 법학 강의도 이미지 세탁 작업에 힘을 싣는 요소였다. 민주주의 파괴 음모를 꾸민 위험한 법기술자라는 본모습은 온데간데없이 사라지게 만들고, 그 자리에 오랜 현장 경험을 갖춘 중립적인 법 전문가인 듯한 이미지를 채워 넣는 효과를 기대할 수 있었기 때문이다.

KBO 총재를 맡음으로써 기대할 수 있는 효과는 이미지 세탁 외에도 더 있었다. KBO 총재는 야구를 매개로 재벌 총수들을 수시로 만날 수 있었다. 이 점이야말로 KBO 총재직의 매력이라는 얘기가 나온 데서도 드러나듯이, 놓쳐서는 안 되는 대목이다.[27] KBO 총재 시기에 재벌 총수들과 돈독한 관계를 맺는다면, 그것은 KBO를 떠난 후에도 음으로 양으로 큰 힘이 될 수 있었다.

여기서 임선동 문제를 되짚어보자. 프로 야구 규약에 명시된 지명권 제도가 헌법에 규정된 직업 선택의 자유를 침해한다는 것을 법 전문가 김기춘이 과연 법원 판단 전에는 파악하지 못했을까? 헌법에 충실할 경우, '몸값이 지나치게 상승할 수 있다'는 것 등을 이유로 지명권 제도 사수를 주장한 구단 측, 즉 재벌과 충돌할 수밖에 없었다. 김기춘은 그 길을 택하지 않았다.

KBO 총재 시기에 이미지 세탁 작업을 거친 김기춘은 야구를 징검다리 삼아 권력 중심부로 다시 나아갔다. 초원복집 사건의 주역은 헌법 기관인 국회의원으로 화려하게 권력에 복귀했다.

특검 구속 18년 전 예견,
김기춘 "특검제=괴물"

국회의원 시절 (1)

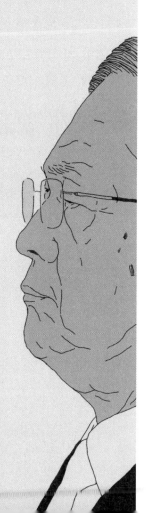

1996년, 57세의 김기춘은 국회의원(신한국당)으로 변신했다. 이때부터 60대의 끝자락까지 12년간 금배지를 달고 살아간다. 김기춘이 처음으로 배속된 상임위원회는 농림해양수산위원회였다. 검찰총장, 법무부 장관 경력과는 거리가 있지만 지역구가 거제이고 초선이라는 점이 작용한 것으로 보인다.

그해 7월 국회의원 재산 등록 현황이 공개됐다. 김기춘은 17억 9,900만 원의 재산을 신고했는데, 의사 부부인 아들 쪽 재산 신고는 거부했다. 재산을 신규 등록한 의원 184명 중 부모 또는 자녀의 재산 신고를 거부한 사람은 김기춘 등 28명(15퍼센트)이었다.

불법은 아니었다. 부모나 자녀에게 별도의 소득이 있음을 증빙하는 서류가 있으면 그들의 재산은 신고하지 않아도 된다는 규정이 있었다. 그러나 규정이 모호해 상당 규모의 재산이 분산·은닉됐을 수 있다는 우려가 적지 않았다. 신고를 거부한 의원들은 "법망 피해 가기"라는 비판을 받았다.[1]

정보 기관 바로 세우기와 안기부법 문제

1996년 여야가 첨예하게 대립한 사안 중 하나는 안기부법 문제였는데, 오늘날 개혁 과제와 직결된다는 점에서도 주의 깊게 살펴볼 필요가 있다. 문제의 근원은 5·16쿠데타(1961년) 직후 박정희 세력이 중앙정보부를 만들면서 어마어마한 권한을 부여한 것이었다. 중앙정보부는 정보 수집 권한만이 아니라 범죄 수사권까지 갖고 있었다. 그에 더해 다른 기관의 정보·수사 활동을 통제한 것은 물론 보안 업무를 감독한다는 명분으로 각 기관 위에 군림했다.

그렇게 해서 중앙정보부는 최고 권력자를 제외한 어느 누구도 통제할 수 없는 무소불위의 권력 기관이 됐다. 정치 공작의 중핵으로서 수많은 사건을 고문으로 조작해 터트리며 독재 정권 유지에 앞장섰다. 1980년대에 이름이 안기부로 바뀐 후에도 본질은 변하지 않았다.

따라서 정보 기관을 바로 세우는 문제가 6월항쟁(1987년) 이후 주요 개혁 과제 중 하나가 될 수밖에 없었다. 1988년 말 안기부법 개정 문제가 공론화됐다. 여소야대 정국에서 야권의 공세에 밀린 노태우 정권은 안기부법 개정안을 마련했다. 개정 내용은 미미한 수준이었다. 안기부의 수사 대상 범죄에서 국가보안법 7조(찬양·고무죄) 위반을 제외한 정도였다.

그러나 이마저 얼마 후 자취를 감췄다. 1989년 연이은 방북 사건을 계기로 극우 반공 세력이 공안 정국을 조성하고(검찰총장 김기춘이 이것에 앞장섰다), 1990년 3당 합당이 이뤄지면서 그렇게

1996년 8월 한총련 연세대 사태 현장. 이 사건을 계기로 공안 바람이 불자 신한국당은 안기부법 재개정을 추진했다. ⓒ e영상역사관

됐다.

　이 문제는 1993년 김영삼 정권 출범 후 다시 수면 위로 올라왔다. 야당은 안기부의 수사권을 폐지하거나 적어도 대폭 축소해야 한다고 주장했다. 여당은 반대했다. 극한 대치 끝에 여야는 국가보안법 7조와 10조(불고지죄)에 대해서만 안기부의 수사권을 삭제하는 것으로 합의하고, 안기부법을 개정했다. 많이 부족하긴 하지만 그래도 개혁 입법의 하나라는 평가를 받았다.

김기춘, 안기부법 '개악'에 적극적

　극우 반공 세력은 안기부의 수사권 제한을 없던 일로 만들

기회를 호시탐탐 노렸다. 1996년 8월 한국대학총학생회연합(한총련) 연세대 사태 등을 계기로 공안 바람이 불자 신한국당은 안기부법 재개정을 추진했다. 재개정안의 핵심은 국가보안법 7조와 10조에 대한 수사권을 안기부에 다시 준다는 것이었다. 공안 바람과 안기부법 재개정 추진은 1년 앞으로 다가온 대선을 염두에 둔 조치이기도 했다.

신한국당에서 안기부법 '개악', 즉 재개정을 주도한 인사는 정형근이었다. 정형근은 1992년 총선에서 안기부 대공수사국 요원들의 흑색선전물 살포 사건이 일어났을 때 대공수사국장이었으나, 어떠한 책임도 지지 않았다. 그런 정형근이 안기부법 재개정에 앞장선 것은 기괴한 풍경이었다. 중앙정보부 대공수사국장 출신 김기춘도 안기부법 재개정에 적극적인 모습을 보였다.

공작 정치의 망령이 다시 활개 칠 것이라는 우려가 곳곳에서 나왔다. 코에 걸면 코걸이 식으로 인권 탄압에 악용돼온 국가보안법 7조를 폐지해도 모자랄 판에 그것에 대한 수사권을 안기부에 다시 안겨주는 건 말이 안 된다는 지적도 나왔다.

신한국당은 이를 귓등으로도 듣지 않았다. 1996년 12월 26일 새벽 신한국당은 노동 관계법 개정안과 함께 안기부법 재개정안 등을 7분 만에 날치기 통과시켰다. 노동 관계법 개정안은 정리 해고제 등과 관련해 일방적으로 재계의 손을 들어주는 내용이었다.

이는 곧바로 1996~1997년 총파업을 불러왔다. 김영삼 정권의 폭거를 규탄하는 파업과 시위 물결이 전국을 뒤덮었다. 두 달여에 걸친 총파업 끝에, 날치기 통과된 노동 관계법은 사실상 시행되지 못하고 폐기 수순을 밟았다. 1997년 3월 여야는 정리 해고제 시행 2년 유예 등의 내용을 담은 노동 관계법 단일안을 새롭게 통과시켰다. 그러나 그해 말 IMF(국제통화기금) 구제 금융 위기를 맞으면서 다시 상황이 악화됐고, 결국 1998년 정리 해고제와 파견제가 법제화되며 노동자의 삶은 깊은 수렁으로 빠져들게 된다.

그런 가운데, 날치기 결과 수사권이 모두 회복된 안기부는 국정원으로 이름을 바꾼 후에도 정치 공작의 본산이라는 체질을 바꾸지 않았다. 특히 이명박·박근혜 정권 시기에 그 점을 확실히 입증했다. 국정원 예산을 청와대에서 멋대로 갖다 쓴 것도 그 시기였다.

그러한 국정원을 개혁하기 위해 대공 수사권 폐지가 필요하다는 얘기가 그간 여러 차례 나왔다. 그때마다 국정원과 수구 정당의 반발에 막혔다. 예나 지금이나 반대 논리의 핵심은 '그러면 간첩은 누가 잡느냐', 이것이다. 국정원의 대공 수사권 폐지가 국가 차원에서 간첩 수사를 하지 않는다는 뜻이 전혀 아닌데도, 그 논리를 반복한다. 대공 수사권 폐지 등을 규정한 국정원법 개정안이 2017년 11월 발표되자 공안 검사 출신 황교안도 똑같은 주장을 했다.

그런 논리를 펴는 세력의 특징 중 하나는 중앙정보부 시절부터 조작 간첩을 양산해온 사실은 쏙 빼놓는다는 것이다. 서울시 공무원 간첩 조작 사건 당시 법무부 장관이었던 황교안 역시 대공 수사권 폐지에 반대할 때 그 사건에 대해서는 말하지 않았다. 이러한 세력의 주장에 혹해 정보 기관에 대한 민주적 통제를

등한시한다면 국민들은 언제든 정보 기관에 의해 또다시 짓밟힐 수 있음을 역사는 말해준다.[2]

대선과 정권 교체 그리고 김기춘

대선을 앞둔 1997년 10월 29일, 김기춘은 이회창 총재 법률 특보로 임명됐다. 그에 앞서 김대중 새정치국민회의(국민회의) 총재의 약점을 캐기 위해 그해 8월 이회창 쪽에서 구성했다는 '1차 특수팀'에 김영일, 정형근, 황우여, 김충근과 함께 김기춘이 포함됐다는 얘기가 정치권에서 돌았다.[3] 이 팀은 그해 10월 7일 신한국당 사무총장 강삼재가 터트린 김대중 비자금 의혹과 관련해 주목을 받았다. 이 팀에서 강삼재에게 자료를 제공한 것 아니냐는 것이었다.

이와 관련, 대선 1년 후인 1998년 12월 동아일보는 "신한국당 핵심 관계자"의 증언을 보도했다. 이 관계자는 대선 당시 이회창 아들의 병역 논란 등에 대한 국민회의 측의 공세에 대응하기 위해 "DJ 대책팀'이 구성돼 있었다"고 말했다. 김기춘을 비롯해 앞에서 말한 5명 등으로 이뤄진 팀이었는데, 김기춘은 거의 참여하지 않았고 황우여는 판사 출신이어서 별 도움이 안됐다고 이 관계자는 밝혔다.

이 관계자에 따르면, 팀에서 주로 움직인 사람은 김영일과 정형근이었고 그중 정형근이 김대중 비자금 의혹 자료를 구해왔다고 한다. 동아일보는 이른바 '사직동팀'(경찰청 조사과)이 1995년

말부터 추적한 자료가 청와대 사정비서관을 통해 정형근에게 넘어갔다고 보도했다.[4]

1997년 12월 김대중 당선으로 대선은 마무리됐다. 한나라당(신한국당의 후신) 소속 김기춘은 이제 야당 의원이 됐다. 그전에는 한 번도 야당 쪽에 서본 적이 없는 김기춘이었다. 육십을 바라보는 나이까지 그렇게 살아온 사람이었다. 한나라당 의원들 중에는 예전에 야당 소속이었거나 재야인사였던 이들도 있었지만, 김기춘은 그것과도 거리가 멀었다. 그만큼 야당 생활이 더 낯설고 어색하게 다가올 수밖에 없었을 것이다.

세풍·총풍 강경 대응 주도한 김기춘의 한나라당 인권위

해방 후 한나라당까지 이어져온 세력이 정권을 내놓은 건 이때가 처음이었다. 한나라당 내에서 향후 진로를 놓고 갑론을박이 벌어졌다(그 밑바탕에는 당권 경쟁이 놓여 있었다). 1998년 6월 17일 한나라당 의원 연찬회에서도 그런 모습이 나타났는데, 이날 분임 토의 과정에서 김기춘은 세대교체론을 주창해 눈길을 끌었다.[5] 이회창과 대립각을 세우는 주장으로 비칠 수 있었기 때문이다.

그런 모습을 계속 보이지는 않았다. 얼마 후부터는 이회창 쪽에 서서 김대중 정권을 강하게 공격했다. 특히 그해 10월 13일 한나라당 인권위원장으로 임명된 후 그러했다. '인권'은 김기춘의 삶과 엇박자이지만, 유신 헌법 제작에 관여한 이듬해(1973년,

1997년 대선에서 당선된 김대중 후보. 이회창 후보의 패배로 김기춘은 야당 의원이 됐다. © e영상 역사관

법무부 인권옹호과장)에 이어 이때도 인권이라는 말이 들어간 직위를 맡았다.

그러나 한나라당 인권위원회의 활동은 일반적으로 이해되는 인권 옹호 활동과는 거리가 있었다. 한나라당에서 인권위원회는 대여 강경 투쟁을 이끌며 "이(회창) 총재의 핵심 보위 부대"로 불렸다. 구성원은 위원장 김기춘을 필두로 이신범, 정형근, 안상수, 황우여, 홍준표 등이었다.

1997년 대선과 관련해 세간을 떠들썩하게 만든 세풍(한나라당 인사들과 국세청 간부가 23개 대기업에서 이회창 캠프의 대선 자금을 불법 모금), 총풍(이회창 쪽 인사가 지지율을 높이고자 북한에 무력시위를 요청한 혐의로 피소) 사건에서 강경 대응을 주도한 것도 인권위원회였다. 서상목(한나라당 의원), 이석희(국세청 차장)와 함께 세풍 3인방으로 꼽힌

이회성(이회창 동생)이 구속되자 인권위원회는 법률안 심의 태업 등의 대응 전략을 제시하는 한편 이회성을 위한 매머드급 변호인단을 꾸렸다.[6]

김대중 정권의 햇볕 정책도 김기춘의 주요 공격 대상이었다. 김기춘은 햇볕 정책을 강도 높게 비난했다. 이 과정에서 금강산 관광 유람선 첫 출항(1998년 11월 18일) 20일 전, 유람선에 "최소한의 무장을 갖추어야 한다"고 주장하기도 했다.[7] 대북 화해 협력 정책에 대한 김기춘의 적대감은 노무현 집권기에도 나타난다.

특검에 구속되기 18년 전, "집권하면 특검제 불편" 예견

김기춘을 비롯한 한나라당 내 검찰 출신 의원들은 검찰 개혁 조짐(제대로 추진되지는 않았다)에 강한 경계심을 드러내기도 했다.[8] 아울러 1999년 특검제가 처음으로 실시되는데, 이와 관련해 김기춘은 인상적인 얘기를 남겼다.

이때까지 특검제는 한국인들에게 익숙한 제도가 아니었다. 미국 대통령이 특검 수사를 받은 사실(1970년대 워터게이트 사건 당시 리처드 닉슨, 1990년대 이른바 '지퍼 게이트'로 빌 클린턴 등)이 한국에도 알려지긴 했지만, 한국에서는 시행된 적이 없었기 때문이다.

유사한 사례가 전혀 없었던 건 아니다. 1988년 조영황(노무현 집권기에 국가인권위원회 위원장 역임) 변호사가 최초의 특별 검사 격인 '공소 유지 담당 변호사'로 임명돼 부천서 성고문 사건(1986년)

당시 검찰 기록을 조사한 적이 있다. 이를 통해 사건 당시 검찰이 수사 과정에서 성고문 진상을 모두 밝혀내고도 수사 내용을 대부분 숨긴 채 수사 결과를 수정, 시나리오에 따라 거짓 발표를 하고 가해자 문귀동에게 기소 유예 처분을 내렸음을 확인했다.[9] 하지만 이것은 정식 특검과는 거리가 있었다.

특검제 도입의 길을 연 것은 대검 공안부장 진형구의 입이었다. 1999년 6월 7일 진형구는 "조폐공사 파업(1998년 11월)은 사실 우리가 만든 거다", "우리가 유도를 한 거야"라는 폭탄 발언을 했다. 전날(6일) 대전고검장 승진 발령을 받고, 7일 다른 대검 부장들과 반주를 곁들인 점심 회식을 한 후 기자들을 만난 자리에서 한 얘기였다.

진형구는 "공기업 구조 조정의 전범으로 삼기 위해" 파업을 유도했고, 고교 후배인 조폐공사 사장 강희복과 사전 논의 후 진행했다고 말했다. "우리(검찰)가 구조 조정을 앞당긴 셈"이라는 말에서도 드러나듯이 일종의 '실적' 자랑을 한 셈이다. 진형구는 "공기업체에 파업이 일어나면 우리(검찰)가 이렇게 한다는 것을 보여주려고 했는데, 그쪽(노조)이 쉽게 무너져버려 싱겁게 끝났다"는 얘기도 했다.

진형구의 얘기는 파업 전후 상황과 부합했다. 이미 700명을 감축한 사측이 예정보다 2년 앞당겨 옥천 조폐창을 폐쇄하기로 하는 등 노동자들이 납득하기 어려운 결정이 나오면서 조폐공사 파업이 촉발됐다는 점에서도 그러했다. 이 파업으로 7명이 구속됐다.[10]

무엇보다 국가 기관, 그것도 검찰이 나서서 파업을 유도했다는 것은 있을 수 없는 일이었다. 진형구의 발언은 큰 파문을 불러일으켰다. 특검제를 도입해 진상을 규명해야 한다는 목소리가 커졌고, 그렇게 해서 특검제가 처음으로 실시된다.

이 과정에서 특검제 도입 방식(한시적 도입인가 전면 실시인가), 수사 대상 등을 놓고 여야 간 힘겨루기가 벌어졌다. 여야를 떠나 검찰 출신 의원들은 대체로 특검제 도입에 부정적이었다. '검찰공화국' 구축의 주역 김기춘도 마찬가지였다.

7월 9일 한나라당 의원 총회에서 김기춘은 "특검제에 지나친 환상을 갖지 말자"고 말했다. 그러면서 인상적인 얘기를 했다. 김기춘은 "우리가 언제까지 야당만 하겠는가"라며 "우리가 집권하면 특검제라는 괴물은 우리에게도 불편한 것"이라고 주장했다.[11]

그로부터 18년 후인 2017년 1월, 김기춘은 박영수 특검에 의해 구속된다. 특검의 손에 구속돼 신문을 받는 동안, 18년 전 특검에 대해 자신이 한 얘기가 김기춘 머릿속에 떠올랐을까?

지역주의에 맞서겠다? '초원복집' 김기춘의 이색 선언

1999년 9월 15일 김기춘, 정형근, 김형오, 김무성 등 한나라당 부산·경남 지역 초·재선 의원 8명은 낡은 정치와 단절하겠다는 성명을 발표했다. "지역감정을 배경으로 하는 1인 지배 정당 체제의 그늘 아래 안주"한 과거를 반성하고, 앞으로는 "지역주의 책동에도 과감히 맞서 싸우고 권위주의 정치 행태와 비민주적 정당 체제를 혁파하는 데 앞장"서겠다는 내용이었다.

다른 말로 하면 3김(김영삼, 김대중, 김종필) 정치로 대표되는 과거와 단절하겠다는 뜻인데, 갑자기 이런 성명을 낸 것은 김영삼의 움직임과 관련이 있었다. IMF 구제 금융 위기로 인기가 바닥 수준이던 퇴임 대통령 김영삼은 1999년 민주산악회 재건을 통한 정치 재개 가능성을 타진했으나 좌절됐다. 그러자 8명이 때맞춘 듯 그러한 성명을 발표한 것이다.

주변의 시선은 그리 곱지 않았다. 김영삼이 민주산악회 재건을 활발히 추진할 때에는 침묵하다가 이제 와서 그런 성명을 내는 것은 기회주의라는 지적을 받았다.[12] 초원복집 사건(1992년)의 주역 김기춘이 "지역주의 책동"에 맞서 싸우겠다고 선언한 것도 이색적인 풍경이었다.

2000년 총선에서 김기춘은 재선에 성공했다. 그해 6월 역사적인 남북 정상 회담이 열렸다. 그 영향으로 한나라당의 극우 반공 색채를 덜어내려는 움직임이 당내에서 일었다. 김원웅 의원은 국가보안법 폐지를 주장했다. 안영근 의원은 "김대중 대통령이 북한을 방문하면서 국가보안법은 사실상 사문화됐다"며 힘을 보탰다.[13]

한나라당의 극우 반공 색채를 덜어내려는 움직임이 이 시기에 열매를 맺었다면, 지나치게 우경화된 한국 정치 지형 전반에 긍정적인 영향을 끼칠 수 있었다. 김기춘은 한나라당 내 몇몇 젊은 의원들의 이러한 움직임에 강하게 제동을 걸었다(노무현 집권기에도 같은 모습을 보인다). 김용갑도 김기춘과 마찬가지였다. 김기춘과 김용갑은 2012년 대선에서 박근혜의 핵심 자문 그룹으로 불리는 7인회도 함께하게 된다.

2001년 6월 김기춘은 전·현직 국회의원, 전직 장관 등과 함께 지역구인 거제를 찾아 전세 낸 유람선으로 낚시와 한려수도 관광을 했다가 물의를 빚었다. 이들이 김기춘의 지역구에 있는 대우조선에서 제공한 헬기 2대를 타고 김해공항에서 거제까지 이동했기 때문이다. 이때 대우조선은 워크아웃으로 힘든 상태였다. 일반인은 음식을 먹을 수 없는 외도 관광농원에서 식사한 사실도 드러났다.[14]

2002년, 재선 의원 김기춘은 한나라당 몫으로 분배된 국회 법제사법위원회(법사위) 위원장 자리를 노렸다. 경쟁 상대는 3선 의원 함석재였다. 한나라당 지도부는 '재선보다는 3선'이라며 함석재를 낙점했다. 함석재가 자민련에서 한나라당으로 넘어온 것에 대한 보상이라는 얘기가 돌았다.

김기춘은 "나도 다른 당에 가면 국회 부의장도 할 수 있다"며 강하게 반발했다. "고시 기수도 이회창 후보를 제외하곤 내가 가장 높다. 공직 경험도 밀리지 않는다"는 얘기도 했다.[15] 나이는 함석재가 한 살 위지만, 김기춘이 법무부 장관일 때 함석재는 지청장이었다.

반발도 소용없었다. 한나라당 지도부가 낙점한 대로 함석재가 법사위원장이 됐다. 그리고 그해 대선에서 이회창 후보가 또 패하면서 김기춘의 야당 생활은 5년 연장됐다.

탄핵 때 김기춘이
노무현 배려했다?

국회의원 시절 (2)

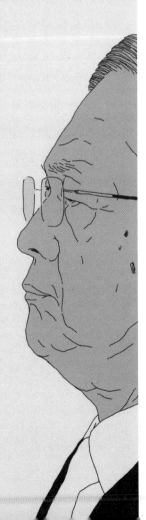

개혁 입법 발목 잡은 김기춘의 법사위

노무현 정권 출범 두 달 후인 2003년 4월, 김기춘은 함석재의 뒤를 이어 드디어 국회 법사위원장이 됐다. 이것은 두 가지 측면에서 중요한 의미가 있다.

하나는 법사위가 법안 처리의 길목이라는 점과 관련돼 있다. 그 길목을 막아버리면 개혁 입법은 난관에 봉착할 수밖에 없었다. 김기춘 법사위원장 시절 바로 그런 모습이 나타났다. 과거사 진상 규명을 위한 입법 문제를 통해 이 부분을 짚어보자.

2003년 12월 16일, 4대 과거사(동학농민전쟁, 일제 강점기 친일·반민족 행위, 강제 동원, 한국전쟁 시기 민간인 학살) 진상 규명 특별법이 국회 과거사 진상 규명 특위를 통과해 법사위에 회부됐다. 그러나 법사위는 법안을 처리하지 않고 해를 넘겼다. 그렇게 시간을 끄는 동안 한나라당은 친일 진상 규명법 등을 누더기로 만들기 위한 공세를 펼쳤다.[1]

우여곡절 끝에 2004년 3월 2일, 친일 진상 규명법은 국회를 통과했다. 그러나 이미 법안은 원안에서 대폭 후퇴해 누더기가 된 상태였다. 제대로 된 과거사 정리는 기대할 수 없고 오히려 면죄부를 줄 수 있다는 지적까지 받았다. 아울러 한국전쟁 시기 민간인 학살 진상 규명에 관한 법안은 이날 부결됐다.[2]

법사위라는 길목을 막아 개혁 입법을 저지하는 행태는 김기춘 후임인 최연희(기자 성추행으로 물의를 빚는 그 최연희다) 법사위원장 시절에도 똑같이 나타난다. 특히 2004년 하반기 이후 4대 개혁 입법(국가보안법, 사학법, 과거사 진상 규명법, 언론 관계법) 문제에서 그러했다.

노무현 탄핵 소추위원, 기각 후 사과 거부

다른 하나는 대통령 노무현에 대한 탄핵에서 김기춘이 법사위원장으로서 전면에 나서게 된다는 것이다. 2004년 3월 12일 한나라당은 새천년민주당(민주당), 자민련과 손잡고 노무현 탄핵안을 우격다짐으로 통과시켰다. 김기춘은 법사위원장 자격으로 검사 격인 탄핵 소추위원을 맡았다. 변호사 역할을 한 대통령 대리인단에는 김기춘의 고교 후배 문재인 등이 있었다.

탄핵은 거센 역풍을 불러왔다. 탄핵안이 강행 통과되자 수많은 시민이 거리로 쏟아져 나왔다. 탄핵에 분노하는 목소리가 방방곡곡에서 울려 퍼졌다. 그것에 대해 김기춘은 탄핵안 통과 이틀 후(3월 14일) "성숙한 시민이라면 헌재의 결정을 냉철한 자세로 기다리는 게 바람직하고, 물리적 위세를 통해 헌재 결정에 영향력을 미치려는 것은 옳지 않다"며 불만을 표했다.[3] 탄핵에 분노해 거리로 쏟아져 나온 사람들은 "성숙한 시민"과는 거리가 멀

2004년 5월 탄핵 기각 직후 김기춘은 "사과는 잘못한 사람이 하는 것"이라며 사과를 거부했다. ©
MBC 화면 갈무리

다는 주장이었다.

탄핵이 불러온 역풍은 한 달 후 치러진 4·15총선 판도를 바꿔놓았다. 탄핵 역풍에 힘입어 여당인 열린우리당은 총선에서 압승했다. 탄핵을 강행한 정당들의 의석수는 대폭 줄었다.

김기춘도 전보다 훨씬 힘든 선거를 치러야 했다. 탄핵 역풍으로 3월 25일 KBS 여론 조사에서 열린우리당 후보에게 7퍼센트포인트 뒤처지는 등 고전했다. 3월 30일 김기춘은 탄핵 심판 변론 기일을 미뤄달라고 요청했다. 지역구에 가서 선거 운동을 해야 한다는 이유였다.

국회를 대표하는 탄핵 소추위원답지 못한 모습이자, 탄핵 심판정에 노무현이 출석하지 않자 "헌법상 성실한 직무 수행 의무에 어긋나는 일"이라고 비난한 것과도 어긋난다는 비판을 받았다.[4] 이와 별개로, 김기춘이 변론 기일 연기를 요청한 날 의문사 진상 규명을 위한 유가족 대책위는 "김 의원은 국회에 제출된 의문사 진상 규명법을 두 번이나 반려한 사람으로서 소추위원 자격이 없다"며 헌법재판소 정문 앞에서 1인 시위를 벌였다.[5]

김기춘은 탄핵 소추위원 일을 잠시 접고 지역구에 내려가 선거 운동에 주력했다. 비판을 감수하고 그렇게 해야 할 만큼 상황이 만만치 않았다. 당선 확정 후 김기춘은 탄핵 심판정에 복귀했다. 그러나 탄핵 심판은 김기춘 뜻대로 되지 않았다. 5월 14일 헌법재판소는 탄핵 기각 결정을 내렸다.

기각 직후 김기춘은 '사과 필요성을 느끼느냐'는 질문에 "사과는 잘못한 사람이 하는 것"이라며 사과를 거부했다. "대통령이 잘못하면 탄핵하는 것은 국회의 권능"이고 "국회는 국회의 직분을 다했다"는 주장이었다.

소추위원 김기춘과 탄핵, 어떻게 볼 것인가

1년 후(2005년) 오마이뉴스와 한 인터뷰에서 김기춘은 탄핵 소추안 가결에 대해 이렇게 말했다. "내가 탄핵을 주도했다고 하는데 운명이었다." 법사위원장이었기 때문에 당연직으로 탄핵 소추위원이 될 수밖에 없었다는 뜻으로 한 얘기였다. "소추위원으로서 직무를 성실히 수행"했고 "후회는 전혀 없다"는 얘기도 했다.[6]

2013년 김기춘이 청와대 비서실장이 된 직후 황호택 동아일보 논설 주간도 김기춘에 대한 칼럼에서 그와 맞닿는 주장을 했다. 황호택은 "노 대통령 탄핵 소추는 국회 재적 3분의 2를 넘는 의원들의 찬성으로 발의"됐고 "김기춘 법제사법위원장이 탄핵 소추 청구인을 한 것은 법 절차에 따른 권한 행사"라고 주장했다. "탄핵 때 소추위원을 지낸 것을 문제 삼아 야당이 그를 공격하는 것은 설득력이 떨어진다"는 얘기였다.[7]

과연 그럴까? 탄핵 자체가 불법은 아닌 만큼 형식 논리만 놓고 보면 위와 같은 주장을 할 수도 있다. 그러나 2004년 탄핵의 적절성, 탄핵 주축 세력의 실체, 탄핵에 이르기까지 김기춘이 한 역할 등을 고려하면 얘기는 달라질 수밖에 없다.

첫 번째, 탄핵안 가결 후 다수의 시민이 보인 모습에서도 드러나듯이 2004년 탄핵은 무리했다. 국회의 정당한 권한 행사라고 보기에는 정도가 지나쳤다. "국회는 미쳤다"고 수많은 시민이 외친 데에는 그만한 이유가 있었다.

탄핵의 주요 사유로 제시된 정치적 중립성 문제와 관련해 대응의 형평성 면에서도 문제가 있었다. 노무현이 탄핵되자 "사필귀정"이라고 한 김영삼이 대통령이던 때와 한번 비교해보자. 1996년 총선을 앞두고 대통령 김영삼은 한 인터뷰에서 이렇게 말했다. "총선 때 우리 당(신한국당)을 지원하기 위해 나는 직접 지원에 나설 것이다. 반드시 우리 당이 승리하리라 자신한다." 선거법 위반이라고 야당에서 반발했지만 신한국당은 들은 척도 하지 않았다.[8] 김영삼에 대한 탄핵 같은 것은 있지 않았다.

두 번째, 탄핵을 강행한 세력에서 민주당도 한 축을 이뤘지만 다수는 한나라당이었다. 한나라당에서 탄핵 심판과 관련해 비중 있는 역할을 한 사람은 김기춘과 김용균이다. 김기춘의 경우 유신 독재 수호, 공안 정국 조성, 초원복집 사건(1992년) 등을 빼놓고는 그 삶을 설명할 수 없다. 김기춘의 서울대 법대 후배인 김용균은 1980년 국보위에 참여했고, 그 후에는 박철언이 이끈 사조직 월계수회의 일원으로 활동했다.[9] 김기춘 법사위원장 시절에는 친일 진상 규명법을 누더기로 만드는 데 앞장섰다. 김용균의 부친은 일제 강점기에 면장, 금융조합장을 지냈다.

김기춘과 김용균은 한나라당에서 이질적인 존재가 결코 아니었다. 6월항쟁(1987년) 이후 친일, 분단, 독재로 얼룩진 과거를 청산하지 못한 상태에서 제한적이고 부분적으로 민주화로 나아가다가 바로 그 청산되지 않은 세력에게 탄핵이라는 형태로 반격을 당한 셈이다.

세 번째, 탄핵안 가결 전에 김기춘이 별다른 역할을 하지 않다가 가결 후 법사위원장으로서 어쩔 수 없이 소추위원을 한 것이 전혀 아니다. 탄핵까지 가는 과정에서 김기춘도 적극적으로 움직였다.

예컨대 측근 비리, 대통령 재신임 문제 등을 놓고 논란이 벌어졌던 2003년 10월 김기춘은 탄핵을 거론하며 대통령 하야를 요구했다. 그러면서 탄생 과정부터 "쿠데타와 마찬가지로 국민적 정통성에 하자가 있"는 정권이라고 몰아세웠다.[10] 유신 헌법 제작에 관여하며 유신 쿠데타(1972년)를 법적으로 뒷받침한 김기춘이 선거를 거쳐 탄생한 정권에 대해 "쿠데타", "정통성에 하자"를 운운한 것은 납득하기 어려운 일이다. 이러한 점들을 고려하면, '김기춘이 2004년 탄핵 소추위원이었던 게 뭐가 문제냐'는 논리는 수긍하기 어렵다.

쓴웃음 자아내는 '탄핵 그날 대통령 배려' 주장

2005년 오마이뉴스와 한 인터뷰에서 김기춘은 탄핵안이 가결된 날 자신이 대통령 노무현을 "배려했다"는 주장도 했다. 대통령이 오후 3시로 예정된 해군 사관 학교 연설을 할 수 있도록, 탄핵안 가결 후 몇 시간 기다렸다가 오후 4시 이후에 탄핵 소추 의결서를 헌법재판소에 접수했다는 것이다. 쓴웃음을 짓게 만드는 김기춘식 배려다.[11]

2007년 3월 김기춘은 총리실 산하 기구의 개헌 시안 공론화 활동과 관련해 중앙선거관리위원회를 압박하는 과정에서 탄핵 얘기를 다시 꺼냈다. 김기춘은 "대통령 탄핵 때 선관위가 우물쭈물하다가 탄핵 안 해도 될 일을 탄핵으로 이끌었다"고 주장했다.[12] "탄핵 안 해도 될 일"이라는 말과 함께, 그런 사안을 탄핵으로 끌고 간 책임을 선관위에 미룬 점이 눈에 띈다.

김기춘은 노무현 탄핵 사건에 대한 글('대통령 탄핵 소추의 의미')도 썼다. 이 글은 서울대 법학과 제16회 동창회가 2008년에 엮은 책《낙산의 둥지 떠나 반백 년》에 실렸다. 김기춘은 이렇게 썼다. "검사, 검사장, 검찰총장, 법무장관, 국회의원을 거치면서 경험하고 느낀 바가 많지만 2004년 대통령 노무현 탄핵 소추위원으로 헌정 사상 최초로, 아마도 최후로 탄핵 심판에 관여한 일이 법률을 공부한 사람으로서 가장 인상에 남는다."

이 글은 박근혜 탄핵 심판이 진행 중인 시기에《신동아》(2017년 3월호)에 그 내용이 소개되며 세간의 눈길을 끌었다. 글에서 김기춘이 전개한 논리는 탄핵 기각을 강변한 박근혜 측 주장과 상반되는 면이 많았다. 예컨대 김기춘은 "공직자 지휘·감독을 잘못하거나 부정·비리를 예방 못 해도 탄핵 사유", "직무를 태만히 하거나 성실히 수행하지 않은 경우에도 탄핵 사유"라고 주장했는데, 모두 박근혜에게 그대로 적용될 수 있는 논리였다.[13] 노무현을 겨냥한 김기춘의 탄핵 논리가 노무현 탄핵 사건에서는 통하지 않고, 박근혜 파면의 정당성을 더하는 격이었다.

과거사 진상 규명이 "국가 파괴 행위"?

노무현 탄핵을 강행한 정당들 중 민주당은 2004년 4·15총선에서 10석도 확보하지 못했다. 궤멸에 가까운 타격을 입은 민주당과 달리 한나라당은 121석을 차지하며 살아났다. 18석이 줄긴 했지만, 기사회생이라고 보기에 충분했다.

그 중심에 한나라당의 새 대표 박근혜가 있었다. 4·15총선을 앞두고 한나라당을 위기에 몰아넣은 건 탄핵 역풍만이 아니었다. 한국 정치를 좀먹은 검은돈의 역사에서 새로운 장을 연 '차떼기 사건'도 한나라당을 난처하게 만들었다. 박근혜 대표 취임 후 한나라당은 '차떼기'로 드러난 본모습을 천막 당사라는 정치 쇼로 분식했다.

총선에서 기사회생하면서 한나라당에서 박근혜의 위상은 매우 높아졌다. 김기춘은 그러한 박근혜와 밀착했다. 유신 독재 시절 박정희 눈에 들고, 초원복집 사건을 전후해서는 박정희와 극한 대립했던 김영삼과 밀착했던 김기춘이다. 이제 김기춘은 박정희 딸 박근혜, 훗날 김영삼이 "칠푼이"(2012년)로 규정하는 박근혜와 본격적으로 함께하게 된다. (물론 김기춘은 훨씬 이전부터 박근혜 쪽과 관계를 맺어왔다. 그러나 정치인 박근혜의 측근으로서 두드러지게 밀착하는 모습은 이 무렵부터 드러난다.)

2004년 총선 후 열린우리당은 친일 진상 규명법 개정을 추진했다. 김기춘이 법사위원장일 때 한나라당의 저지 공작으로 누더기가 돼버린 이 법을 손질해 제대로 된 과거사 정리 작업을 진행하자는 취지였다.

한나라당은 "야당 탄압", "정치 보복"이라며 거세게 반발했다. 친일·반민족 행위 진상 규명 작업에 기본적으로 부정적이었기 때문만은 아니다. 만주군 장교 출신 박정희가 조사 대상에 포함되는 일만은 어떻게든 막으려 한 점도 크게 작용했다. 친일 진상 규명 작업에 "야당 탄압" 등의 이상한 잣대를 들이대며 거품을 문 것도 그 부분과 무관치 않았다.

김기춘은 "나라 전체가 남의 족보를 뒤지고, 자기 족보도 뒤지고, 일본까지 가서 일제 헌병과 부역자 명단을 챙기는 참담한 국가 파괴 행위가 불길처럼 대한민국을 휩쓸 것"(9월 20일 친일 진상 규명법 개정안 공청회)이라며 법 개정에 강하게 제동을 걸었다.[14] 그에 앞서 7월 15일 비공개로 진행된 의원 총회에서는 "살인죄도 공소 시효가 15년인데, 50년도 더 지난 일 가지고 모든 걸 뒤엎어 뭘 얻겠다는 것이냐"며 목소리를 높인 것으로 보도됐다.[15]

과거사 문제가 현안으로 부각되면서 한나라당 일각에서는 박정희의 유신 독재에 대해 박근혜가 사과할 필요가 있다는 목소리가 나왔다. 극우 반공 색채를 덜어내는 방향으로 한나라당의 정체성을 재확립해야 한다는 주장과 연결된 목소리였다.

김기춘은 "정체성 논조는 분명해야지, 두루뭉술하게 넘어가서는 안 된다"고 공박하며 극우 반공 색채 고수를 강조했다. 또한 "박(정희) 전 대통령과 박(근혜) 대표는 전혀 별개", "유신 때의 공과를 박 대표에게 덮어씌우는 것은 안 된다"며 박근혜의 방패막이로 나섰다.[16] 김기춘의 주장과 달리, 최태민 문제에서 단적으로 드러난 것처럼 박근혜가 유신 독재의 어둠을 더 짙게 하는 데 상당한 역할을 했다는 것은 부정할 수 없는 사실이다.

X파일 사건에서 "사이코" 비난까지

2004년 하반기 이후 박근혜의 한나라당은 4대 개혁 입법 저지에 주력했다. 김기춘은 그러한 활동에 적극적으로 참여했다. 2005년 7월 박근혜는 김기춘을 한나라당 부설 여의도연구소 소장에 앉혔다. 부적절한 코드 인사라는 지적에도 박근혜는 김기춘 임명을 밀어붙였다.

김기춘이 여의도연구소장이 된 그달 삼성·안기부 X파일 사건이 터졌다. 김기춘으로서는 불편할 수밖에 없는 상황이었다. 이 사건과 초원복집 사건을 비교하는 얘기가 곳곳에서 나올 수밖에 없었기 때문이다. 사건이 터진 직후인 7월 22일 주요 당직자 회의에서 김기춘은 다른 참석자들과 달리 삼성·안기부 X파일 사건에 대해서는 발언을 삼가는 모습을 보였다.[17]

이 사건과 관련해 한나라당, 민주노동당 등 네 야당은 특검제 실시에 합의하고 8월 9일 법안을 제출했다. 한나라당에서 야권 공조를 추진한 건 원내 대표 강재섭 쪽이었는데, 뒤늦게 박근혜가 법안 수정을 요구하며 판을 흔들었다.

김기춘은 역시 박근혜와 함께했다. "특검법 중 공개 부분은 독수독과毒樹毒果(위법한 방식으로 수집한 증거는 증거 능력이 인정되지 않는다)의 원칙을 어겨, 불법 도청을 수사 자료로 쓰게 된다면 도청을 독려하고 불법 도청에 면죄부를 주는 결과를 낳을 수 있다"고 주장했다.[18]

초원복집 사건의 주역다운 모습이었다. 대선 자금을 불법 지원한 삼성 재벌을 비호하는 결과로 이어지는 주장이기도 했다. 검찰도 독수독과 이론을 내세워 도청을 주로 문제 삼았다.

2006년 1월 김기춘의 여의도연구소는 초·중·고 교과서가 좌편향돼 있다는 보고서를 내고, 토론회도 열었다.[19] 뉴라이트 쪽의 왜곡된 주장을 그대로 반영한 내용이었다. 2월에는 색깔론을 앞세워 전국교직원노동조합(전교조)을 헐뜯는 고발 대회를 열었다.[20] 박근혜는 두 행사장을 모두 찾아 자리를 지켰다.

이러한 움직임의 연장선 위에서 훗날 박근혜 집권기에 전교조가 법외 노조 처분을 당하고 시대착오적인 역사 교과서 국정화가 강행된다. 4월혁명(1960년) 후 탄생한 교원노조를 5·16쿠데타(1961년) 후 박정희 세력이 짓밟고, 유신 독재 시기에 역사 교과서를 국정화한 어두운 지난날을 이어받은 행태이기도 하다.

2006년 7월 여의도연구소장에서 물러난 김기춘은 그해 12월 한나라당 의원 총회에서 대통령 노무현을 "사이코"라고 원색적으로 비난했다. 노무현이 예비역 장성들을 강도 높게 비판한 후 열린 이날 의원 총회에서는 "정신병자"(김용갑), "궁예의 말로를 보는 것 같아 처연한 심정"(김형오) 같은 비난도 나왔다.[21]

2007년 대선과 김기춘

2007년 1월 김기춘은 지역구인 거제의 언론과 한 인터뷰에서 "4선을 준비하고 있다"고 밝혔다. 이듬해(2008년) 총선에도 출마하겠다는 얘기였다. 2004년 3선에 성공한 후 《월간 거제》와 한 인터뷰에서 "3선 의원을 끝으로 고향 정치를 마감할 계획"이라고 했던 것과는 다른 모습이었다.[22]

4선 도전에 앞서 김기춘은 대선부터 치러야 했다. '한나라당 경선이 본선'이라는 말이 나올 만큼 한나라당의 집권 가능성이 높은 대선이었다. 그러한 한나라당 후보 자리를 차지하기 위해 이명박과 박근혜가 맞붙었다.

김기춘은 박근혜 캠프에서 중책을 맡았다. 우선 5·16장학회(정수장학회의 전신) 장학생 출신답게 상청회(정수장학회 장학금 수혜자 모임) 회원 3만여 명을 관리했다. 그에 더해 박근혜 캠프 법률자문위원장을 맡았다.

박근혜 캠프 법률 지원 특보단장은 전 대법관 강신욱이었다. 김기춘도, 강신욱도 강기훈 유서 대필 조작 사건(1991년)과 관련 있는 사람이다. 사건 당시 김기춘은 법무부 장관으로서 지휘라인 상층에 있었고, 강신욱은 서울지검 강력부장으로서 수사에 직접 관여했다. 박근혜 캠프의 성격을 상징적으로 보여주는 장

2007년 대선의 승자는 "전과 14범"으로 지목된 이명박이었다. 사진은 2008년 2월 18일 비공개 회동한 당선인 이명박과 대통령 노무현. © e영상역사관

면 중 하나다.

이명박과 박근혜의 경쟁은 치열했다. 양측은 상대의 약점을 물고 늘어졌다. 이 과정에서 나온 얘기 중 하나가 "전과 14범"이다. 2007년 6월 박근혜 쪽에서 "이 후보가 10년 전 국회에 제출한 자료를 보면 전과 14범"이라고 밝혔다.[23] 이명박 쪽은 이를 부인했지만, "전과 14범" 얘기는 오늘날까지도 이명박과 관련해 심심찮게 거론된다.

한나라당 경선의 분수령은 후보 검증 청문회였다. 박근혜 쪽에서는 최태민 문제, 정수장학회 문제 등을 방어하고 이명박의 약점을 부각해야 했다. 그러한 검증 청문회 준비를 김기춘, 강신욱, 김재원(모두 검사 출신이다)이 주로 맡은 것으로 보도됐다.[24]

8월, 이명박이 경선에서 승리하며 한나라당 후보가 됐다. 이명박 쪽에서 보면, 대선에서 승리할 때까지는 친박계를 일정하게 끌어안는 것이 필요했다. 경선이 끝난 후 김기춘은 한나라당 경남도당 위원장으로 추대됐고, 경남 지역 선거대책위원장으로서 대선을 치르게 된다.

그해 12월, 대선은 한나라당의 압승으로 싱겁게 막을 내렸다. 10년에 걸친 야당 생활을 끝맺게 됐지만, 김기춘은 좋아할 수만은 없는 처지였다. 대권을 잡은 사람이 박근혜가 아닌 이명박이기 때문이었다.

4선 계획 좌절, 국회의원 12년 만에 재산은 2.3배로

아니나 다를까, 김기춘의 4선 도전 계획은 곧 장애물을 만났다. 총선(2008년 4월) 공천을 앞두고 65세·3선 이상을 겨냥한 이른바 영남 물갈이론이 제기됐다(김기춘은 69세, 3선). 또한 김영삼 아들 김현철이 2004년 총선 때와 마찬가지로 거제 출마를 선언했다. 김영삼 집권기에 '소통령'으로 통한 실세였으나 결국 구속됐던 김현철을 이명박 쪽에서 밀어주는 것 아니냐는 얘기가 돌았다.

김기춘 쪽에서 보면 신경이 쓰일 수밖에 없는 사안이었으나, 김현철 문제는 얼마 지나지 않아 해소됐다. 2004년에 그랬던 것처럼 김현철은 이번에도 출마 의사를 접었다. 하지만 안심할 수 있는 상황은 아니었다. 한나라당을 'MB당'으로 재편하려 한 이명박 쪽 구상에서 김기춘은 여전히 걸림돌이었다.

그러한 상황에서 김기춘은 2008년 2월 공천 신청 후 기자회견을 자청했다. 김기춘은 "경선 중 박근혜 후보를 지원했다고 해서 옹졸하게 보복성 낙천을 하지는 않을 것"이라며 이명박 쪽에 견제구를 던졌다. MB 쪽 출마 희망자 가운데 이상득(이명박의 형) 등 자신보다 나이가 많은 인사들이 있다는 점도 상기시켰다.[25] 그러면서 이번에 당선되면 "국회의장단에 출마하겠다"고 밝혔다.[26]

국회의장단 출마 기회는 오지 않았다. 그해 3월 김기춘을 비롯한 친박계 다수가 공천에서 탈락했다. 김기춘은 무소속 출마, 친박연대 합류 가능성[27] 등을 저울질하다가 결국 불출마를 선언했다. 불출마 선언문에서 "이유도 없고 납득할 수도 없는 탈락"이라는 불만도 토로했다.

2009년 발간된 회고록에서도 2008년 공천 탈락에 대한 불만을 빠뜨리지 않았다. "김대중·노무현 정권 10년 동안 온갖 핍박을 받으면서도 올바른 자유민주주의 정부를 세우려고 열심히 투쟁하여 드디어 그 목표를 이루어놓았는데, 상을 주기는커녕 공천 탈락이라는 불명예를 안겨줬다."

야당 생활 10년 동안 김기춘이 정권의 "온갖 핍박"을 받았다고 볼 수 있을까? 그렇다고 인정할 만한 증거를 찾기는 어렵다. 그와 달리 김기춘의 "투쟁"이 민주주의 진전, 한반도 긴장 완화 등 한국 사회가 나아가야 할 길과는 반대 방향이었음을 보여주는 증거는 많다.

2008년 3월말 17대 국회의원들의 재산 총액이 공개됐다. 공개된 김기춘의 재산은 41억 5,800여만 원이었다(전체 25위).[28]

1996년 처음으로 금배지를 단 후 신고한 재산(17억 9,900만 원)의 2.3배였다. 김기춘의 국회의원 생활은 그렇게 막을 내렸다.

세월호도 김기춘에겐
'무좀'일 뿐이었을까

몰락으로 귀결된 3차 전성시대

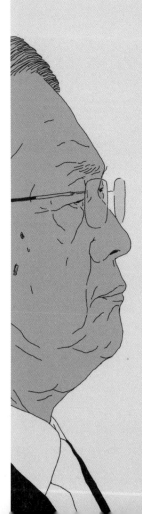

정수장학회·조선일보 출신 등으로 이뤄진 7인회

2008년 5월, 김기춘은 12년에 걸친 국회의원 생활을 마무리했다. 서울 세종로에 사무실을 낸 변호사 김기춘은 농심 법률 고문을 맡았다. 노무현 정권 때 맡은 시원공익재단 이사장 직위도 유지했다.

2009년에는 대한통운 사외 이사로 이름을 올렸다. 이 무렵 장관, 검찰총장 같은 고위직 출신 또는 전직 국회의원들이 여러 기업의 사외 이사로 대거 선임되는데 김기춘도 그중 한 명이었다. 기업에서 방패막이나 로비스트로 활용하기 위해 유력자들을 사외 이사로 선임한 것 아니냐는 지적을 받았다.[1] 같은 해 김기춘은 한국에너지재단 이사장도 맡았다.

2010년 김기춘은 다시 중앙 정치 쪽에서 움직이기 시작했다. 한나라당 상임 고문(3월), 전당 대회 선관위원장(6월)으로 연이어 위촉됐다. 11월에는 국회의장 자문 기구인 의정 활동 강화 자문위원회 위원장으로 위촉된 데 이어 한나라당 윤리위원장에 임명됐다.

초원복집 사건(1992년)의 주역이 도덕성 문제에서 여당의 보루가 돼야 할 기구의 수장이 된 것이다. "다른 당직은 몰라도 윤리위원장을 (김기춘이) 맡는 것은 적절해 보이지 않는다"[2]는 지적이 나왔지만, 임명은 철회되지 않았다.

2010년 이해에 이미 김기춘은 김용환(유신 독재 시기 재무부 장관), 김용갑(육사, 3선 의원 출신), 최병렬(조선일보 편집국장 출신, 전 한나라당 대표) 등과 함께 박근혜 "고문 그룹"[3]의 일원으로 언론의 주목을 받았다. 이 그룹은 얼마 후 7인회라는 이름으로 널리 알려지게 되는데, 막후에서 박근혜에게 상당한 영향력을 행사하는 것 아니냐는 의혹을 샀다.

7인회의 나머지 3명은 안병훈, 현경대, 강창희다. 안병훈은 유신 독재 시기 조선일보의 청와대 출입 기자였고, 조선일보에서 편집국장을 거쳐 부사장을 지냈다. 현경대는 5선 의원 출신으로 상청회(정수장학회 장학금 수혜자 모임) 회장을 지냈다. 강창희는 하나회(전두환·노태우의 군부 사조직) 출신으로 2012년 총선 후 6선 의원으로서 국회의장을 맡게 된다.

이들의 바람대로 2012년 대선을 거쳐 박근혜가 대권을 잡았다. 국정원 등의 불법 개입으로 얼룩진 대선이었다. 이명박 정권과 마찬가지로 박근혜 정권도 민주주의를 짓밟고 역사를 심각하게 퇴행시켰다. 그러한 박근혜 정권의 중심부에 김기춘이 있었다.

청와대 비서실장으로 화려하게 복귀, 3차 전성시대 개막

박근혜 정권 출범 직후인 2013년 3월 초 부산일보에 실린 인터뷰에서 김기춘은 "우리(필자: 7인회)의 역할은 박근혜 대통령을 만든 것으로 끝났다"고 말했다.[4] 더 이상 공직을 맡는 일은 없을 것 같은 분위기를 풍기는 발언이었다. 그러나 이 말의 유효 기간은 5개월에 불과했다.

그해 8월, 74세의 김기춘은 청와대 비서실장으로 권력 중핵에 화려하게 복귀했다. 초고속 승진을 거듭한 유신 독재 시기, 검찰총장과 법무부 장관으로서 '검찰 공화국' 구축의 주역이었던 노태우 집권기에 이은 3차 전성시대의 개막이었다.

김기춘은 7인회 구성원 중 유일하게 대통령 박근혜를 근접 보좌했다. '왕실장', '기춘대원군'으로 불릴 만큼 그 영향력은 막강했다. "인사·정책·정무 등 국정 곳곳에 그의 손길이 안 미치는 곳이 없다"[5]는 말이 괜히 나온 게 아니었다.

김기춘 비서실장 취임 직후 박근혜 정권은 검찰총장 채동욱을 찍어내는 데 성공했다. 채동욱이 정권의 눈엣가시가 된 건 국정원의 2012년 대선 불법 개입 사건에 대한 수사 때문이었다. 사건의 핵심 관계자인 원세훈 전 국정원장, 김용판 전 서울지방경찰청장에 대해 원칙대로 법을 적용하려다 단단히 찍혔다.

채동욱 찍어내기 공작은 김기춘이 비서실장이 되기 전에 시작됐다. 채동욱이 원세훈, 김용판 처리 문제로 법무부 장관 황교안과 갈등을 겪은 후 검찰총장 교체론이 여권 곳곳에서 나왔다. 2013년 7월 남재준 원장의 국정원은 채동욱과 관련, "외부의 힘에 의한 특단의 조치가 필요"('수사 대응 문건')하다고 박근혜에게 보고했다. 대선 개입 진상을 은폐하기 위해 검찰의 압수 수색 대비용 가짜 사무실을 만들고 거짓 증언 연습까지 시키는(국정원에

대통령 박근혜와 비서실장 김기춘. 2013년 8월, 74세의 김기춘은 청와대 비서실장으로 권력 중핵에 화려하게 복귀했다. ⓒ e영상역사관

파견된 검사들이 이 과정에서 주도적인 역할을 하게 된다) 국정원다운 보고였다.[6]

그러한 가운데 김기춘이 비서실장에 취임했다. 얼마 후부터 대검찰청 앞에서 "종북 좌파 총장 물러나라"는 수구 우익의 시위가 전개됐다. 2017년 12월 한겨레에 실린 인터뷰에서 채동욱은 당시 상황에 대해 이렇게 밝혔다. "대충 감이 왔다. '김기춘 카드'의 메시지가 무엇인지 깨달았다."[7] 오래지 않아 검찰총장이 교체됐다.

채동욱 찍어내기는 박근혜 정권이 국정원 등의 2012년 대선 불법 개입 진상이 드러나는 것을 얼마나 꺼렸는지를 잘 보여준다. 이는 대선 불법 개입의 최대 수혜자가 박근혜였다는 점과 떼어놓고 생각할 수 없다.

원세훈 등에 대한 재판 과정에서도 그러한 면이 나타나는데, 그중에는 김기춘과 관련된 의혹도 있다. 김동진 부장 판사 징계 문제다. 2014년 9월 12일 김 판사는 국정원의 대선 불법 개입 사건 재판에서 원세훈에게 선거법 무죄 판결이 선고된 것을 비판하는 글을 법원 내부 통신망에 올렸다. 국정원이 2012년 대선에 불법 개입한 사실이 객관적으로 드러났는데도 "담당 재판부만 '선거 개입이 아니다'라고 결론을 내린 것은 지록위마", 즉 사슴을 가리키며 말이라고 우기는 격이라고 지적한 글이었다.

당연한 얘기였다. 그런데 2주 후 수원지법이 김 판사에 대한 징계를 대법원에 청구했다. 법관의 품위를 손상했다는 등의 이유가 제시됐다. 2014년 12월 대법원은 김 판사에게 2개월 정직 처분을 내렸다.

이 과정에서 김기춘 비서실장이 김 판사에 대한 조치 필요성을 언급한 것으로 풀이되는 내용이 청와대 민정수석이었던 김영한의 업무 수첩에 적혀 있다. 이 수첩의 그해 9월 22일 부분에는 "長(장)"이라는 표시 옆에 "비위 법관의 직무 배제 방안 강구 필요(김동진 부장)"라고 돼 있다. "長(장)"은 김기춘 비서실장을 가리키는 것으로 해석된다.

김 판사에 대한 징계가 청구된 것은 그로부터 4일 후다. 이 징계가 김영한 업무 수첩에 기록된 "長(장)"의 언급과 관련된 것 아니냐는 의혹이 제기됐다. 물론 대법원은 이를 부인했다.[8]

박근혜 정권의 폭주와 비서실장 김기춘

거짓, 조작, 공안 통치로 점철된 박근혜 정권의 민낯은 김기춘 비서실장 취임 후 더욱 뚜렷하게 드러났다. 김기춘 비서실장 재임기에 전교조는 법외 노조 통보를 받았고, 통합진보당은 해산됐다. 블랙리스트가 광범위하게 작성·실행됐고, '세월호 죽이기' 공작이 자행됐다.

또한 세계일보의 '정윤회 문건' 보도(2014년 11월)를 통해 비선 실세 문제가 수면 위로 떠올랐지만, 곧 덮였다. '문건 유출은 국기 문란'이라는 왜곡된 지침을 박근혜가 내리고, 검찰이 그것을 충실히 따르면서 그렇게 됐다.

이 과정에서 큰 역할을 한 것으로 꼽히는 사람이 청와대 민정비서관이었던 '리틀 김기춘' 우병우다. 최고 권력자가 원하는 대로 사건을 덮는 "정치 감각이 부족"했던 민정수석 김영한과 달리 그 휘하의 우병우는 그런 쪽으로 역량을 발휘한 것으로 얘기된다. 그런 우병우를 김기춘이 눈여겨보고 지원한 것으로 보도됐다.[9]

이 사건을 계기로 김영한이 민정수석에서 물러나고 우병우가 후임으로 전격 발탁된다. 우병우는 박근혜의 신임을 바탕으로 국정 전반에 깊숙이 관여하며 국정 농단의 주역 중 한 명으로 자리매김하게 된다.

김기춘 비서실장 재임기를 말할 때 빼놓을 수 없는 것이 인사 문제다. 청와대 인사위원장을 맡고 있었기 때문이다. 김기춘 비서실장 시절 박근혜 정권은 총리 후보자의 연이은 낙마와 장관 후보자의 사퇴 등으로 '인사 참사'라는 여론의 질타를 받았다.

이 대목에서 인사 문제와 관련해 김기춘이 했다는 얘기가 눈길을 끈다. 황호택은 김기춘 비서실장 취임 직후 쓴 칼럼에서 김기춘이 다음과 같은 얘기를 한 적이 있다고 밝혔다. "연산군 밑에는 채홍사들이 들끓고 세종대왕 옆에는 집현전 학자들이 모였다."[10]

왕정 시대의 통치와 민주공화국의 정치를 단순 비교할 경우 무리가 있을 수 있지만, 이런 물음은 가능하다. 박근혜 집권기의 인사는 '연산군-채홍사' 조합과 '세종대왕-집현전 학사' 조합 중 어느 쪽에 가까울까? 그 답은 '인사 참사'라는 여론의 질타에서 찾을 수 있다.

몰락으로 귀결된 3차 전성시대

2015년 2월, 김기춘은 이병기에게 비서실장 자리를 넘기고 물러났다. 두 달 후(2015년 4월) 성완종 리스트가 세상에 나왔다. 김기춘으로서는 위기의식을 느낄 수밖에 없는 상황이었다. 김기춘에게 건넸다는 검은돈과 관련해 성완종 전 경남기업 회장이 시점("2006년 9월 …… VIP(박근혜)를 모시고 벨기에와 독일에 갈 때"), 액수("10만 달러를 바꿔서"), 전달 장소("롯데호텔 헬스클럽")까지 특정해 구체적인 증언을 남겼기 때문이다.

이 사건이 터지자 2015년 4~5월 김기춘이 측근들을 시켜 과거 업무나 행적이 담긴 서류들을 모두 찢은 뒤 내다 버리게 했다고 한국일보가 보도했다. 이때 버린 상자가 4~5개에 달했다고 한다.[11]

수사에 대비해 관련 자료를 파기했다는 말인데, 결과를 놓고 보면 굳이 그럴 필요가 없었다. 검찰은 김기춘을 소환하지도 않았다. 한 차례 서면 조사만 한 후, 공소 시효가 완성됐다며 김기춘에게 '공소권 없음' 처분을 내렸다. 김기춘의 후예들이 똬리를 튼 조직다운 모습이었다.

김기춘 비서실장 퇴임 후에도 박근혜 정권의 폭주는 계속됐다. 메르스 사태를 통해 무능함을 또다시 드러낸 것에 더해 시대 착오적인 역사 교과서 국정화, 한일 '위안부' 야합, 개성공단 폐쇄 등을 강행했다.

이 가운데 역사 교과서 국정화는 김기춘 비서실장 퇴임 후 진행됐지만 실제로는 김기춘과 깊은 관계가 있었다. 2018년 3월 28일 '역사 교과서 국정화 진상 조사 위원회'는 역사 교과서 국정화를 결정·추진한 사람이 박근혜와 김기춘이라고 발표했다. 그렇게 결정된 국정화를 김기춘의 후임 비서실장인 이병기 등이 온갖 위법한 수단과 편법을 동원해 강행했다고 이 위원회는 결론지었다.[12]

폭주하던 박근혜 정권은 박근혜·최순실 게이트와 촛불 항쟁을 거쳐 몰락했다. 그와 함께 김기춘의 3차 전성시대도 몰락으로 귀결됐다. 성완종 리스트와 관련해서는 검찰이 면죄부를 준 덕분에 위기를 넘겼지만, 김기춘은 박근혜·최순실 게이트와 촛불 항쟁을 거쳐 탄생한 특검까지 피해 가지는 못했다. 2017년 1월,

김기춘은 박영수 특검에 의해 구속된다.

"대통령과 비서실장이 관심 있는 일", 블랙리스트

박근혜 세력은 민주주의의 기본 가치도, 헌법도 거리낌 없이 짓밟았다. 그들에게는 그런 것들보다 최고 권력자의 심기 경호가 우선이었고, 극우 반공 체제를 강화하는 일이 훨씬 중요했다. 이는 경제 민주화 과제를 내팽개치고, 재벌 위주 정책을 통해 특권층의 주머니를 더 두둑하게 해준 것과 이어져 있었다.

그러한 틀을 구축하고 유지하는 과정에서 김기춘은 중요한 역할을 했다. 블랙리스트 문제와 '세월호 죽이기'를 통해 이 부분을 살펴보자. 전자는 김기춘이 죄수복을 입게 된 직접적인 계기이고, 후자는 박근혜 정권의 다양한 반민주 행태 중에서도 특히 많은 국민의 가슴을 멍들게 만든 대표적인 공작이다.

정권에 비판적이거나 정권의 눈에 거슬리는 일에 관련됐다는 이유로 정부 지원에서 배제하고 등급을 나눠 관리한 것, 그것이 바로 블랙리스트다. 청와대 쪽의 심기를 상하게 하면 반체제, '종북'으로 몰려 블랙리스트에 오르는 구조였다.

주요 표적은 문화 예술계였다. 명단으로 확인된 블랙리스트 대상자만 9,473명에 이른다. 이들이 그 명단에 오른 계기는 크게 두 가지였다. 하나는 세월호 참사 진실 규명 촉구, 다른 하나는 선거 때 야당 후보(문재인, 박원순) 지지였다. 그러나 블랙리스트 지침이 적용된 건 그 두 가지만이 아니다.

영화 쪽을 예로 들면, 2014~2016년에 박근혜 정권이 문제 영화로 낙인찍고 지원 사업에서 그러한 독립 다큐멘터리 영화를 배제한 사례가 27건(중복 배제가 있어 작품 수는 17편)에 이르렀다(블랙리스트 진상 조사 및 제도 개선 위원회 발표). 세월호, 한진중공업, 밀양 송전탑, 강정 해군 기지, 용산 참사, 국가보안법, '위안부', 성 소수자 문제 등을 다룬 영화들이었다. 청와대-국정원-문화체육관광부(문체부)-영화진흥위원회가 짝짜꿍해 벌인 짓이었다.[13]

많은 영화인들과 영화를 사랑하는 시민들의 노력에 힘입어 해외에서도 인정받는 영화제로 자리 잡은 부산국제영화제가 파행으로 치달으며 망가진 것도 블랙리스트 문제와 깊은 관계가 있었다. 세월호 참사, 천안함 사건 등을 다룬 영화를 상영한 것을 문제 삼아 박근혜 정권은 부산국제영화제를 망가뜨렸다.[14]

박근혜 정권의 블랙리스트 작업은 이명박 정권의 민간인 사찰과 맞닿아 있다. 더 올라가면, 군사 독재 시절 노동자의 정당한 권리를 되찾으려 한 이들에게 무자비한 폭력을 행사하고 감옥에 가둔 것으로도 모자라 블랙리스트를 만들어 밥줄까지 끊으려 했던 것과 만나게 된다.

그러한 블랙리스트 문제의 중심에 박근혜와 김기춘이 있었다. 이는 김기춘 비서실장 밑에서 일한 박준우 전 정무수석(재임 2013년 8월~2014년 6월)의 법정 증언(2017년 11월 28일)에서도 잘 드러난다.

박준우는 업무를 인수인계할 때 후임 정무수석 조윤선에게 "'정무수석실이 (정부 보조금 배제) TF를 주관했고 최종 보고까지 됐지만 계속 챙겨야 한다. 대통령과 비서실장이 관심 있는 일이니 챙겨야 한다'고 설명한 것이냐"는 특검 측 질문에 "그렇다"고 답했다. 아울러 "주요 현안으로 세월호, 4대 악 척결, 정부 3.0 공무원 연금 개혁과 함께 정부 보조금 배제 TF, 전경련(전국경제인연합회)을 통한 보수 단체 지원 등을 설명해줬다"는 취지의 진술도 했다.[15]

김기춘의 블랙리스트 변명 그리고 화이트리스트

박준우의 증언 이외에도 청와대가 블랙리스트 작업의 사령탑이었음을 보여주는 여러 증거가 세상에 드러났다. 그럼에도 김기춘은 어떻게든 법적 처벌을 면하려 안간힘을 썼다. 블랙리스트 사건 재판에서 주요 범죄 혐의에 대해 "알지 못한다", "기억이 없다"며 거듭 발뺌했다. 혐의를 부인하며 "노구를 이끌고 봉사를 하러 (청와대에) 들어갔을 뿐"이라는 주장도 내놓았다.[16] 그러나 1심에서도, 2심에서도 유죄 판결을 피할 수는 없었다.

흥미로운 건, 발뺌하는 건 변함이 없지만 재판이 진행되는 동안 그 방식에서는 변화가 나타난다는 점이다. 1심 재판 과정에서 김기춘은 "나도 모르는 사이에 (문체부) 실무자들이 이름을 넣고 빼고 해서 안타깝다"는 식으로 책임을 떠넘겼다. "누군가 배제될 수밖에 없는데 (문체부) 말단 직원이 자기 기준으로 삭감한 게 범죄냐"고 항변하기도 했다.[17]

2심에서는 다른 모습을 보였다. 항소심 재판 과정에서 김기춘은 "아랫사람에게 책임을 전가하는 취지는 아니라는 말을 드리고 싶다"고 얘기했다. "집행하는 단계에(서) 어떻게 되고 있었는지는 제가 알지 못하고 기억이 없는 부분도 많다"는 것일 뿐이라는 주장이었다.[18]

항소심 최후 진술에서는 "지휘관으로서 책임을 통감한다"고 말했다. 그러면서도 블랙리스트 사건이 "자유민주주의 수호라는 헌법적 가치를 위해 직무를 수행하다 벌어진 일"이라고 강변했다. 최후 진술에서 김기춘은 "여든을 바라보는 고령의 환자"인 자신이 "늙은 아내와 식물인간으로 4년간 병석에 누워 있는 53세 된 아들"의 손을 잡아줄 수 있도록 관대한 판결을 내려달라는 요청도 했다.[19]

블랙리스트와 짝을 이루는 것이 화이트리스트다. 정권에 편향된 극우 반공 성향 단체들에 대규모 자금을 지원해준 것, 그것이 바로 화이트리스트다. 박근혜 집권기에 그 문을 활짝 열어준 인물로 김기춘이 꼽힌다. 2013년 12월말 김기춘 비서실장이 "정권이 바뀌었는데도 좌파들은 잘 먹고 잘사는데 우파는 배고프다"며 이른바 우파 단체들에 대한 자금 지원 방안을 마련하라고 지시하면서 그렇게 된 것으로 얘기된다.[20]

촛불 항쟁 후 특검 조사에서, 청와대의 주문에 따라 전경련을 통해 2014년부터 2016년 10월까지 그러한 단체들에 68억 원이 지원된 것으로 드러났다. 그것만이 아니었다. 68억 원과 별개로, 박근혜 집권기에 국정원 주도로 삼성을 비롯한 재벌들이 그러한 단체들에 수십억 원을 지원한 사실도 드러난다.[21] 박근혜 정권은 재벌 위주 정책을 펴고, 재벌들은 정권의 요구대로 극우 반공 성향 단체들에 돈을 대주고, 돈을 받은 단체들은 정권과 재벌에 편향된 활동을 전개하는 악순환 구조였다.

김기춘식 좌파-우파 규정 자체가 자의적이기도 했지만 "좌파들은 잘 먹고 잘사는데 우파는 배고프다"는 말도 사실과는 거리가 멀었다. 이미 이명박 집권기 때부터 극우 반공 성향 단체들은 큰 규모의 자금을 지원받았다. 이명박·박근혜 집권기에 그러한 단체들에 불법 지원된 것으로 의심되는 금액은 230억 원(2017년 10월 집계 기준)에 이른다.[22] 극우 반공 성향 단체 관계자들에게는 그야말로 좋은 시절이었다.

박근혜 정권이 자행한 국가 범죄, '세월호 죽이기' 공작

2014년 4월 16일 세월호 참사가 발생했다. 그 밑바탕에는 인명의 소중함을 무시하고 돈벌이에 혈안이 된 자본의 탐욕이 있었다. 자본의 탐욕을 통제하기는커녕 방관하거나 더 나아가 부추겨온 국가도 그 책임에서 자유로울 수 없다. 수많은 승객이 희생되고, 그렇지 않은 승객 중 상당수는 알아서 탈출해야 했던 현실은 정권의 무능, 국가의 부재를 극명하게 드러냈다.

문제는 거기서 그치지 않았다. 참사 후 박근혜 정권은 '세월호 죽이기' 공작을 자행했다. 희생자와 그 유가족을 두 번 죽이는 것은 물론 생존자에게도 또 다른 고통을 강요하는 국가 범죄였다.

'세월호 죽이기' 공작은 정권 차원에서 조직적·전방위적으로 자행됐다. 그만큼 집요하고 지독했다. 진상 규명 가로막기, 자

세월호 리본

박근혜 정권은 조직적·전방위적으로 '세월호 죽이기' 공작을 폈다. '세월호 죽이기'는 박근혜 정권이 자행한 국가 범죄였다. '세월호 죽이기' 공작은 김기춘이 이끈 청와대 비서실과 무관할 수 없었다.

료 조작, 유가족 사찰 등 그 방식도 다양했다. 진실을 밝히고자 하는 유가족을 보상금에 눈먼 사람들인 것처럼 몰아가는 짓도 서슴지 않았다. 또한 4·16 세월호 참사 특별조사위원회(세월호 특조위)를 혈세 낭비 조직으로 매도했다. 특조위 해체를 강변한 일부 단체의 시위도 박근혜 정권과 무관치 않았다.

"박근혜는 내려가고 세월호는 올라오라"는 많은 사람의 염원은 촛불 항쟁을 거쳐 현실이 됐다. 그러면서 '세월호 죽이기' 공작과 관련해서도 여러 가지 사실이 밝혀졌다. 전모가 드러났다고 볼 수는 없지만, 지금까지 밝혀진 '세월호 죽이기' 공작의 실체만 해도 총체적으로 정리하려면 책 한 권 분량은 족히 필요할 것이다. 여기서는 김기춘과 관련된 부분을 중심으로 살펴보자.

김영한 업무 수첩을 통해 본 김기춘과 세월호

'세월호 죽이기' 공작과 김기춘이라는 문제를 살필 때 주요하게 참고할 만한 자료가 있다. 김영한 전 민정수석의 업무 수첩이다. 참사 두 달 후인 2014년 6월 중순부터 2015년 1월 초까지 업무 관련 기록이 담긴 수첩인데, 세월호 문제에 대한 청와대 비서실 더 나아가 박근혜 정권의 속내를 알 수 있게 해주는 사항이 많이 있다.

2014년 5월 19일 대통령 박근혜는 세월호 참사 관련 대국민 담화를 발표했다. 필요하다면 특검을 해서 모든 진상을 밝힐 것이며, 진상조사위원회를 포함한 특별법을 만들 것을 제안한다는 내용이었다. 낯 두꺼운 거짓말이라는 것이 곧 드러났다. 박근혜 정권은 진실 규명을 막고, 세월호 실소유주 유병언 쪽에 모든 책임을 지움으로써 정권의 책임을 회피하는 데 주력했다.

이 점은 김영한 업무 수첩에서도 확인된다. 유병언 일가 관련 지시 사항 등이 수십 가지 나오는데, 그중 상당수는 김기춘 비서실장을 가리키는 것으로 해석되는 "長(장)"이라는 표시와 함께 등장한다. 김영한 업무 수첩을 따라가며 김기춘과 세월호 문제를 더 짚어보자.

▲ 수첩의 7월 13일 부분에는 "세월호 특별법 – 국난 초래 – 法務部(법무부) 黨(당)과 협조 강화", "좌익들 국가 기관 진입 욕구 强(강)"이라고 기록돼 있다. 역시 "長(장)"이라는 표시와 함께 나온다. 세월호 특별법과 특조위가 탄생하기 전부터 박근혜 정권이 그것을 얼마나 비뚤어진 시각으로 바라보고 있었는지를 잘 보여주는 대목이다.

▲ 7월 18일 부분에는 세월호 참사 그날 박근혜의 7시간과 관련, "알지도 알려고도 않는다. 자료 제출 불가"라고 기록돼 있다. 이것도 "長(장)"이라는 표시와 함께 나온다. 박근혜의 7시간과 관련해 공개해서는 안 된다는 지침은 8월 9일 부분에도 등장한다.

▲ 8월 22일 부분에는 "長(장)"이라는 표시와 함께 이렇게 기록돼 있다. "세월호 유가족(학생 유가족) 외 기타 유가족 요구는 온건 합리적. 이들 입장 반영되도록 하여 중화."

이 부분은 세월호 특조위로 탄생하게 되는 조직에 수사권

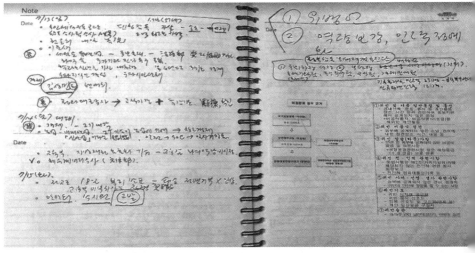

김영한 업무 수첩. 이 수첩에 세월호 문제에 대한 청와대 비서실 더 나아가 박근혜 정권의 속내를 알 수 있게 해주는 사항이 많이 담겨 있다.

과 기소권을 부여할 것인가 하는 문제와 관련돼 있었다. 성역 없는 진상 규명을 위해 수사권과 기소권을 부여해야 한다는 주장이 유가족과 야당 쪽에서 제기됐으나, 박근혜 정권과 여당은 거세게 반발하며 막아섰다. 박근혜 정권과 여당이 그렇게 나온 탓에 특별법 제정 자체가 미뤄지면서, 유가족들 사이에서 의견이 엇갈리게 됐다. 수첩의 8월 22일 부분은 유가족들 사이의 그러한 틈새를 정권에 유리한 방향으로 활용하라는 지시로 풀이된다.

▲ 8월 23일 부분에도 "長(장)"이라는 표시와 함께 유가족 관련 내용이 있다. "자살 방조죄. 단식(생명 위해 행위) 단식은 만류해야지 부추길 일 X. 국민적 비난이 가해지도록 언론 지도."

이 시기에 유가족들은 제대로 된 특별법 제정을 요구하며 단식 농성 중이었다. '유민 아빠' 김영오 씨는 8월 28일까지 46일간 단식하며 목숨을 걸고 호소했다. 그것에 대해 "국민적 비난이 가해지도록 언론 지도"를 하라는 기막힌 지시로 해석된다.

이에 더해, 9월에 세월호 유가족과 야당 의원이 관계된 이른 바 "대리 기사 폭행 사건"이 일어나자 "長(장)"이라는 표시와 함께 "남부지검 고발-엄정"이라고 기록돼 있다. 이 사건과 관련해 "철저 지휘", "지휘권 확립토록", "기민하게 일하도록" 같은 내용도 나온다. 세월호 유가족과 관련해 부정적인 여론이 형성되는 것을 반겼음을 느끼게 하는 대목이다.

▲ 9~10월 부분에는 검찰 수사 결과 발표(10월 6일), 감사원 감사 결과 발표(10월 10일) 관련 사항이 거듭 나온다. 전자의 경우 "발표문(10/6)-초동 대응 미숙(정부) 용어. → 구체적 지적", 후자의 경우 "감사원 감사 결과 발표-미리 받아 검토, comment" 같은 식이다.

정권에 불리한 사항은 빼도록 검찰 수사 결과 및 감사원 감사 결과를 사전에 마사지해야 한다는 내용으로 풀이된다. 실제로 검찰 발표에는 "초동 대응 미숙(정부)" 부분이 담기지 않았다. 또한 감사원 감사 결과 발표 자료를 청와대에서 미리 살펴보고 내용을 뜯어고쳤다는 사실이 나중에 드러난다. 이 문제와 관련, 수첩의 10월 13일 부분에는 "長(장)"이라는 표시와 함께 "수·감·조사 결과 발표 시 사전 내용 파악하여 정무적 판단, 표현 등 조율토록 할 것 → 유념, 검찰, 감사원"이라고 기록돼 있다.

▲ 10월 27일 부분에는 "長(장)"이라는 표시와 함께 "세월호 인양-시신 인양 X. 정부 책임, 부담"이라고 기록돼 있다. 실종자 및 세월호 선체 인양에 대한 부정적인 태도를 느낄 수 있는 대목

이다. 이에 대해 김기춘은 2016년 국정 조사 청문회에서 "시신을 인양하지 않으면 오히려 정부에 부담된다는 취지였다"고 주장했다.[23]

시간 조작, 여당 추천 특조위원, 화이트리스트와 '세월호 죽이기'

김영한 업무 수첩은 김기춘의 비서실이 정권 보위를 위해 세월호 참사의 진실이 온전하게 드러나는 것을 막고자 얼마나 노심초사했는가를 느끼게 해준다. 그런데 이 수첩에 "長(장)"이라는 표시와 함께 기록된 것이 김기춘과 세월호 문제의 전부는 아니다. 세 가지만 더 살펴보자.

첫 번째는 세월호 참사 최초 보고 시간 조작 문제다. 박근혜 집권기에 청와대가 참사 당일 대통령에게 최초로 상황을 보고한 시점을 30분 늦춰(오전 9시 30분 → 10시) 발표하고 그것에 맞춰 참사 6개월 후 공문서까지 조작한 정황을 보여주는 자료를 2017년 10월 문재인 정권의 청와대가 공개했다.

인명 구조의 골든 타임을 놓친 것과 관련해 박근혜의 책임을 어떻게든 덜어보고자 조작한 것 아니냐는 지적이 쏟아졌다. 참사 당일에도, 공문서가 조작된 때에도 비서실장은 김기춘이었다. '김기춘이 모르는 상태에서 이러한 조작이 이뤄질 수 있었을까'라는 의문이 제기될 수밖에 없었다.

그로부터 5개월 후인 2018년 3월, 박근혜 집권기에 청와대가 세월호 참사 대처 문제와 관련해 광범위한 조작을 자행했다는 사실이 검찰 수사를 통해 확인됐다. 먼저, 대통령에게 최초로 보고한 시각을 조작했다. 참사 당일 비서실장 김기춘, 국가안보실장 김장수 등이 TV를 통해 사고 소식을 접한 후 1시간이나 지난 때인 오전 10시 20분까지 박근혜에게 보고조차 이뤄지지 않았다. 박근혜는 근무 시간임에도 관저에 머물렀고, 보고 전화도 받지 않았다. 그런데도 박근혜 정권은 대통령이 그날 오전 10시에 최초 보고를 받고 10시 15분에 첫 번째 지시를 했다고 발표했다. 새빨간 거짓말이었다. 세월호에서 마지막 카톡이 발신된 시각(오전 10시 17분) 전에 박근혜가 보고를 받고 지시까지 내렸다고 조작한 것이다.

그날 실시간으로 11차례 상황 보고를 받았다고 박근혜 정권이 주장한 것도 사실이 아니었다. 세월호 참사 후 국가 위기관리 기본 지침을 멋대로('재난 상황의 컨트롤 타워'를 국가안보실에서 안전행정부로) 바꾼 사실도 확인됐다. 이 모두 청와대가 마땅히 져야 할 책임을 어떻게든 회피하기 위한 목적이었다.

광범위한 조작은 세간의 예상대로 김기춘과 무관할 수 없었다. 김기춘은 대통령에게 세월호 참사를 보고한 시각 및 대통령의 지시 시각을 조작해 공문서를 허위로 제출한 혐의로 김장수와 함께 불구속 기소됐다. 김장수의 후임 국가안보실장인 김관진이 국가 위기관리 기본 지침 무단 변경 혐의로 불구속 기소되는 등 다른 관련자들도 사법 처리됐다.

덧붙이면, 비선 실세 최순실이 참사 당일 오후 청와대 관저를 찾은 사실도 검찰 수사를 통해 드러났다. 박근혜와 최순실은 문고리 3인방(이재만·안봉근·정호성 비서관)과 세월호 참사 관련 회의

('5인 회의')를 열었다. 박근혜의 중앙재난안전대책본부 방문도 공식 기구가 아닌 이 '5인 회의'에서 결정됐다.[24]

두 번째는 여당 추천으로 세월호 특조위에 들어온 인사들과 관련된 문제다. 여당에서 추천한 특조위원들은 사사건건 특조위 활동을 방해했다. 2015년 1월 새누리당 원내 수석 부대표 김재원이 특조위를 "세금 도둑"으로 매도하자(김재원은 얼마 후 특조위를 "탐욕의 결정체"라고 또다시 매도했다), 이들은 그러한 터무니없는 낙인찍기에 맞장구치며 특조위를 내부에서 교란했다. 특조위 설립 준비단 즉각 해체까지 주장했다. 여당에서 추천한 특조위원들의 방해 공작은 그 후에도 끊임없이 계속된다.

그러한 특조위원 선정과 관련된 내용이, "長(장)"이라는 표시는 없지만 김영한 업무 수첩의 11월 28일 부분에 나온다. "세월호 진상 조사위 17명-부위원장 겸 사무총장, (정치 지망생 好). *세계일보 공격 방안 *②석동현 ①조대환."

여당 추천으로 특조위에 들여보낼 인사를 고르는 문제를 청와대에서 주의 깊게 챙겼음을 보여주는 대목이다. 이 문제를 챙긴 목적은 진상 규명에 헌신할 사람들을 특조위에 보내기 위한 것이 아니었다. 실제로는 그 반대였다고 볼 수밖에 없다. 비서실장 김기춘이 이 문제와 무관하다고 볼 수 있을까?

처음에 여당 추천으로 특조위에 발을 들인 이들은 김영한 업무 수첩에 언급된 석동현, 조대환에 더해 고영주, 차기환, 황전원까지 5명이었다(사퇴가 거듭되면서 여당 추천 특조위원 명단은 나중에 달라진다). 이 중에서도 특히 고영주 사례는 박근혜 정권이 특조위원으로 어떤 인물을 원했는가를 단적으로 보여준다. 고영주는 영화 〈변호인〉의 소재가 된 공안 조작 사건인 부림 사건(1981년)을 담당한 공안 검사 중 한 명이다. MBC 보도가 망가질 대로 망가져 대다수 시민에게 손가락질을 당하던 시기에 방송문화진흥회 이사장이기도 했다.

김영한 업무 수첩에 "정치 지망생 好(호)"라고 기록된 것에 걸맞게 석동현과 황전원은 2015년 새누리당에 입당했다. 조대환은 2016년 말 박근혜 정권의 청와대 정무수석이 됐다. 차기환은 박근혜·최순실 게이트가 터진 후 문고리 3인방 중 한 명인 정호성의 변호를 맡게 된다. 아울러 차기환이 KBS 이사로서 강규형과 마찬가지로 업무 추진비를 사적으로 부적절하게 사용한 사실도 드러난다.

여당에서 추천한 인사들이 특조위 내부에서 특조위 활동을 거듭 방해하면서, '2기 세월호 특조위는 진상 규명 의지가 분명한 사람들로 구성돼야 한다'는 지적이 각계에서 나왔다. 그 후 촛불 항쟁과 정권 교체를 거쳐 2018년 어렵게 '사회적 참사 특별조사위원회(2기 세월호 특조위)'가 발걸음을 떼게 됐다. 그런데 1기 세월호 특조위에서 특조위의 발목을 잡은 인사 중 한 명인 황전원이 자유한국당(새누리당의 후신) 추천으로 사회적 참사 특별조사위원회에 발을 들이는, 납득하기 어려운 일이 또 벌어졌다.

세 번째는 화이트리스트와 '세월호 죽이기'의 관련성이다. '세월호 죽이기' 움직임은 박근혜 정권에 몸담은 이들이나 여당 추천 특조위원 차원만이 아니라 극우 반공 성향 단체 등에서도 심하게 나타났다. '유민 아빠' 김영오 씨가 46일간 단식한 직후에도 그러했다. 일베 회원 등은 단식 농성을 하는 세월호 유가족과 시민들 앞에서 '폭식 투쟁'이라는 것을, 박근혜 제부 신동욱은 '세월호 단식 실체 규명 실험 단식'이라는 것을 자행해 수많은 시민의 분노를 샀다.

조직적·지속적으로 진실 규명을 가로막은 단체도 있었다. 예컨대 대한민국어버이연합(어버이연합)의 경우 2014년 4~11월에 세월호 진실 규명 반대 집회를 39번이나 열었다. 이 과정에서 북한 이탈 주민 1,200여 명을 돈을 주고 동원한 사실도 드러났다.

이러한 시위는 그 내용도 문제이지만, 박근혜 정권의 지시에 따라 움직인 관제 데모라는 지적에서 결코 자유로울 수 없다는 점도 큰 문제다. 관제 데모의 윗선으로 국정원과 함께 청와대 쪽, 다시 말해 조윤선과 김기춘 등이 지목됐다.[25] 어버이연합의 세월호 진실 규명 방해는 박근혜 정권 쪽에서 왜 화이트리스트 작업에 관심을 보였는가를 느끼게 하는 사례 중 하나다.

'세월호 죽이기'와 비국민, 그리고 '무좀론'

'세월호 죽이기' 공작은 김기춘이 비서실장에서 물러난 후에도 계속됐다. 김기춘이 비서실장일 때 틀이 잡힌 '세월호 죽이기' 기조는 조금도 변하지 않았다. 그에 더해 박근혜는 "전해 들은 이야기(로)는 대통령이 세월호의 '세' 자도 듣기 싫어한다(고 한다)"(박종운 전 세월호 특조위 상임위원)는 것이 결코 지나친 얘기가 아님을 거듭 입증했다.

참사의 진실 규명을 요구하는 사람들을 민주공화국의 온전한 주권자(유가족의 경우 주권자이자 피해자)로 여겼다면 '세월호 죽이기'라는 국가 범죄를 자행할 수 없었을 것이다. '세월호 죽이기'의 밑바탕에는 그런 이들을 주권자가 아닌 비非국민, 즉 제압해야 할 국가 내부의 적으로 간주하는 논리가 깔려 있었다고 볼 수 있다.

비국민은 이른바 불순분자로부터 사회를 보호해야 한다는 마녀사냥을 정당화하는 논리이자 그 출발점이라는 점에서 소름 돋는 규정이다. 빨갱이 사냥이 난무하며 수십 만 명의 목숨을 앗아간 한국전쟁 전후 민간인 학살 당시 학살자들의 기본 논리도 '저자들은 국민 자격이 없는 비국민'이라는 것이었다.

5·16쿠데타(1961년) 후 자행된 제2의 학살도 그런 논리와 무관치 않다. 그 시기에 박정희 세력은 한국전쟁 전후 민간인 학살의 진상 규명과 명예 회복을 요구하는 유족회 관계자들을 용공분자로 몰아 탄압했다. 피학살자 합동 분묘를 파헤쳐 유골 상자를 부수고 위령비를 정으로 파괴하기까지 했다. 억울한 죽음의 진실 규명을 가로막고, 국가의 책임 인정을 거부하며, 진상 규명 요구를 국가와 체제에 대한 도전으로 규정하고 희생자 유가족을 공격·탄압했다는 점에서 제2의 학살은 '세월호 죽이기' 공작을 떠올리게 만드는 면이 있다.

한국전쟁 전후 민간인 학살, 5·16쿠데타 후 제2의 학살을 체제 수호와 질서 유지를 위해 필요한 일이었다고(심지어, 더 나아가 잘한 일이었다고) 여기는 것은 비국민 논리를 내면화하는 것과 다르지 않다. 그 경우 극우 반공 정권에 순종하면 '선량한 국민', 그렇지 않으면 '위험한 비국민'으로 가르고 후자를 체제 위협 세력으로 바라보기 마련이다. 이러한 사고는 '세월호 죽이기' 공작과 자연스럽게 이어진다.

세월호 참사의 경우 정권이 무거운 책임을 져야 하는 사안이었을 뿐만 아니라 대통령의 7시간 문제까지 지속적으로 거론됐다. 그런 점에서, 세월호 참사 진실 규명을 요구하는 사람들이 박근혜 정권 눈에는 '위험한 데다 발칙하기까지 한 비국민'으로 비치지 않았을까? '세월호 죽이기' 공작이 집요하고 지독했던 이유를 이 점과 연결해서 생각할 필요가 있다.

김기춘에게도 비국민 논리는 낯선 것일 수 없다. 극우 반공주의에 충실한 삶을 살았을 뿐 아니라 공안 통치의 시각을 견지해왔기 때문이다. 비국민 논리는 극우 반공주의, 공안 통치의 시각과 잘 맞아떨어진다. 세월호 문제에서 김기춘이 보인 모습이 이런 점과 무관할까?

김기춘은 검찰총장일 때 '무좀론'을 이야기했다고 회고록에 썼다. "공산주의자들은 무좀과 비슷"해서 "뿌리를 뽑지 않으면, 또 언제 독버섯처럼 돋아날지 모른다"는 주장이었다. 따라서 "그만큼 끊임없는 사상 투쟁, 국민의 사상 무장이 필요하다"는 것이었다.

"공산주의자들"이라고 쓰여 있지만, 한국 현대사를 살펴보면 "무좀"으로 규정된 대상은 '비국민'으로 찍힌 사람들과 별반 다르지 않았다. 공산주의와는 무관한 사람들이 조작 간첩으로 제조된 숱한 사례에서도 이 점은 잘 드러난다.

그런 차원에서 보면 김기춘의 '무좀론'에서 '세월호 죽이기'

공작과 블랙리스트 문제를 떠올리는 건 전혀 이상한 일이 아니다. 극우 반공주의에 근거한 공안통 김기춘에게 세월호 문제는 박멸해야 할 또 다른 "무좀"으로 비치지 않았을까?

한국판 '예루살렘의 아이히만', 김기춘? 그렇지 않다

김기춘 전성시대 가능케 한
토양을 바꿔야 한다

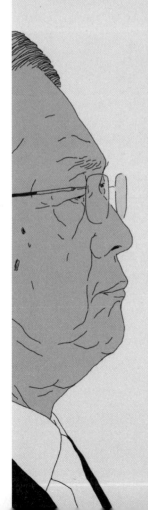

'예루살렘의 아이히만'과 김기춘은 유형이 다르다

"그도 …… 그저 자신의 직무를 성실히 수행한 것일 수 있다."

박근혜·최순실 게이트가 한창이던 2017년 1월 한 인터넷 신문에 김기춘을 이렇게 평가하는 글이 실렸다. 한나 아렌트가 《예루살렘의 아이히만》에서 말한 '악의 평범성'을 김기춘도 보여줬다는 주장이다. 세간의 예상과 달리 평범하고 가정적이었던 나치 전범 아돌프 아이히만의 문제는 (성찰 없이) 그저 자신의 직무를 성실히 수행한 데서 비롯됐으며, "역시 평범하고 가정적인 남편"인 김기춘도 그와 마찬가지일 수 있다는 것이다.[1]

과연 그럴까? 부인에 대한 '닭살 애정'이 보여주듯이 김기춘이 "가정적인 남편"일 수는 있다. 그러나 뚜렷한 주관 없이 "그저 자신의 직무를 성실히 수행"했을 뿐이라고 보는 건 무리다. 1960년대 초 법정에서 아렌트가 본 '스스로 생각하기를 포기한, 명령에 무조건 복종하고 그것을 성실히 수행하는 것을 통해 전쟁 범죄를 저지른 아이히만'과 김기춘은 유형이 다르다.

그 삶을 살펴보면 김기춘 자신이 뚜렷한 주관을 갖고 반민주 행위를 거듭했음을 알 수 있다. 김기춘은 극우 반공주의에 바탕을 둔 공안 통치를 지향하고, 그 과정에서 공작 정치도 서슴지 않는 모습을 자신의 삶을 통해 보였다. 그 점에서 나름대로 일관성이 있었다.

유신 헌법 제작에 관여하고 유신 독재를 유지하기 위해 적극적으로 활동한 것, 노태우 정권 때 비판 세력을 강경하게 탄압하며 공안 정국 조성에 앞장선 것, 초원복집에서 민주주의 파괴 음모를 꾸민 것 등은 그런 측면에서 모두 이어져 있었다. 이는 박근혜 정권 때 세월호나 블랙리스트 등의 문제에 대해 취한 태도와도 당연히 이어진다.

김기춘이 박근혜 정권 창출을 위해 노력한 것 역시 권력욕 때문만이 아니라 자신의 주관과 부합하는 유신 독재 같은(또는 유신 독재를 지향점으로 삼은) 체제를 만들겠다는 위험한 신념과도 관련된 것이었다고 볼 수 있다. 2015년 대통령 박근혜가 "정말 드물게 보는, 사심 없는 분"이라며 김기춘을 공개적으로 칭찬한 것도, 김기춘 경질 요구를 거부하는 차원을 넘어 김기춘의 이러한 측면을 높이 평가한 결과 아니었을까?

김기춘은 그와 같은 태도를 견지하며 출세하고 권력과 부를 누렸다. 그럴 수 있었던 것은 분단, 전쟁, 학살로 그 기반을 다진 극우 반공 체제가 한국 사회를 짓누르고 있었기 때문이다. 김기춘의 여러 활동은 그러한 극우 반공 체제를 더 강고하게 하는 데 상당한 역할을 했다. 바람직하지 않을 뿐 아니라 위험한 순환 구조였다.

김기춘 같은 사람들에게 극우 반공 체제는 자신의 주관과 부합하는 것이자 출세, 권력, 부를 안겨준 고마운 체제로 자리 잡았을 것이다. 민주주의를 지향하고 인권을 옹호하는 정당한 저항 움직임을 극우 반공 세력이 사력을 다해 짓밟으려 한 것도 이 점과 깊은 관계가 있다.

극우 반공 체제는 거제도 장목면의 총명한 소년 김기춘을 오늘의 김기춘으로 키운 기본적인 토양이다. 그 토양에서 김기춘이 권력과 부를 누리기 위해 활용한 주요 도구는 법이다.

흉기로 전락한 법과 '검찰 공화국'·'법비' 문제

"일부 언론에서 '검찰 공화국'이라고 말할 정도로 검찰의 위상이 높았고……."

김기춘은 검찰총장 시절에 대해 〈대통령, '범죄와의 전쟁'을 선포하다〉라는 글에 이렇게 썼다.[2] '검찰 공화국'을 만든 것에 대한 은근한 자랑을 느낄 수 있는 대목이다. 김기춘은 노태우 집권기에 검찰총장과 법무부 장관을 하며 '검찰 공화국'을 구축한 주역이다.

그러나 '검찰 공화국'은 검찰의 높은 위상을 가치 중립적으로 서술하는 말이 아니다. 자랑할 만한 대상은 더더욱 아니다. '검찰 공화국'이라는 말에는 주권자이자 주인인 국민을 발아래 두고 정치 권력, 자본 권력과 영합해온 검찰의 부끄러운 역사가 담겨 있다.

'리틀 김기춘' 우병우가 국정 농단에 관여한 것에 더해 '법꾸라지(법+미꾸라지)' 행태를 보일 수 있었던 것도 '검찰 공화국'이라는 현실과 깊은 관계를 맺고 있다. 우병우의 '법꾸라지' 대선배 격인 김기춘이 초원복집 사건을 일으키고도 법적으로 어떠한 처벌도 받지 않은 것 역시 '검찰 공화국' 문제와 떼어놓고 생각할 수 없다.

2016~2017년 촛불 항쟁을 거쳐 김기춘·우병우는 수감됐다. "대통령 박근혜를 파면한다"는 헌법재판소 결정이 나온 후 어느새 1년 넘게 지났다. 하지만 '검찰 공화국' 해체를 지향하는 검찰 관련 제도 개혁은 여전히 지지부진하다.

'검찰 공화국'이 지탄 대상이 된 게 어제오늘 일이 아닌 만큼 개혁 방안이 그동안 여러 차원에서 나왔다. 큰 틀에서 기본적인 방향은 제시돼 있고, 각론의 차이점들은 개혁 과정에서 지혜를 모아 해소해야 하는 상황이라는 얘기다.

문제는 반발에 굴하지 않고 그것을 추진할 정치 세력과 사회적 힘을 지속적으로 구성할 수 있는가 하는 것이다. '검찰 공화국' 해체는 분명 쉬운 일도, 하루아침에 해결할 수 있는 문제도 아니다. 그렇다고 해서 손 놓고 있으면 언제든 또 다른 김기춘·우병우에게 짓밟힐 수 있다.

'검찰 공화국' 구축의 주역 김기춘은 '법비法匪'(법으로 도적질하는 무리)로 규탄되는 집단을 대표하는 인물 중 한 명으로 꼽힌다. 이 '법비' 문제가 검찰 쪽만 관련된 사안일까? 그렇지 않다. 법을 흉기로 전락시켰다는 비판을 자초한 건 검찰만이 아니다. 법원도 이 문제에서 자유로울 수 없다.

한국 현대사를 돌아보면, 김기춘이 수사 책임자였던 학원 침투 북괴 간첩단 사건(1975년) 같은 조작 간첩 제조 사건이 숱하게 일어났다. 그때 법원은 간첩으로 조작된 사람들에게 정권과 공안 당국이 바라는 대로 중형을 선고하기 일쑤였다. 고문으로 만신창이가 된 피해자들이 법정에서 억울함을 호소해도 사법부가 묵살한 경우 역시 한둘이 아니다.

사법부가 독재 정권과 영합해 인권을 짓밟는 판결을 내리거나 '검찰 공화국'과 짝짜꿍한 사례는 차고 넘친다. 김기춘의 법무부 장관 시절을 살필 때 빼놓을 수 없는 강기훈 유서 대필 조작 사건(1991년)에서도 사법부는 명백히 공범이었다.

사법부가 법을 흉기로 전락시킨 것이 이젠 흘러간 옛일일 뿐일까? 그렇다고 볼 수 없다. 간첩으로 조작돼 삶이 망가진 피해자에게 국가의 잘못을 인정하는 의미로 지급된 배상금에 '부당 이득'이라는 딱지를 붙여 다시 뺏어가겠다는(심지어 높은 이자까지 물렸다) 판결을 내리는 것이 오늘의 사법부다.[3] 이것 이외에도, 조작 간첩 제조 사건 피해자의 재심 신청을 몇 년이 지나도록 묵살하는(강기훈에게 했던 것과 다르지 않은 모습이다) 등 법의 이름으로 피해자와 그 가족의 가슴에 다시 대못을 박는 일이 근래에도 계속 일어났다.

다른 한편으로 사법부는 재벌 총수들에게는 이른바 '3·5 법칙'(징역 3년, 집행 유예 5년)에 따른 정찰제 판결을 거듭하며 솜방망이 처분을 내렸다. 대법관 등 고위직을 거쳐 변호사로 개업한 전직 판사들이 전관예우를 통해 '도장 값'으로만 어마어마한 금액을 챙기는 모습도 사라지지 않았다.

두 가지 모두, 배상금을 토해내라고 국가 범죄의 피해자를 압박하는 것과는 너무나 대조적인 모습이다. 사법부, 더 나아가 법조계 전반과 관련된 이러한 적폐를 청산하는 것은 또 다른 김기춘·우병우에게 다시 짓밟히지 않기 위한 기반을 마련하는 과제와 결코 무관치 않다.

김기춘 전성시대 가능케 한 토양을 바꿔야 한다

김기춘의 삶이 전하는 또 하나의 중요한 문제는 정보 기관 개혁이다. 중앙정보부, 안기부, 국정원으로 이어지는 정보 기관이 민주주의를 어떤 식으로 짓밟았는지를 보여주는 사례 역시 차고 넘친다. 근래 진행된 박근혜·최순실 게이트 수사 및 재판, 이명박 집권기에 권력을 휘두른 인사들에 대한 수사 및 재판에서도 그런 사례가 연이어 확인됐다.

김기춘이 대공수사국장이던 시절 중앙정보부의 행태 역시 정보 기관 개혁 문제가 얼마나 중요한가를 다시 한 번 확인시켜 준다. 중앙정보부 대공수사국장으로서 유신 독재 수호에 앞장서다가 검찰에 복귀해 다시 법 기술자로 살아간 김기춘의 삶은 정보 기관 개혁과 '검찰 공화국' 문제가 동떨어진 것이 아님을 말해 준다.

정보 기관 개혁 문제 역시 '검찰 공화국' 건과 마찬가지로 큰 틀에서 개혁 방향은 이미 제시돼 있다. 문제는 그것을 어떻게 실행할 것인가 하는 것이다.

지금까지 살펴본 정보 기관, 검찰, 사법부 개혁의 지향점은 선출되지 않은 권력에 대한 주권자의 통제 체계를 바로 세우는 것이다. 극우 반공 체제 수호, 조직 보위 논리 등을 내세워 주권자 위에 군림하는 괴물이 되지 않도록. 이것은 언론 개혁, 재벌 개혁 등 다른 부문의 적폐 청산과도 이어져 있는 문제다.

다시 말해 총체적인 개혁을 통해 김기춘 전성시대를 가능케 한 토양을 바꿔야 한다. 이 얘기를 하는 이유는 김기춘 전성시대가 막을 내린다고 해서 김기춘이 남긴 문제가 사라지는 것이 아니기 때문이다.

세 차례에 걸친 김기춘 전성시대는 출세 지향 법조인들에게 '저렇게 해야 더 크게 성공하는구나'라는 잘못된 확신을 갖게 하는 명확한 신호였다. 김기춘에게 상응하는 책임을 물어 단죄하는 것은 그러한 잘못된 신호를 바로잡는다는 차원에서도 의미가 크다. 그 점은 분명하지만, 거기서 멈추면 언제든 되치기를 당할 수 있다.

2018년 3월 현재 김기춘은 79세의 고령이다. 블랙리스트 사건으로 수감돼 있고, 유죄가 확정될 경우 몇 년간 옥살이를 해야 하는 처지다. 여러 상황을 감안할 때 김기춘이 다시 권력의 중심부에 자리 잡고 4차 전성시대를 누릴 가능성은 그리 높지 않다.

그러나 김기춘이 사라진다고 해서 '검찰 공화국' 문제가 자동적으로 해결되는 것도, '법비'가 없어지는 것도 아니다. 김기춘 전성시대를 가능케 한 토양이 바뀌지 않으면 김기춘 같은 사람은 언제든 다시 나타날 수 있다.

이 문제와 관련해 한 가지만 더 짚어보자. 살펴볼 것은 2004년 세상에 나온 한 통의 편지다.

다시 읽는 <'공순이' 최순영이 '영애' 박근혜에게>

"당신이 잘 꾸며진 청와대 뜨락에서 국내외 귀빈을 만나고 '영애로서의 역할'을 수행하던 동안, 당신과 같은 또래였던 우리들은 얼마 안 되는 돈을 받기 위해 하루 종일 공장 먼지를 마셔야 했습니다. 당신 아버지가 철권을 휘두르며 국민들을 공포에 떨게 하던 동안 우리 아버지들은 가족을 먹이고 입히기 위해 평생을 노동해야 했습니다. 당신 아버지가 군대·경찰·관료·재벌들과 함께 '5개년 경제 계획'을 밀어붙이는 동안 내 아버지 또래의, 내 또래의, 그리고 내 동생 또래의 노동자들이 죽어나갔습니다. 당신 아버지의 집권 시절 이뤄진 산업화·근대화 과정에서 얼마나 많은 사람들이 죽고 다쳤는지에 대해서는 아직 정확한 통계 작업조차 이뤄지지 않고 있습니다."

여기서 "당신"은 박근혜다. 이 편지를 쓴 사람은 박근혜보다 한 살 아래인 최순영. 부마항쟁과 더불어 유신 독재에 조종을 울린 사건으로 꼽히는 YH사건(1979년) 당시 노조 지부장이었던 그 최순영이다.

최순영은 2004년 3월 한나라당의 새 대표로 선출된 국회의원 박근혜에게 이 공개편지를 띄웠다. 제목은 〈'공순이' 최순영이 '영애' 박근혜에게〉. 최순영의 얘기를 조금 더 들어보자.

"저는 한나라당이 주장하는 산업화 세력이라는 표현에 심한 거부감을 느낍니다. 청춘을 산업화에 바친 '산업 전사'의 한 사람으로서, 기업과 국가의 부를 창출하기 위해 저임금과 열악한 노동 조건에 시달렸던 근로자의 한 사람으로서, 남의 노동에 기생

하지 않고 자기 노동력에 의지해 힘껏 일했던 노동자의 한 사람으로서, 저는 당신이 말하는 '경제 발전의 주역이 박정희와 3공 세력'이라는 주장에 모멸감을 느낍니다.

한국 사회에 부를 가져다 준 산업화 세력, 경제 발전의 진정한 주역은 님의 아버지나 한나라당으로 대변되는 수구 기득권층이 아니라, 당신들은 한 번도 경험한 적이 없을 참혹한 노동 환경에서 묵묵히 일했던 수많은 노동자들이었습니다. 그리고 근대화의 피해를 고스란히 감내했던 농민들이었습니다. 자기 몸 하나 믿고 사회 복지 제도 하나 변변치 않은 천민 자본주의를 견뎌냈던 이 땅의 일하는 사람들이었습니다."

경제 개발과 노동자의 관계, 고도성장 또는 산업화의 주역 등의 문제에 대해 깊이 있게 음미할 거리를 담은 편지였다. 박정희의 딸로 태어났다는 사실만으로 평생 땀 흘리지 않고 특혜를 누린 박근혜에 대한, 더 나아가 박근혜를 비롯한 극우 반공 세력(김기춘도 당연히 포함된다)이 부추긴 박정희 신드롬에 대한 통렬한 비판이기도 했다.

한국 사회에서 다수가 이 편지에 담긴 진실에 귀를 기울였다면 그 이후 상황이 어떠했을까? 그랬어도 박근혜·최순실 게이트라는 참담한 국정 농단 사태를 겪어야만 했을까? 그랬어도 자기 당에서조차 "전과 14범"이라는 지적을 받은 이명박의 '경제 대통령' 운운하는 위험한 선동이 많은 사람에게 쉽게 먹혔을까?

이와 관련해 잊지 말아야 할 것은, 1997년 IMF 구제 금융 위기 도래 후 '민주 정부'를 표방한 정권이 두 번 들어섰지만 그 시기에 격차는 더 커졌고 재벌 중심 경제 구조도 바뀌지 않았다는 점이다. 그것은 이명박·박근혜의 위험한 선동이 많은 사람에게 먹히고 김기춘 같은 사람이 힘을 발휘하기 좋은 환경을 만들어 줬다. 민주주의를 지키고 확장하기 위해서는 격차 해소를 지향하고 재벌 중심 경제 구조를 바꾸는 것이 반드시 필요하다는 말이다.

세상에 나온 후 10년이 넘는 시간이 흘렀지만 〈'공순이' 최순영이 '영애' 박근혜에게〉의 문제의식은 여전히 유효하다. 이명박·박근혜 정권의 출현을 가능케 한 요소 중 하나인 박정희 신드롬이 사라지지 않았기 때문만은 아니다. 그 수준을 넘어, 역사를 어떻게 바라볼 것인가 하는 문제에 대해 주요한 시사점을 주기 때문이다.

다른 말로 하면, 전쟁 같은 노동을 매일매일 견뎌내며 허리띠를 졸라맨 "이 땅의 일하는 사람들"이 쏟은 노력의 가치를 온전히 인정하고 그것을 중심으로 역사를 볼 것인가, 그렇지 않은가 하는 문제다. 이것은 현실을 어떻게 인식할 것인가 하는 문제와 직결된다. 오늘날에도 한국인의 다수는 전쟁 같은 노동을 매일매일 견뎌내며 허리띠를 졸라매는 "이 땅의 일하는 사람들"이라는 점에서 그러하다.

뿌리 뽑지 않으면, 또 언제 독버섯처럼…

2016년 하반기, 하나둘 촛불이 켜졌다. 힘센 누군가가 억지로 시킨 것도, 돈 많은 누군가가 검은돈으로 구슬린 것도 아닌데 계속 켜졌다. 코끝을 에는 찬바람에도 사람들은 거리에서 촛불을 들었다. 그렇게 마음에서 마음으로 이어진 촛불은 광장을 밝히고 박근혜 일당을 권좌에서 끌어내렸다. 박근혜도, 박근혜 부녀와 "운명적인 인연으로 얽혀 있었다"고 토로한 김기춘도 감옥에 갔다.

수많은 시민이 함께 만들어낸 촛불 항쟁은 뒷걸음질하던 역사의 물줄기를 되돌렸다. 촛불이 추구한 것은 박근혜 탄핵만이 아니었다. 촛불과 함께 적폐 청산 요구가 타올랐다. 각 부문에 켜켜이 쌓인 역사의 오물을 씻어내고 나라다운 나라, 사람이 사람답게 살 수 있는 사회로 나아가자는 것이었다. 그 지향점은 김기춘 전성시대를 가능케 한 토양을 바꾸는 것과 다르지 않다.

돌아보면, 해방 후 한국 사회가 (우여곡절은 많았지만) 민주주의와 인권 쪽으로 한 걸음씩 나아가게 만든 근본 동력은 아래로부터 솟은 시민들의 힘이었다. 4월혁명(1960년) 때에도, 부마항쟁(1979년)과 광주항쟁(1980년) 때에도, 6월항쟁과 7·8·9월 노동자 대투쟁(1987년) 때에도 그러했다. 2016~2017년 촛불 항쟁도 마찬가지다.

그로부터 1년여. 한국을 바꾸는 작업은 쇠뿔 빼듯 단김에 마칠 수 있는 일이 아님을, 촛불을 들던 그때의 마음을 떠올리며 끊임없이 이어가야 하는 과제임을 확인시켜준 시간이었다. 청산에 진전이 없었던 건 아니지만, 적폐의 뿌리는 깊고 바로잡는 작업은 더딘 게 사실이다.

그러는 사이, 적폐 청산에 딴죽을 거는 목소리도 일각에서 계속 나왔다. 정치 보복이라고 억지를 부리기도 하고, 재벌 총수에게 죄를 물으면 경제가 무너질 것처럼 협박 섞인 호들갑을 떨기도 했다. 한국 현대사에서 심심찮게 볼 수 있었던 익숙한 풍경이다. 개혁 피로감을 운운하기도 한다. 주권자 다수가 피곤하다고 느낄 만큼 개혁이 이뤄진 적이 없는데도 이런 식으로 발목 잡는 것 역시 익숙한 풍경이다.

적폐 청산을 하더라도 시한을 정해놓고 해야 한다는 주장도 나왔다. 그러나 적폐 청산엔 시한이 있을 수 없다. 수십 년이 지나더라도, 밝혀야 할 진실은 밝혀야 하고 물어야 할 책임은 물어야 한다. 그것이 올바른 길이며, 역사의 퇴행을 막기 위해서도 그렇게 해야 한다. 청산해야 할 것을 청산하지 못했을 때 얼마나 값비싼 대가를 치러야 하는가를 해방 후 한국인들은 뼈아프게, 거듭해서 되새겨야 했다. 친일파 문제, 민간인 학살 문제 등 그러한 사례가 한둘이 아니다. 제한적이고 부분적인 민주화 속에서 과거사 청산이 제대로 이뤄지지 않으면서 김기춘이 화려하게 부활해 민주주의를 다시 위협한 것도 그중 하나다.

여기서 검찰총장일 때 설파했다고 김기춘이 회고록에 쓴 '무좀론'을 뒤집어 생각해볼 필요가 있다. 김기춘은 "공산주의자들"(이라고 썼지만 실제로 겨냥한 건 비판 세력 전반)을 "무좀"에 비유하며 이렇게 강조했다. "뿌리를 뽑지 않으면, 또 언제 독버섯처럼 돋아날는지 모른다."

이것을 민주주의를 위협하는 적폐 세력에 대한 처리 원칙과 연관해서 읽어보면 어떨까? "뿌리를 뽑지 않으면, 또 언제 독버섯처럼 돋아날는지 모른다." 그러한 세력에 대한 처리 원칙과 관련해 이것만큼 적확한 표현도 찾기 어렵다. 이것이 어쩌면 김기춘이 자신의 삶을 통해 반면교사 형태로 한국 사회에 전한 최대 교훈일지도 모른다.

주석

1장

1 2017년 1월 16일 한국일보는 3건의 기사를 통해 김기춘 회고록《오늘도 내 인생의 마지막 날인 것처럼》의 주요 내용을 최초로 보도했다. 이 글에서 김기춘 회고록 부분은 한국일보 기사를 토대로 정리했다.

2 〈'Mr. 법질서' 김기춘은 왜 'Mr. 모릅니다'가 됐나?〉, 노컷뉴스, 2017년 7월 14일.

3 이종형 부분은《한국 현대 민족 운동 연구》(서중석, 역사비평사, 526~527쪽),《한국 현대 민족 운동 연구 2》(서중석, 역사비평사, 122~123쪽) 그리고《역사비평》113호(2015 겨울)에 실린 강성현의 논문〈내가 진짜 애국자다 – 1948년 9·23 반공국민 대회와 이종형〉을 중심으로 정리했다.

4 1999년 12월 16일 검찰은 이근안에 대한 수사 결과를 발표했다. 검찰은 박처원(1985년 김근태 고문 사건 당시 치안본부 대공수사단장)이 ▲"혼을 내서라도 철저히 밝혀내라"는 정형근(1985년 당시 안기부 대공수사단장)의 말에 따라 김근태 수사에 이근안을 투입했다 ▲수사 상황을 정형근과 치안본부장, 검찰 등에 수시로 보고했다 ▲김근태 고문 사실이 폭로된 후 정형근을 비롯한 안기부 관계자들, 검찰 관계자들 등과 함께 남영동 대공분실에서 대책 회의를 열었다는 등의 진술을 했다고 발표했다. 1999년 이때 한나라당 의원이었던 정형근은 1985년 당시 박처원에게 수사를 지시할 위치에 있지 않았다며 혐의를 부인했다.

5 〈피가로의 결혼〉 부분은《민족주의 길들이기》(장문석, 지식의풍경, 130쪽) 참조.

2장

1 〈임기제 첫 검찰총장 김기춘 씨 냉엄한 논리·따뜻한 가슴의 "미스터 법질서"〉, 경향신문, 1990년 1월 5일.

2 〈경남고 12회 향도 자존심 세운 용마 인맥〉, 경향신문, 1991년 6월 29일.

3 4월혁명 부분은 서중석·김덕련,《서중석의 현대사 이야기 4》(4월혁명, 독재자와 맞선 피의 항쟁)를 중심으로 정리했다.

4 〈12회 고등 고시 합격자 총 52명〉, 동아일보, 1961년 2월 1일.

3장

1 〈김기춘 검찰총장 수재형 검사로 5공 피해자〉, 경향신문, 1988년 12월 5일.

2 노재현,《청와대 비서실 2》, 중앙일보사, 288쪽.

3 정수장학회 관련 부분은《서중석의 현대사 이야기 8》(서중석·김덕련, 오월의봄) 125~126쪽을 중심으로 정리했다.

4 〈임기제 첫 검찰총장 김기춘 씨 냉엄한 논리·따뜻한 가슴의 "미스터 법질서"〉, 경향신문, 1990년 1월 5일.

5 〈검찰 사건 본질 왜곡 가능성〉, 한겨레, 1992년 12월 22일.

6 김근태 고문 부분은 필자가 기획·진행한 '서중석의 현대사 이야기' 시리즈 가운데 '6월항쟁' 여섯 번째 마당 〈미소 띠고 김근태 고문한 전두환의 하수인들〉을 중심으로 정리했다.

7 학원 침투 북괴 간첩단 사건 부분은《한겨레21》885호(2011년 11월 10일)에 실린 〈"박정희 때나 지금이나 똑같아"〉를 중심으로 정리했다.

8 〈5·16민족상 수상자 6명 선정〉, 경향신문, 1990년 5월 3일.

9 〈다시 읽는 '김기춘던', 내부자들 저리 가라〉, 한겨레, 2016년 11월 25일.

10 유신 헌법 10조 1항("모든 국민은 신체의 자유를 가진다. 누구든지 법률에 의하지 아니하고는 체포·구금·압수·수색·심문·처벌·강제 노역과 보안 처분을 받지 아니한다")에 보안 처분의 근거가 마련돼 있다.

11 〈형법 개정안 지상 공청 (6) '유기형 확대' 엇갈린 시각〉, 동아일보, 1992년 4월 27일.

12 이른바 부랑인 대책과 내무부 훈령 제410호 부분은 2013년 프레시안에 실린 '26년, 형제복지원' 연재를 중심으로 정리했다.

4장

1 유신 헌법의 주요 내용은《서중석의 현대사 이야기》(서중석·김덕련, 오월의봄) 9권을 중심으로 정리했다.

2 〈"유신 헌법은 박정희가 구상하고 신직수·김기춘이 안을 만들었다"〉, 오마이뉴스, 2001년 12월 9일.

3 이상우,《박정희 시대: 5·16은 쿠데타다》, 중원문화, 374쪽.

4 김충식,《남산의 부장들》, 폴리티쿠스, 383쪽.

5 이경재,《유신 쿠데타》, 일월서각, 23~24쪽.

6 이 부분은《서중석의 현대사 이야기》(서중석·김덕련, 오월의봄) 9~11권을 중심으로 정리했다.

7 〈평검사 김기춘은 어떻게 대통령 비서실장이 됐나〉, 오마이뉴스, 2013년 8월 7일.

8 〈고시 9회 15회 신상 명세 4·24 인사로 부상한 검찰 새 엘리트들〉, 경향신문, 1981년 4월 27일.

9 〈이동된 검사 명단〉, 동아일보, 1973년 4월 2일.

10 〈무죄율 적은 '면도날 검사' 고시 1회 선두 서정환(법무부 검찰국장)〉, 중앙일보, 1973년 4월 3일.

11 〈정해창 법무장관 고시 양 과 합격한 "미스터 검찰"〉, 경향신문, 1987년 5월 26일.

12 〈고시 9회 15회 신상 명세 4·24 인사로 부상한 검찰 새 엘리트들〉, 경향신문, 1981년 4월 27일.

5장

1 "인혁당 재건위 사건 때 중앙정보부 6국장이었던 이용택 씨는 모 월간지와 한 인터뷰를 통해 '박정희 대통령도 인혁당 사건에 상당한 관심을 갖고 있어서 일주일에 두 번꼴로 보고를 했는데 ……' "(맹찬형·이충원,〈인혁당 사건의 재조명〉,《사법 살인, 1975년 4월의 학살》).

2 〈김기춘 의원, "'재칼의 날'로 문세광에게 자백 받았다"〉, 노컷뉴스, 2005년 1월 21일.

3 〈[어떻게 지내십니까] 김기춘 전 법무장관〉, 부산일보, 2013년 3월 8일.

4 〈박 대통령 저격 사건 수사본부 발표 전문〉, 동아일보, 1974년 8월 19일.

5 〈문세광 사건 수사 韓日 '큰 시각차'〉, 연합뉴스, 2005년 1월 20일.

6 〈"육 여사는 문세광이 쏜 총탄에 죽지 않았다"〉, 한겨레, 1989년 8월 29일.

7 〈[어떻게 지내십니까] 김기춘 전 법무장관〉, 부산일보, 2013년 3월 8일.

8 김일두 수사본부장의 중간 수사 결과 발표 내용은 동아일보(1974년 8월 16일 자) 기사를 중심으로 정리했다.

9 〈법 주무르며 누린 '기춘대원군'의 40년 권력〉, 한겨레, 2013년 12월 27일.

10 김충식,《남산의 부장들》, 폴리티쿠스, 479쪽.

11 〈"국가로부터 공식 보상 없었다" 故 장봉화 씨 큰언니〉, 연합뉴스, 2005년 1월 21일.

6장

1 김충식,《남산의 부장들》, 폴리티쿠스, 563쪽.

2 강상중·현무암,《기시 노부스케와 박정희》, 책과함께, 178쪽. '2키'와 '3스케'로 불린 만주국의 실질적 지배자들 가운데 기시 노부스케는 '3스케' 중 한 명이었다.

3 서중석·김덕련,《서중석의 현대사 이야기 6》, 오월의봄, 220쪽.

4 서중석·김덕련,《서중석의 현대사 이야기 7》, 오월의봄, 54~56쪽.

5 강상중·현무암,《기시 노부스케와 박정희》, 책과함께, 189쪽.

6 아오키 오사무,《아베 삼대》, 서해문집, 163~164쪽.

7 한국 정부로부터 훈장을 받은 일본인 중 명백한 부적격자 12명 관련 부분은 〈"역대 정부, A급 전범 등 日 문제 인물 12명에 훈장"〉(연합뉴스, 2013년 10월 9일), 〈[취재 파일] A급 전범, 망언 일본인에 훈장 상납하고도…정부 "취소 어렵다"〉(SBS, 2013년 10월 14일)를 중심으로 정리했다.

8 〈5·16민족상 수상자 6명 선정〉, 경향신문, 1990년 5월 3일.

9 〈학원 소요·선동 배후서 조종〉, 중앙일보, 1975년 11월 22일.

10 〈법 주무르며 누린 '기춘대원군'의 40년 권력〉, 한겨레, 2013년 12월 27일.

11 김오자 부분은 1975년 11월 22일 자 동아일보, 〈법 주무르며 누린 '기춘대원군'의 40년 권력〉(한겨레, 2013년 12월 27일), 〈"박정희 때나 지금이나 똑같아"〉(《한겨레 21》, 2011년 11월 10일) 기사를 중심으로 정리했다.

12 김명수·나도현·전병생 부분은 〈'간첩'으로 몰린 목사들, 42년 만에 무죄〉(뉴스앤조이, 2017년 6월 21일), 〈김기춘은 왜 그 목사를 간첩으로 몰았나〉(노컷뉴스, 2016년 12월 16일) 기사를 중심으로 정리했다.

13 이철 부분은 〈"매 맞고 거물 간첩으로… '약혼녀 협박' 제일 괴로웠다"〉(오마이뉴스, 2015년 2월 15일), 〈간첩 누명 옥살이, 수없이 돌렸을 묵주〉(한겨레, 2016년 8월 14일) 기사를 중심으로 정리했다.

14 강종헌 부분은 CBS 라디오 〈시사자키 정관용입니다〉에서 2015년 10월 20일에 진행한 인터뷰("물고문, 전기 고문까지…" 나는 간첩이 되었다)를 중심으로 정리했다.

15 〈"77년 법정서 '고문당했다' 말했지만 '판사 김황식' 아무런 반응도 없었다"〉, 한겨레, 2011년 9월 23일.

16 '반헌법 행위자 열전 편찬위원회' 기자 회견(2017년 2월) 자료집 195쪽.

17 〈"무엇 잘못했는지 기억해야"… 법원, '고문 위증' 보안사 수사관 법정 구속〉, 한겨 레, 2018년 4월 2일.

18 〈"그 판사 이름 안 잊어버렸다"… '양승태'〉, 뉴스타파, 2017년 2월 16일.

19 2017년 2월 '반헌법 행위자 열전 편찬위원회'는 김동휘 등 4명에 대한 1976년 1심 서울형사지법 판결의 배석 판사가 대법원장 양승태라고 지목했다. 이에 대해서는 약간의 설명이 필요하다. 양승태는 1975년 11월 1일 자로 판사에 임명돼 서울민사 지법에 배속됐다. 그 후 1979년 9월 서울지법 영등포지원으로 옮기게 된다. 즉 양승 태의 공식 이력에서 유신 독재 시기에 서울형사지법 소속이었다고 나오는 경우는 찾기 어렵다는 말이다. 이와 관련, 학원 침투 북괴 간첩단 사건에 휘말린 사람들의 1 심 판결이 있던 시기에 양승태가 서울형사지법 판사 직무 대리였던 것으로 얘기된 다.
'반헌법 행위자 열전 편찬위원회'에서 자신을 학원 침투 북괴 간첩단 사건에 휘말린 4명의 판결문에 나오는 그 '판사 양승태'라고 지목한 후 1년이 넘도록 양승태는 부 정하지 않았다. '반헌법 행위자 열전 편찬위원회' 발표가 있기 전에도 김동휘 사건 판결문의 '판사 양승태'가 대법원장 양승태라는 보도가 나왔지만, 그때도 양승태는 부정하지 않았다.

20 〈'정국의 핵' 김기춘 대통령 비서실장 최초 인터뷰&인물 연구〉,《신동아》, 2014년 9 월호.

21 〈"박근혜? 박정희 강인함과 육영수 유연함 고루 갖춘 지도자"〉, 오마이뉴스, 2005년 7월 13일.

22 〈'블랙리스트' 김기춘, 항소심에서도 "기억 없어… 지시 안 해" 반복〉, 경향신문, 2017년 12월 14일.

7장

1 유엔사 발표와 북한의 반박은 〈대대장·통신병 국군 장병 2명 북괴에 피랍〉(경향신 문, 1977년 10월 26일), 〈'돌아오지 않는 다리'서 자유의사 표시 기회를〉(동아일보, 1977년 10월 27일)을 중심으로 정리했다.

2 이 사건을 다룬 일부 글에는 "언론 통제가 강력하던 유신 시대라 신문, 방송에 한 줄 도 보도되지 않았다"(동아일보, 2013년 8월 15일, [황호택 칼럼] 오뚝이 김기춘 실 장의 마지막 공직), "당시는 물론 최근까지도 일반 국민에게는 전혀 알려지지 않은 사건"(노재현,《청와대 비서실 2》, 중앙일보사, 302쪽)이라고 표현돼 있다. 그렇지 만 이는 정확한 기록이라고 보기 어렵다. 자진 월북이라는 사실이 드러나면서 언론

에서 보도가 사라진 건 맞지만, 그 이전에는 주요 신문에 비중 있게 보도됐다. 노재현 책의 경우 사건 발생 시점도 "(19)78년 여름께"로 잘못 기재돼 있다.

3 당시 보안사 관계자 중에는 "그 대대장에 대한 보안대의 조치는 정당"했다고 주장하는 경우도 있다(노재현, 《청와대 비서실 2》, 중앙일보사, 304쪽). 그러나 보안사의 행태에 대한 조사 결과 등을 살펴보면, 보안사의 횡포가 만연했으며 이 사건에서도 그것이 주요하게 작용했다고 볼 수밖에 없다. 유운학 중령의 자질 문제를 사건 원인으로 보기 어렵다는 것은, 자진 월북 사실과 보안사의 횡포 실상이 드러나기 전 유엔사 발표에서도 엿볼 수 있다. 동아일보 1977년 10월 27일 자 기사('돌아오지 않는 다리'서 자유의사 표시 기회를)에 따르면, 유엔사 관계자는 유 중령이 모범적인 군인으로 진급도 빨랐고 부인 및 두 아들과 함께 현재 생활에 만족하고 있었으며 유 중령과 함께 간 통신병도 아무런 불만 없이 행복한 생활을 누려왔음이 밝혀졌다고 말했다. 두 장병이 월북할 만한 이유가 전혀 없다는 발표였다. 보안사의 횡포 문제를 제외하면 자진 월북을 설명하기 어려움을 보여주는 대목 중 하나다.

4 김충식, 《남산의 부장들》, 폴리티쿠스, 676쪽.

5 〈[황호택 칼럼] 오뚝이 김기춘 실장의 마지막 공직〉, 동아일보, 2013년 8월 15일.

6 노재현, 《청와대 비서실 2》, 중앙일보사, 304쪽.

7 박철언, 《바른 역사를 위한 증언 1》, 랜덤하우스중앙, 94쪽.

8 6월항쟁 이후 군 정보 기관의 불법 사찰, 정치 개입 부분은 〈김수환 추기경 노린 '악령', 버젓이 살아 있다〉(프레시안, 2014년 2월 21일) 기사를 중심으로 정리했다.

9 김기춘에 관한 기사들 가운데 "2013년 《주간경향》 보도를 보면, 박정희가 김기춘을 '김똘똘'이라는 별명으로 부르며 신임했다고 합니다"라고 쓴 경우가 있다. 그러나 이는 《주간경향》 기사를 잘못 인용한 것으로 보인다. 제시된 《주간경향》 기사는 〈저도, 7인회 그리고 초원복집 권력은 추억에서 나온다?〉(1039호, 2013년 8월 20일)로 추정된다. 해당 《주간경향》 기사는 손광식의 글을 근거로 '김똘똘'을 언급하는데, 그 대상은 김기춘이 아니라 7인회의 또 다른 구성원 김용환이다. 손광식의 글(〈한국의 이너서클 7, 김용환 제거 작전〉, 프레시안, 2001년 11월 5일)을 찾아봐도 결과는 다르지 않다.

10 〈법 주무르며 누린 '기춘대원군'의 40년 권력〉, 한겨레, 2013년 12월 27일.

11 중앙정보부의 최태민 보고서 부분은 〈[철저 검증] 박근혜 X파일 & 히든카드〉(《신동아》, 2007년 6월호)를 중심으로 정리했다.

12 조용래, 《또 하나의 가족 최태민, 임선이, 그리고 박근혜》, 모던아카이브, 53쪽.

13 김진, 《청와대 비서실》, 중앙일보사, 446~447쪽.

14 김진, 《청와대 비서실》, 중앙일보사, 453쪽. 《월간조선》 2002년 4월호에 실린 인터뷰에서는 이와 다른 태도를 취했다. 박근혜는 "그 양반(필자: 최태민)이 감옥에 간

게 아니고 무슨 군부대에 가 있었다", "문제가 있었으면 진짜 감옥에 갔든지 돈을 물어냈든지 그렇게 됐겠죠"라며 《월간조선》측에 불쾌감을 숨기지 않았다.

15 김진, 《청와대 비서실》, 중앙일보사, 259~261쪽.
16 조용래, 《또 하나의 가족 최태민, 임선이, 그리고 박근혜》, 모던아카이브, 60~61쪽.
17 〈"김기춘, 87년 육영재단 분규 때 최태민 측 수차례 만났다"〉, 중앙일보, 2016년 11월 22일.
18 〈박헌영 "최순실, 필요할 때면 김기춘 이용했다"〉, 한국일보, 2016년 12월 26일.
19 김진, 《청와대 비서실》, 중앙일보사, 443~444쪽.

8장

1 〈검찰총장 임기제 그 이후 (하) 위상: 청와대에 충성 자세 여전〉, 한겨레, 1990년 11월 29일.
2 〈[황호택 칼럼] 오뚝이 김기춘 실장의 마지막 공직〉, 동아일보, 2013년 8월 15일.
3 1981년 4·24 검찰 인사 부분은 경향신문 1981년 4월 25일 자 기사 〈검찰 최대 규모 인사 단행〉, 〈개혁에 보조 맞춘 세대교체〉를 중심으로 정리했다.
4 '투 허' 부분은 프레시안에 연재된 '서중석의 현대사 이야기' 시리즈 중 '12·12쿠데타와 오월 광주' 스물여섯 번째 마당(〈'단군 이래 최대 어음 사기', 그 뒤에 청와대?〉)을 중심으로 정리했다.
5 박철언, 《바른 역사를 위한 증언 1》, 랜덤하우스중앙, 94쪽.
6 〈'정국의 핵' 김기춘 대통령 비서실장 최초 인터뷰&인물 연구〉, 《신동아》, 2014년 9월호.
7 박철언, 《바른 역사를 위한 증언 2》, 랜덤하우스중앙, 327~330쪽.
8 박철언, 《바른 역사를 위한 증언 1》, 랜덤하우스중앙, 90~95쪽.
9 노재현, 《청와대 비서실 2》, 중앙일보사, 372쪽.
10 〈김기춘 검찰총장 보안사 미움 산 꼿꼿한 검사〉, 동아일보, 1988년 12월 5일.
11 김충식, 《남산의 부장들》, 폴리티쿠스, 678쪽.
12 〈김기춘 대구고검장 현장 실무에 뛰어난 검찰 큰 재목〉, 경향신문, 1986년 4월 29일.
13 〈총장 고유 의무 '권부 눈치 읽기'〉, 한겨레, 1992년 4월 10일.

9장

1 〈임은정 "괴물 잡겠다고 검사 됐는데 우리가 괴물이더라"〉, 한겨레, 2017년 9월 22일.

2 박철언, 《바른 역사를 위한 증언 1》, 랜덤하우스중앙, 343쪽.

3 〈검찰총장 임기제 그 이후 (하) 청와대에 충성 자세 여전〉, 한겨레, 1990년 11월 29일.

4 〈법조계 실상과 과제 (19) 6공 검찰 정치 중립 아직 멀다〉, 동아일보, 1992년 7월 15일.

5 〈검찰권 확립 소신 주목〉, 동아일보, 1988년 12월 10일.

6 〈검찰총장 임기제 그 이후 (중) 정치 권력의 외풍 5공 비리 주역에 면죄부〉, 한겨레, 1990년 11월 27일.

7 〈검찰총장 임기제 그 이후 (중) 정치 권력의 외풍 5공 비리 주역에 면죄부〉, 한겨레, 1990년 11월 27일.

8 〈"5공 비리 규명 미흡했다"〉, 동아일보, 1989년 1월 31일.

9 〈"5공 정치 자금은 조사 안 했다"〉, 동아일보, 1989년 1월 31일.

10 〈한국을 움직이는 사람들 16 검찰 (1) 총장 고유 의무 '권부 눈치 읽기'〉, 한겨레, 1992년 4월 10일.

11 〈'5공 비리 인사' 사법 처리 마무리 기소 47명 중 복역 4명뿐〉, 〈집행 유예…기소 유예…항소심 늑장 어물쩍 끝난 '5공 비리 심판'〉, 동아일보, 1990년 3월 6일.

12 〈검찰총장 임기제 그 이후 (중) 정치 권력의 외풍 5공 비리 주역에 면죄부〉, 한겨레, 1990년 11월 27일.

13 〈한국을 움직이는 사람들 16 검찰 (1) 총장 고유 의무 '권부 눈치 읽기'〉, 한겨레, 1992년 4월 10일.

14 박철언, 《바른 역사를 위한 증언 2》, 랜덤하우스중앙, 63~64쪽.

15 앞의 수치는 민주화운동기념사업회 한국민주주의연구소에서 엮은 《한국민주화운동사 3》 425쪽, 뒤의 수치는 같은 책 767쪽에 근거했다.

16 〈한국을 움직이는 사람들 16 검찰 (1) 총장 고유 의무 '권부 눈치 읽기'〉, 한겨레, 1992년 4월 10일.

17 〈공안합수부 19일 해체〉, 동아일보, 1989년 6월 17일.

18 〈한국을 움직이는 사람들 16 검찰 (1) 총장 고유 의무 '권부 눈치 읽기'〉, 한겨레, 1992년 4월 10일.

19 〈검찰총장 임기제 그 이후 (상) 정치적 중립 외면 정권 파수꾼 노릇〉, 한겨레, 1990년 11월 25일.

20 〈한국을 움직이는 사람들 16 검찰 (1) 총장 고유 의무 '권부 눈치 읽기'〉, 한겨레, 1992년 4월 10일.

21 〈검찰총장 임기제 그 이후 (중) 정치 권력의 외풍 5공 비리 주역에 면죄부〉, 한겨레, 1990년 11월 27일.

22 〈임기제 첫 검찰총장 김기춘 씨 냉엄한 논리·따뜻한 가슴의 "미스터 법질서"〉, 경향신문, 1990년 1월 5일.

23 〈"그동안 받은 피해 누가 보상합니까" 삼양식품 전중윤 회장〉, 동아일보, 1997년 8월 27일.

24 〈임기제 첫 검찰총장 김기춘 씨 냉엄한 논리·따뜻한 가슴의 "미스터 법질서"〉, 경향신문, 1990년 1월 5일.

25 〈'처신 논란' 김기춘 前 비서실장, 농심 법률 고문직 물러난다〉, 헤럴드경제, 2016년 11월 24일.

26 〈인터뷰 첫 임기제 끝낸 김기춘 검찰총장 "'폭력 술판' 물의 괴로웠다"〉, 동아일보, 1990년 12월 5일.

27 〈임은정 "괴물 잡겠다고 검사 됐는데 우리가 괴물이더라"〉, 한겨레, 2017년 9월 22일.

10장

1 김기춘의 글 〈대통령, '범죄와의 전쟁'을 선포하다〉는 노태우 집권기에 각료 등으로 일했던 사람들의 글을 모은 《노태우 대통령을 말한다》(동화출판사, 2011년)에 실려 있다.

2 〈검찰총장이 법무장관 유임 청와대에 건의〉, 한겨레, 1990년 3월 10일.

3 민주화운동기념사업회 한국민주주의연구소 엮음, 《한국민주화운동사 3》, 돌베개, 852~854쪽.

4 〈14대 총선 6공 진단 3 수사 축소로 한결 '수상한 수서'〉, 한겨레, 1992년 2월 15일.

5 〈보수 언론인 정권 버팀목으로 6공의 신문·방송 길들이기〉, 한겨레, 1992년 1월 10일.

6 〈정국 반전 노린 '조작극' 짙어〉, 한겨레, 1991년 5월 10일.

7 〈"어떻게 이럴 수가…" 충격의 '총리 폭행'〉, 동아일보, 1991년 6월 4일.

8 잠 안 재우기를 비롯한 수사 행태 부분은 〈강 씨 잠 안 재우고 40시간 조사〉(한겨레, 1991년 7월 6일)와 〈국가가 저지른 범죄에는 시효를 적용하지 말아야〉(《시사인》, 2017년 11월 29일)를 중심으로 정리했다.

9 〈"유서 대필은 공산주의 행동" 몰아붙여〉, 한겨레, 1991년 8월 30일.

10 김기설 학력 관련 검찰 공소장 부분은 박래군 글 〈'강기훈 유서 대필 조작 사건'의 진실 (上) "진실이 전진하기 시작했다"〉(프레시안, 2007년 11월 26일)에도 나와 있다.

11 〈유서 대필 강기훈 씨 오늘 항소심 '국과수 감정' 공신력 공방〉, 동아일보, 1992년 3월 12일.

12 〈"국가가 저지른 범죄에는 시효를 적용하지 말아야"〉, 《시사인》, 2017년 11월 29일.

13 〈강기훈 23년 짓누른 검찰… 정의는 있는가〉, 프레시안, 2014년 2월 7일.

14 〈강기훈을 '악마'로 내몰았던 검사들〉, 노컷뉴스, 2015년 5월 14일.

15 〈한국을 움직이는 사람들 16 검찰 (1) 총장 고유 의무 '권부 눈치 읽기'〉, 한겨레, 1992년 4월 10일.

16 〈강기훈을 '악마'로 내몰았던 검사들〉, 노컷뉴스, 2015년 5월 14일.

17 〈판, 검사들의 승승장구〉, 뉴스타파, 2012년 8월 31일.

18 〈'시간'과 싸우는 강기훈 "보상은 나중 문제… 대법 신속하게 판단해 달라"〉, 노컷뉴스, 2014년 2월 14일.

19 〈'강기훈 유서 대필 조작 사건' 사과한 검찰, 재판에선 책임 회피〉, 경향신문, 2017년 11월 7일.

20 〈안병욱 "강기훈 무죄, 24년간 세계적 웃음거리"〉, 노컷뉴스, 2015년 5월 15일.

21 사건 당시 언론 보도 부분은 〈검찰 주장 사실인 듯 크게 다뤄 '유서 대필' 시비 보도〉(한겨레, 1991년 5월 28일), 〈권력에 춤추는 언론〉(한겨레, 1992년 1월 10일)과 박래군 글 〈'강기훈 유서 대필 조작 사건'의 진실 (上) "진실이 전진하기 시작했다"〉(프레시안, 2007년 11월 26일)를 중심으로 정리했다.

22 〈"국가가 저지른 범죄에는 시효를 적용하지 말아야"〉, 《시사인》, 2017년 11월 29일.

11장

1 〈"현대 조사 '정치적 단죄' 아닌가"〉, 경향신문, 1991년 10월 11일.

2 강용주 부분은 〈강용주, 그는 왜 영화 '1987'을 보이콧하나〉(한겨레, 2018년 1월 10일), 〈"비전향 장기수 이감 등 보복받아"〉(한겨레, 1992년 6월 30일), 〈"되살아난 '전향 공작' 중단하길"〉(〈한겨레〉, 1992년 7월 8일)을 중심으로 정리했다.

3 전·현직 국회의원 및 장관에 대한 이례적인 공소 취소 부분은 〈청문회 위증 혐의 이상재 박종문 씨 검찰서 공소 취소〉(동아일보, 1991년 7월 26일), 〈정치판 눈치 보는 법 집행〉(동아일보, 1991년 7월 26일), 〈국회에서의 위증과 그 처벌〉(동아일보,

1991년 7월 27일), 〈'야당 의원 공소 취소' 뒤에 뭔가 있다〉(한겨레, 1991년 7월 27
일), 〈꼬리 감추는 '법대로…'〉(경향신문, 1991년 7월 28일)를 중심으로 정리했다.

4 '김태촌 비망록' 부분은 〈경찰 간부 "김 씨 방패막이" 약속〉(동아일보, 1992년 2월
19일), 〈'김태촌 비호 세력' 권력 기관에 포진 검경 수사 기피 '봐주기 의혹'〉(동아
일보, 1992년 2월 19일), 〈'김태촌 비호' 비망록 계속 방관 검찰 "증거 따로 수사 따
로"〉(동아일보, 1992년 2월 21일), 〈검찰 '김태촌 비호' 수사 계속 외면 "'범죄 전쟁'
포기" 거센 비판〉(동아일보, 1992년 2월 22일), 〈'김태촌 비호' 총선 쟁점화〉(동아
일보, 1992년 2월 28일)를 중심으로 정리했다.

5 1991년 오대양 사건 재수사와 유병언 관련 부분은 〈"의혹 철저히 규명" 김 법무 각
의 보고〉(경향신문, 1991년 8월 2일), 〈국민적 의혹은 풀리지 않았다〉(동아일보,
1991년 8월 21일), 〈오대양 수사 마무리 집단 변사 의혹 4년째 제자리〉(한겨레,
1991년 8월 21일)를 중심으로 정리했다.

6 〈고개 드는 유신 세력〉, 동아일보, 1991년 10월 28일.

7 〈'장인 장관' 상 받는 예비 법조인〉, 경향신문, 1992년 1월 25일.

8 김기춘, 〈서울법대 교정은 정의와 인간애의 도량〉, 《진리는 나의 빛》, 경세원, 285
쪽.

9 〈[로펌] 김앤장의 '허리', 스타 변호사 3인방〉, 조선닷컴, 2014년 4월 3일.

10 〈'론스타 공방' 언제 끝나나… 이번엔 '주인' 논란〉, 뉴스토마토, 2011년 4월 20일.

11 〈대검 현직 의원 5명 기소〉, 한겨레, 1992년 9월 23일.

12 〈안기부 총선 직전 이례적 29억 인출 '흑색선전' 직원에 수표 지급 확인〉, 한겨레,
1992년 5월 30일.

13 〈검찰과 법원은 왜 이러는가〉, 한겨레, 1992년 5월 17일.

14 〈안기부원 4명 모두 집유 서울형사지법〉, 동아일보, 1992년 5월 22일.

15 〈중심 못 잡고 갈팡질팡〉, 경향신문, 1992년 5월 29일.

16 〈안기부법 개정 무엇이 문제인가 (3)〉, 한겨레, 1996년 9월 18일.

17 〈선거 부정 덮는 데 급급한 검찰〉, 한겨레, 1992년 5월 21일.

18 〈한맥회 공판 전격 구형〉, 동아일보, 1992년 5월 16일.

19 〈"법원 판결 종잡을 수 없어"〉, 한겨레, 1992년 6월 6일.

20 〈국민당은 야당인가 '돈당'인가〉, 한겨레, 1992년 3월 19일.

21 〈여권, '윗선' 인책 논란〉, 한겨레, 1992년 9월 6일.

22 〈청와대 충성파 여권 핵심 포진〉, 한겨레, 1992년 3월 31일.

12장

1 초원복집 현장 상황은 1992년 12월 16일 한겨레에 보도된 '부산 관계 기관장 대선 대책 회의 녹취록', 같은 날 동아일보에 보도된 '부산 기관장 대책 회의 대화록(국민 당 공개 요지)'을 중심으로 정리했다. 이와 관련, 국민당은 정주영, 현대 그룹과 관련 된 추문을 일부 빼고 녹취록을 공개한 사실이 나중에 드러나 빈축을 샀다.

2 〈김기춘 씨 '김 후보 보좌' 심증〉, 한겨레, 1992년 12월 17일.

3 〈장관 시절 수차례 안기부장 물망 김기춘 전 법무 어떤 인물인가〉, 동아일보, 1992 년 12월 17일.

4 〈'부산 파문'에 침통한 검찰〉, 동아일보, 1992년 12월 16일.

5 〈관권 동원, 지역감정 조장 '충격' 부산 지역 기관장 회의 파문 확산〉, 한겨레, 1992 년 12월 16일.

6 〈"지역감정 부추겨 김영삼 당선 돕자"〉, 한겨레, 1992년 12월 16일.

7 〈"설마 그 양반이…"〉, 한겨레, 1992년 12월 17일.

8 〈검찰 사건 본질 왜곡 가능성〉, 한겨레, 1992년 12월 22일.

9 〈"부산 지역 기관장 대책 회의 '김영삼 당선' 지원 논의했다" 국민당 폭로〉, 동아일 보, 1992년 12월 15일.

10 〈법 감정 고려한 고육책 '부산 기관장 회의' 사법 처리 의미〉, 한겨레, 1992년 12월 30일.

11 〈"난 깨끗한 비단옷 입은 아낙네" 김기춘 '악의 평범성' 보여주다〉, 오마이뉴스, 2017년 1월 6일.

12 〈'부산 기관장 회의' 보도 논란〉, 한겨레, 1992년 12월 17일.

13 〈'YS의 사람들' 학맥의 기원〉, 《시사저널》, 2010년 2월 23일.

14 〈채동욱의 강제 퇴임 막전 막후, 황교안 "변호사가 돈은 됩니다"〉, 한겨레, 2017년 12월 23일.

15 〈'정국의 핵' 김기춘 대통령 비서실장 최초 인터뷰&인물 연구〉, 《신동아》, 2014년 9 월호.

16 〈법 감정 고려한 고육책 '부산 기관장 회의' 사법 처리 의미〉, 한겨레, 1992년 12월 30일.

13장

1 〈김기춘 씨 '아전인수 법리'〉, 동아일보, 1993년 3월 20일.

2 〈부산 초원복집 사건 1년 '그때 그 사람들'〉, 한겨레, 1993년 12월 15일.

3 〈강기훈과 김기춘〉, 한겨레, 1993년 10월 12일.

4 〈'기관장 모임'은 가고 '도청'만 남아〉, 동아일보, 1994년 12월 22일.

5 〈역대 권력 첨병 공안 검사 그들은…〉, 한겨레, 1993년 6월 14일.

6 〈김기춘 '초원복집 사건' 때 정홍원이 수사 책임, 김진태가 구형〉, 경향신문, 2013년
   10월 29일.

7 〈김기춘 전 법무 1년 구형〉, 경향신문, 1993년 4월 15일.

8 〈소수 의견 많이 낸 변정수 초대 헌법재판관 별세〉, 한국일보, 2017년 11월 6일.

9 변정수 회고록 부분은 〈청와대 헌재 상대 압력〉(한겨레, 1997년 7월 12일)과 〈"'초
   원복집' 사건 위헌 신청 때 청와대 압력 있었다"〉(동아일보, 1997년 7월 13일)를 중
   심으로 정리했다.

10 초원복집 사건 이후 기관장들의 상황은 〈역대 권력 첨병 공안 검사 그들은…〉(한겨
   레, 1993년 6월 14일), 〈부산 초원복집 사건 1년 '그때 그 사람들'〉(한겨레, 1993년
   12월 15일), 〈'초원복집' 주역들 화려한 복귀〉(한겨레, 1994년 12월 27일), 〈헌재 정
   경식 재판관 '긴 악연'〉(경향신문, 1995년 11월 28일), 〈북풍 주역 박일룡 전 안기부
   차장, 지역 분열 조장 정치 공작 '대부'〉를 중심으로 정리했다.

14장

1 〈[어떻게 지내십니까] 김기춘 전 법무장관〉, 부산일보, 2013년 3월 8일.

2 〈'권력을 좇는 검사' 고스란히 드러난 김기춘〉, 한국일보, 2017년 1월 16일.

3 〈KBO 총재에 김기춘 전 법무 내정 "낙하산 인사" 반발〉, 동아일보, 1995년 1월 20
   일.

4 박보균, 《청와대 비서실 3》, 중앙일보사, 28~29쪽.

5 〈횡설수설〉, 동아일보, 1995년 1월 20일.

6 〈"지역감정 촉발자 직업 알선"〉, 동아일보, 1995년 1월 21일.

7 〈김기춘 KBO 총재 취임 회견 "공익·상업성 조화 이룰 터"〉, 한겨레, 1995년 2월 9
   일.

8 〈인터뷰 KBO 새 사령탑 김기춘 총재〉, 경향신문, 1995년 2월 13일.

9 김기춘 총재 취임 직후 인터뷰 부분은 〈KBO 총재 취임 김기춘 씨 "천직으로 생
   각… 쾌적한 경기장 조성 노력"〉(동아일보, 1995년 2월 9일)과 〈인터뷰 KBO 새 사
   령탑 김기춘 총재〉(경향신문, 1995년 2월 13일)를 중심으로 정리했다.

10 〈"박근혜? 박정희 강인함과 육영수 유연함 고루 갖춘 지도자"〉, 오마이뉴스, 2005년
   7월 13일.

11 〈[어떻게 지내십니까] 김기춘 전 법무장관〉, 부산일보, 2013년 3월 8일.

12 〈인터뷰 KBO 새 사령탑 김기춘 총재〉, 경향신문, 1995년 2월 13일.

13 〈스트라이크 존 좌우 폭 좁힌다 공격 야구 '타자 천국' 예고〉, 동아일보, 1996년 3월 16일.

14 임선동 문제는 〈임선동 일본 진출 무산〉(한겨레, 1995년 11월 3일), 〈프로 스포츠계 '대혼란' 예고〉(경향신문, 1995년 12월 29일), 〈김기춘 총재의 예견된 패배〉(한겨레, 1995년 12월 30일), 〈임선동 지명권 무효 소 승소〉(동아일보, 1996년 5월 17일), 〈"임선동 일 진출 어렵다" KBO, 다이에 구단 대표에 밝혀〉(동아일보, 1996년 5월 24일)를 중심으로 정리했다.

15 〈김기춘·김현무 씨 한양대 교수 발령 법조 30년 산 경험 강단서 전수〉, 경향신문, 1995년 9월 27일.

16 차기 안기부장 또는 청와대 비서실장 후보로 거론된 사례로 〈문민 허울 속 '빅 7' 장악 패권 정치〉(한겨레, 1995년 9월 16일), 〈대상자 개별 통보한 듯 – 전면 개각 초읽기 돌입〉(경향신문, 1995년 12월 19일), 그리고 민자당의 영입 대상으로 언급된 사례로 〈민자 지구당 위원장 서울법대 16회 밀물〉(동아일보, 1995년 9월 23일)을 들수 있다.

17 김기춘과 김봉조의 공천 경합 관련 부분은 〈물갈이 파고 높지 않았다〉(경향신문, 1996년 2월 2일), 〈청와대 낙점 과정 복수 추천 23곳 중 10곳 매듭〉(동아일보, 1996년 2월 3일), 〈거제서 낙천 김봉조 의원〉(동아일보, 1996년 2월 4일)을 중심으로 정리했다.

18 〈신한국 공천 문제의 인사들 정치 검사·언론 탄압 주역 '화려한 재기'〉, 한겨레, 1996년 2월 3일.

19 〈KBO 총재 낙하산만 타고 오나〉, 한겨레, 1996년 6월 9일.

20 〈KBO 총재 또 '낙하산'인가〉, 경향신문, 1996년 6월 12일.

21 〈'야구의 전설' 故 최동원, 문재인 찾아가…〉, 경향신문, 2012년 7월 9일.

22 〈KBO 총재 자리 구치소행 대기소?〉, 한겨레, 1998년 4월 16일.

23 〈서종철부터 구본능까지, 역대 KBO 총재들의 빛과 그림자〉, 스포츠동아, 2017년 12월 1일.

24 〈롯데家 5명 줄줄이 기소 '불명예'…대기업 '흑역사' 되풀이〉, 연합뉴스, 2016년 10월 19일.

25 양해영 경력은 〈'28년 외길' 양해영 KBO 총장 "내 사주에 야구가 있다"〉(더팩트, 2016년 1월 26일), 〈양해영 KBO 총장 "골프가 알려준 한일전 승리"〉(더팩트, 2016년 2월 1일)를 중심으로 정리했다.

26 〈양해영의 '셀프 특보 임명' 논란〉, 엠스플뉴스, 2018년 1월 3일.

27 〈KBO 총재 낙하산만 타고 오나〉, 한겨레, 1996년 6월 9일.

15장

1 〈의원 재산 신고 "법망 피해 가기" 28명〉, 동아일보, 1996년 7월 30일.
2 안기부법 부분은 《서중석의 현대사 이야기 6》(서중석·김덕련, 오월의봄, 26~36쪽)과 〈안기부법 개정 무엇이 문제인가: 추진 세력과 배경〉(한겨레, 1996년 9월 16일), 〈안기부법 개정 무엇이 문제인가 (2): 야권 "수사권 보유 부작용 커"〉, 〈안기부법 개정 무엇이 문제인가 (3): 흑색선전 '못된 짓' 기억 생생〉, 〈[국가정보원법 개정안 발표] '대공 수사' 근거 조항 통째 들어내 고문·조작 악용 '원천 봉쇄'〉(경향신문, 2017년 11월 29일), 〈적반하장 황교안 "국정원 대공수사 포기… 누가 간첩 잡나"〉(한겨레, 2017년 11월 30일)를 중심으로 정리했다.
3 〈'특수팀 가동' 싸고 양쪽 팽팽〉, 한겨레, 1997년 10월 27일.
4 〈비화 문민정부 김영삼 정권 5년의 공과 (93) 8부 YS의 몰락 (8) DJ 비자금 의혹 폭로〉, 동아일보, 1998년 12월 22일.
5 〈한나라당 계파 보스 "웬 토니 블레어?"〉, 경향신문, 1998년 6월 19일.
6 〈목청 커지는 한나라 인권위 대여 강경 투쟁 '전진 기지'로〉, 경향신문, 1998년 12월 28일.
7 〈금강산 관광 신변 안전책 크게 논란 김기춘 의원 "유람선 무장하라"〉, 한겨레, 1998년 10월 30일.
8 〈야 검사 출신 의원들 긴급 모임〉, 연합뉴스, 1999년 2월 3일.
9 프레시안에 연재된 '서중석의 현대사 이야기' 시리즈 중 '6월항쟁' 여덟 번째 마당(〈경찰은 성고문하고 검찰은 피해자 '두 번 죽이고'〉).
10 조폐공사 파업 유도 부분은 〈"검찰이 조폐공사 파업 유도"〉(한겨레, 1999년 6월 8일), 〈국가 기관이 파업 유도 충격〉(한겨레, 1999년 6월 8일)을 중심으로 정리했다.
11 〈"특검제 지나친 환상 버려야" 한나라 의총서 '속마음' 드러내〉, 경향신문, 1999년 7월 10일.
12 〈'느닷없는' 지역색 씻기〉, 한겨레, 1999년 9월 16일.
13 〈한나라당 '보수냐 진보냐' 사상 논쟁〉, 매일경제, 2000년 7월 3일.
14 호화 관광 논란 부분은 〈의원들 거제서 호화 관광 물의(연합뉴스, 2001년 6월 20일)〉, 〈의원·전직 장관 가뭄 속 관광 업체 도움… 본인들은 "억울"(국민일보, 2001년 6월 21일)〉을 중심으로 정리했다.
15 법사위원장 인선 부분은 〈[상임위원장 인선 안팎] "지역 안배" 다선 의원들 대거 탈

락〉(동아일보, 2002년 7월 11일), 〈[국회 상임위원장 인선 이모저모] 선수·지역 안
배 싸고 진통〉(국민일보, 2002년 7월 11일), 〈[상임위 인선 추태 10선] 이권만 밝히
는 의원들〉(매일경제, 2002년 7월 12일)을 중심으로 정리했다.

16장

1 〈친일진상법 국회서 20일째 낮잠〉, 한겨레, 2004년 1월 4일.

2 〈'누더기' 친일규명법 압도적 통과 민간인학살진상법은 문턱서 좌절〉, 오마이뉴스,
2004년 3월 2일.

3 〈[탄핵안 가결 이후] "외부 여론 고려 사항 안 돼" 김기춘 소추위원〉, 국민일보,
2004년 3월 14일.

4 〈황당한 탄핵 심리 연기 요청〉, 한겨레, 2004년 3월 31일.

5 〈김기춘 출마 이유 기일 연기 요청〉, 한겨레, 2004년 3월 30일.

6 〈"박근혜? 박정희 강인함과 육영수 유연함 고루 갖춘 지도자"〉, 오마이뉴스, 2005년
7월 13일.

7 〈오뚝이 김기춘 실장의 마지막 공직〉, 동아일보, 2013년 8월 15일.

8 〈[정동탑] 정치판의 그때를 아십니까〉, 경향신문, 2004년 3월 19일.

9 오병상, 《청와대 비서실 4》, 중앙일보사, 165쪽.

10 〈사회·문화 분야 질문 요지 ②김기춘〉, 연합뉴스, 2003년 10월 23일.

11 〈"고문 수사 했으면 오늘의 나 없다"〉, 오마이뉴스, 2005년 7월 13일.

12 〈행자위 '개헌 홍보 활동' 위법성 공방〉, 연합뉴스, 2007년 3월 28일.

13 〈"공직자 지휘·감독 잘못하거나 부정·비리 예방 못해도 탄핵"〉, 《신동아》, 2017년 3
월호.

14 〈"한나라의 '재수 없으면 걸린다' 의식이 문제"〉, 프레시안, 2004년 9월 21일.

15 〈한나라당은 친일 비호당?〉, 세계일보, 2004년 8월 12일.

16 〈한나라당 정체성 놓고 연일 시끌〉, 세계일보, 2004년 7월 28일.

17 〈정치권 엑스 파일 파괴력에 촉각〉, 한겨레, 2005년 7월 22일.

18 〈특검법 4야 공조 벌써 흔들〉, 부산일보, 2005년 8월 12일.

19 〈"현행 교과서 이념 편향성 심각"〉, 문화일보, 2006년 1월 18일.

20 〈"전교조가 가르치면 민주노총 선발대로 간다"〉, 오마이뉴스, 2006년 2월 14일.

21 〈야당 일제히 비난…한나라 "정신병자… 사이코…"〉, 문화일보, 2006년 12월 22일.

22 〈김기춘 의원, '3선 마감' 번복하고 '4선 도전'〉, 오마이뉴스, 2007년 1월 30일.

23 〈이명박-박근혜, "전과 14범" 발언 논란〉, 노컷뉴스, 2007년 6월 28일.

24 〈이-박 검증 청문회 총력 대비〉, 연합뉴스, 2007년 7월 8일.

25 〈'박근혜계' 김기춘 "이상득, 나보다 나이 많아"〉, 뷰스앤뉴스, 2008년 2월 18일.

26 〈김기춘 의원 "상식에 입각한 공천이 될 것"〉, 뉴시스, 2008년 2월 16일.

27 〈친박 김기춘, '친박연대' 합류 강력 시사〉, 뷰스앤뉴스, 2008년 3월 19일.

28 〈17대 국회의원 재산 총액 상·하위 30명 명단〉, 뉴시스, 2008년 3월 28일.

17장

1 〈장관·검찰총장 출신 줄줄이 사외 이사〉, 연합뉴스, 2009년 4월 7일.

2 〈'초원복집' 주인공이 한나라 윤리위원장?〉, 한겨레, 2010년 11월 23일.

3 〈원로 그룹 '박근혜 싱크탱크' 세 확산 주목〉, 동아일보, 2010년 12월 30일.

4 〈[어떻게 지내십니까] 김기춘 전 법무장관〉, 부산일보, 2013년 3월 8일.

5 〈'정국의 핵' 김기춘 대통령 비서실장 최초 인터뷰&인물 연구〉, 《신동아》, 2014년 9월호.

6 〈'국정원의 방패'가 된 검사들, '허위 증언' 리허설까지 주도〉, 한겨레, 2017년 10월 31일.

7 〈채동욱의 강제 퇴임 막전 막후, 황교안 "변호사가 돈은 됩니다"〉, 한겨레, 2017년 12월 23일.

8 〈김기춘, '원세훈 무죄' 비판한 판사 "직무 배제" 지침 의혹〉, 한겨레, 2016년 12월 6일.

9 〈우병우, '정윤회 파문' 수습 후 박 대통령 절대 신임〉, 《신동아》, 2016년 9월호.

10 〈오뚝이 김기춘 실장의 마지막 공직〉, 동아일보, 2013년 8월 15일.

11 〈김기춘, 성완종 리스트 수사 때 관련 자료 모두 파기했다〉, 한국일보, 2016년 12월 31일.

12 〈역사 교과서 국정화 '박근혜·김기춘 기획-이병기 불법 강행' 결론〉, 연합뉴스, 2018년 3월 28일.

13 〈"박 정부 '문제 영화' 낙인, 지원 배제한 독립 다큐 27건 확인"〉, 경향신문, 2018년 2월 6일.

14 〈박 정부 부산국제영화제 개입 의혹, 사실로 드러나〉, 노컷뉴스, 2018년 1월 12일.

15 〈박준우 "조윤선에 블랙리스트 업무 넘겼다"…증언 번복〉, 뉴시스, 2017년 11월 28일.

16 〈'문화계 블랙리스트'는 형법상 범죄인가…김기춘·조윤선 재판 쟁점〉, 《월간조선》, 2017년 5월호.

17 〈김기춘 "왕조 시대면 사약 받고 끝내고 싶다"〉, 노컷뉴스, 2017년 6월 28일.

18 〈'블랙리스트' 김기춘, 항소심에서도 "기억 없어… 지시 안 해" 반복〉, 경향신문, 2017년 12월 14일.

19 〈'블랙리스트' 2심 김기춘·조윤선 징역 7년·6년 구형… 1월 선고〉, 연합뉴스, 2017년 12월 19일.

20 〈검찰 "69억 지원 '화이트리스트', 청 비서실장-수석-비서관 공범"〉, 연합뉴스, 2017년 12월 21일.

21 〈삼성, 박근혜 국정원 요구로 '관제 데모' 단체에 10억 지원〉, 한겨레, 2017년 10월 24일.

22 〈검, '이명박·박근혜 정부' 보수 단체 200억대 불법 지원 추적〉, 연합뉴스, 2017년 10월 25일.

23 김영한 업무 수첩에 드러난 김기춘과 세월호 부분은 〈무조건 막아라! '청와대행 세월호'〉(《한겨레21》, 2017년 1월 26일), 〈안종범 업무 수첩에 담긴 세월호 조사 방해 지시〉(《시사인》, 2017년 1월 10일), 〈청와대, '세월호 감사 자료' 미리 보고 고쳤다〉(한겨레, 2016년 12월 30일)를 중심으로 정리했다.

24 세월호 참사 최초 보고 시간 조작 등에 관한 검찰 수사 부분은 〈세월호 7시간, 박근혜 침실 → 최순실 → 올림머리 → 중대본 방문〉(한겨레, 2018년 3월 28일), 〈베일 벗은 '세월호 7시간'…최순실, 당일 청와대서 대책 회의〉(한겨레, 2018년 3월 28일), 〈검찰 수사로 무능 확인했는데 '세월호 7시간' 실체가 없다고?〉(한겨레, 2018년 3월 29일)를 중심으로 정리했다.

25 〈'관제 데모' 윗선, 조윤선 넘어 김기춘까지〉, 《시사저널》, 2017년 5월 2일.

18장

1 〈"난 깨끗한 비단옷 입은 아낙네" 김기춘 '악의 평범성' 보여주다〉, 오마이뉴스, 2017년 1월 6일.

2 노재봉 외, 《노태우 대통령을 말한다》, 동화출판사, 697쪽.

3 〈안기부는 간첩으로 몰더니 법원은 배상금 줬다 빼앗나〉, 한겨레, 2017년 9월 18일.

찾아보기

김기춘과 그의 시대

초판 1쇄 펴낸날 2018년 5월 28일

지은이	김덕련
펴낸이	박재영
편집	임세현, 강혜란
디자인	당나귀점프
제작	제이오

펴낸곳	도서출판 오월의봄
주소	서울시 마포구 양화로 133, 1605호
등록	제406-2010-000111호
전화	070-7704-5809
팩스	0505-300-0518

이메일	maybook05@naver.com
트위터	@oohbom
블로그	blog.naver.com/maybook05
페이스북	facebook.com/maybook05

ISBN	979-11-87373-36-0 03900

이 도서의 국립중앙도서관 출판시도서목록(CIP)은 e-CIP홈페이지(http://nl.go.kr/ecip)와
국가자료공동목록시스템(http://www.nl.go.kr/kolisnet)에서 이용하실 수 있습니다.
(CIP 제어번호 : CIP2018015191)

• 책값은 뒤표지에 있습니다. 잘못된 책은 바꾸어 드립니다.